Angelina Jolie

Tagebuch einer Reise

Angelina Jolie

Tagebuch einer Reise

Begegnungen mit Flüchtlingen in Afrika, Kambodscha, Pakistan und Ecuador

Aus dem Englischen
von Gerlinde Supplitt

bombus

Warum eigentlich »**Bombus**-Verlag«?: Physiker und Wissenschaftler sprachen der gemeinen Erdhummel [bombus terrestris] die Fähigkeit zum Fliegen ab. Zu schlecht sei bei ihr das Verhältnis von Gewicht zur Spannweite. Dass sie es trotzdem könne, schrieben die Forscher dem sonnigen Naturell der Hummel zu – sie kümmert sich nicht um Aerodynamik und hebt stattdessen einfach ab. Aus genau diesem Stoff sind die Geschichten, die uns sowohl im Leben als auch in Büchern fesseln: Menschen, die sich über Widerstände hinwegsetzen, aus eigener Kraft, mit starkem Willen und mit einem ungebrochenen Glauben an ihre Fähigkeiten.

Bibliografische Information Der Deutschen Bibliothek
Die Deutsche Bibliothek verzeichnet diese Publikation
in der Deutschen Nationalbibliografie; detaillierte bibliografische
Daten sind im Internet über http://dnb.ddb.de abrufbar

Das vorliegende Buch erschien 2003 unter dem Titel:
»Notes from my Travels« bei Simon & Schuster,
Inc. New York (USA).

Übersetzung: Gerlinde Supplitt
Lektorat: Sonja Hinte
Cover-Gestaltung: Markus Härle
Coverphoto: UNHCR, mit freundlichem Dank an Naoko Iwasaki
Satz: Marina Siegemund, Berlin
Druck und Bindung: Aalexx Druck GmbH

www.bombus-verlag.de
Deutsche Erstveröffentlichung
ISBN 3-936261-31-8

Auf einen Mitarbeiter des UNHCR kommen 3582 Flüchtlinge. Mein Buch ist den Frauen und Männern in dieser Organisation gewidmet – als Würdigung der von ihnen geleisteten schweren Arbeit, als Dank, vor allem, für ihr Engagement und für ihre von Herzen kommende Hochachtung für ihre Mitmenschen.

Ich widme dieses Buch auch den Männern, Frauen und Kindern, die Flüchtlinge sind oder einmal Flüchtlinge waren. Ich widme es denen, die trotz widrigster Umstände überlebt haben, und denen, die es nicht schafften, die im Kampf um ihre Freiheit starben.

Diese Menschen erteilten mir die wichtigste Lehre meines Lebens, und dafür bin ich ihnen auf alle Zeiten dankbar.

Inhalt

Vorwort des Hohen Flüchtlingskommissars der Vereinten Nationen

Das Hohe Flüchtlingskommissariat der Vereinten Nationen (UNHCR) wurde 1951 gegründet. Es hat den Auftrag, Menschen zu betreuen, die durch Verfolgung oder Krieg zur Flucht gezwungen sind. Während der vergangenen fünf Jahrzehnte hat das UNHCR ungefähr 50 Millionen Männern, Frauen und Kindern geholfen, sich in Sicherheit zu bringen und einen Neuanfang zu finden.

Die Herausforderungen sind enorm. Ohne die engagierte Unterstützung Anteil nehmender Menschen in allen Teilen der Welt wären wir ihnen nicht gewachsen. Zu denen, die couragiert für die Sache der Flüchtlinge eintreten, zählt auch Angelina Jolie.

Am 27. August 2001 ernannte ich Angelina Jolie zur Botschafterin des Guten Willens im Auftrag des UNHCR. Kurz zuvor hatte sie aufrichtiges Interesse an den Anliegen der Flüchtlinge gezeigt und Flüchtlingslager in Ländern wie Sierra Leone, Kambodscha und Pakistan besucht.

In den Jahren 2002 und 2003 besuchte Angelina Menschen in Lagern in Namibia, Thailand, Ecuador, Tansania, Sri Lanka, im Kosovo und in Inguschetien, und sie arbeitete eng mit den UNHCR-Vertretern vor Ort zusammen. Ihre Eindrücke und Erlebnisse hat sie in diesen Aufzeichnungen in anrührende Worte gefasst. Für die kommenden Jahre hat sie sich weitere Besuche in betroffenen Ländern vorgenommen.

Angelina hat seit ihrer Berufung zur Botschafterin des Guten Willens meine Erwartungen in sie weit übertroffen. Sie hat sich als zuverlässige Partnerin und echte Kollegin in unserem Bemühen erwiesen, für die Flüchtlinge der Welt eine Lösung zu finden. Vor allem aber hat sie dazu beigetragen, die Tragödie der Flüchtlinge jedermann deutlich vor Augen zu führen, der bereit ist, sie wahrzunehmen. Angelinas Wunsch, den Flüchtlingen zu helfen, ihre Großzügigkeit und ihr aufrichtiges Mitgefühl geben uns allen Mut und Kraft.

Ruud Lubbers
UN-Hochkommissar für Flüchtlinge

Einleitung

Man hat mich gebeten, ein Vorwort zu meinen Reiseaufzeichnungen zu schreiben und zu erklären, wie es zu diesen Tagebüchern gekommen ist, wieso mein Leben diese Wendung genommen hat und warum ich das alles überhaupt angefangen habe.

Während ich darüber nachdenke, wird mir eins klar: Ich habe mich von Grund auf verändert. Ich bin unendlich dankbar, dass ich diesen Weg einschlagen konnte, dankbar für die Begegnung mit diesen erstaunlichen Menschen und für diese unfassliche Erfahrung.

Ich bin ganz sicher, wenn allen Menschen bewusst wäre, was sich in der Welt abspielt, gäbe es keinen Zweifel: Wir alle müssten handeln.

Deshalb stellt sich nicht die Frage, wie oder warum ich meinem Leben diese Richtung gegeben habe. Die Frage lautet: Was denn sonst?

Nächtelang habe ich über Berichten und Statistiken gesessen, in denen sich nationale und internationale Tragödien spiegeln.

Ich informierte mich über das UNHCR:

- Derzeit leben 20 Millionen Flüchtlinge auf der Welt.
- Ein Sechstel der Weltbevölkerung muss mit weniger als einem Dollar am Tag auskommen.
- Für 1,1 Milliarden Menschen gibt es kein sauberes Trinkwasser.

- In einem Drittel der Welt gibt es keinen elektrischen Strom.
- Mehr als 100 Millionen Kinder können nicht zur Schule gehen.
- Eins von sechs Kindern in Afrika stirbt vor seinem fünften Geburtstag.

Ich las über verschiedene Organisationen und ihre humanitäre Arbeit. Während ich mich in England aufhielt, erfuhr ich von den Ereignissen in Sierra Leone. Später, in die USA zurückgekehrt, hatte ich Mühe, auf dem Laufenden zu bleiben. Deshalb rief ich die Verbindungsorganisation »USA for UNHCR« an und fragte, ob man mir helfen könne, die Situation in diesem Land und ähnliche Situationen anderswo in der Welt zu verstehen. Drei Wochen später war ich in Sierra Leone.

Ich habe keine Ahnung, wie meine Aufzeichnungen sich als Buch machen werden, wie die Leser es finden werden. Ich bin keine Schriftstellerin, und das hier ist mein Reisetagebuch, nichts weiter. Diese Notizen geben nur einen winzigen Ausschnitt aus einer Welt, die ich gerade erst zu verstehen beginne, einer Welt, für die ich niemals die richtigen Worte finden könnte.

Auf Mission in Afrika

Vom 22. Februar bis 9. März 2001 war ich in Afrika. Ich sollte die Situation der Flüchtlinge kennen lernen, die in Sierra Leone und in Tansania in der Obhut des UN-Hochkommissariats für Flüchtlinge (UNHCR) leben, und sie unterstützen.

Dienstag, 20. Februar

Ich fliege nach Afrika. Wir werden in Paris zwischenlanden, und nach zwei Stunden Aufenthalt nehme ich dann ein Flugzeug nach Abidjan, Elfenbeinküste.

Es ist der Anfang meiner Reise und dieses Tagebuches. Ich weiß nicht, für wen ich schreibe – wahrscheinlich für mich selbst oder für jedermann, wer immer ihr seid. Meine Aufzeichnungen sind nicht für einen möglichen Leser gedacht, sondern für die Menschen, über die ich schreiben werde.

Ich möchte wirklich helfen. Ich glaube, ich bin nicht anders als andere Menschen. Ich glaube, jedermann wünscht sich Gleichheit und Gerechtigkeit. Wir alle sehnen uns nach einem sinnvollen Leben. Alle möchten wir glauben, dass uns jemand helfen wird, wenn wir in Not sind.

Ich habe keine Ahnung, was ich auf dieser kurzen Reise bewirken kann. Ich weiß nur, dass mir immer klarer wurde, wie wenig ich weiß, während ich jeden Tag mehr über Vorgänge in der Welt, über andere Länder und über mein eigenes Land erfuhr.

Ich habe viel Hintergrundmaterial gelesen und mit vielen Menschen in Washington D. C. und am Sitz des UN-Hochkommissars für Flüchtlinge gesprochen. Ich habe so viel wie möglich gelesen. Ich habe schockierende Statistiken gesehen und von herzzerreißenden Schicksalen erfahren. Vieles, was ich las, machte mich förmlich krank. Ich hatte Albträume – nicht viele, aber sie jagten mir Angst ein.

Ich begreife nicht, warum man über manches spricht und über anderes nicht.

Ich weiß nicht, wieso ich mir einbilde, ich könnte irgendetwas verändern. Ich weiß nur, dass ich es möchte.

Ich war mir nicht sicher, ob ich diese Reise antreten sollte. Ich bin mir immer noch nicht sicher, aber – und ich ahne, dass manch einer mir jetzt falsche Töne unterstellen wird – ich dachte an die Menschen, denen keine Wahl bleibt.

Einige meiner Freunde finden es verrückt, dass ich mein sicheres, bequemes Zuhause verlasse. Sie sagten: »Warum kannst du nicht von hier aus helfen? Warum musst du es mit eigenen Augen sehen?« Ich hatte keine Antwort. Ich weiß nicht einmal, ob ich spinne oder blöd bin.

Mein Vater wollte die Buchung rückgängig machen und wandte sich deshalb an »USA for UNHCR«. Aber schließlich bin ich erwachsen, und so konnte er mich nicht aufhalten. Ich war ärgerlich, aber ich weiß auch, dass er mich liebt und dass er mich beschützen will – und das sagte ich ihm auch. Wir umarmten uns, und wir lächelten.

Meine Mutter sah mich an, als wäre ich noch ihr kleines Mädchen. Sie lächelte unter Tränen. Als sie mich zum Abschied in die Arme nahm, gab sie mir eine Botschaft meines Bruders Jamie mit: »Sag Angie, ich habe sie lieb und sie soll nicht vergessen: Wann immer du Angst hast oder traurig oder zornig bist, blicke zum Nachthimmel auf, suche den zweiten Stern auf der rechten Seite und folge ihm immer bis zum Morgen.« Das ist aus Peter Pan, einem unserer Lieblingsbücher.

Ich denke an die Menschen, über die ich so viel gelesen habe und die von ihren Familien getrennt sind. Sie haben kein Zuhause. Sie müssen zusehen, wie ihre Liebsten sterben. Sie selbst sterben. Und sie haben keine Wahl.

Ich weiß nicht, wie es dort sein wird, wohin ich reise, aber ich freue mich auf die Begegnung mit diesen Menschen.

In Paris habe ich einige Stunden Aufenthalt, und dann geht es weiter nach Afrika.

Mittwoch, 21. Februar

Im Flug ab Paris traf ich einen Mann aus Afrika. Er trug einen eleganten blauen Anzug und fragte mich mit einem liebenswürdigen Lächeln, ob ich Journalistin sei. Ich antwortete: »Nein, ich bin einfach Amerikanerin und möchte etwas über Afrika erfahren.« »Gut«, erwiderte er.

Wahrscheinlich ist er eine wichtige Persönlichkeit, denn er war von anderen Männern in Anzügen umringt, die ihm großen Respekt erwiesen. Als er zusammen mit seinen Reisebegleitern das Flugzeug verließ, wurde er von zwei Soldaten eskortiert – einer ging vorweg, der andere folgte ihm. Er wurde fotografiert, als er auf dem Flugfeld einen Mann begrüßte, der wohl eine andere wichtige Gruppe repräsentierte.

Ich schreibe dies, weil er mich während des Fluges fragte, welche afrikanischen Länder ich bereisen wolle. Ich sagte: »Ich fahre nach Sierra Leone.« Und er entgegnete: »Dieses Land macht mir Angst.«

Nach der Landung in der Elfenbeinküste holte mich ein reizender Mann am Flugzeug ab, ein Mitarbeiter des UNHCR. Er heißt Herve. Er spricht Französisch und sehr wenig Englisch, und ich spreche sehr wenig Französisch. Aber ich merkte sehr bald, dass man oft auch mit einem Lächeln und ein paar Gesten auskommt. Schweigend standen wir nebeneinander und warteten, denn mein Gepäck wurde zuletzt ausgeladen.

Alle Koffer und Taschen wurden geöffnet und überprüft.

Ich sah mehr Militär als Zivilisten.

Ich lernte einen weiteren Mitarbeiter des UNHCR kennen.

Im Auto sprachen wir über den Bürgerkrieg, den Sierra Leone durchmacht.

Das erinnert an die Amerikaner, bevor sie wurden, was sie heute sind. Wenn man sich das klar macht, leuchtet auch ein, wie wichtig es ist, den Afrikanern zu helfen und ihnen Rückhalt zu geben, wo sie doch die Zukunft von 53 Staaten auf diesem riesigen, wunderbaren Kontinent gestalten werden.

Wenn wir die Menschen in Afrika als unsere Verbündeten sehen und ihren Aufbau unterstützen, kommt es auch uns zugute.

Wie ich feststellte, haben die Vereinigten Staaten viel geholfen, und das sollte nicht verschwiegen werden. Aber im Vergleich mit so vielen anderen Ländern geben wir wenig (pro Kopf der Bevölkerung). Verglichen mit dem, was wir besitzen und den Hilfsmöglichkeiten anderer Völker, geben wir sehr wenig.

Politik beiseite: Auf menschlicher Ebene dürfen wir nicht vergessen, was wichtig ist und dass wir alle gleich sind.

Wir sollten von Anfang an helfen, und die Menschen in ihren Anstrengungen unterstützen, nicht erst, wenn es zu spät ist.

Während des Kalten Krieges war Afrika gespalten. In den 1960er Jahren hatten die meisten Afrikaner die Unabhängigkeit errungen, doch nach dem Kalten Krieg brauchten sie Unterstützung, um ihre Demokratien zu festigen.

Afrika brauchte Hilfe und Rückhalt für jene Menschen, die für dieselben Freiheiten eintreten, an die wir alle glauben.

Ich konnte mir ein Video über Sierra Leone ansehen.

Vor einigen Jahren gab es einen Marsch für Demokratie. Ich habe vergessen, in welchem Jahr das war, jedenfalls vor Beginn der schlimmsten Kampfhandlungen.

Wenn wir nur damals Hilfe angeboten hätten! Vielleicht wäre es dann heute nicht so schlimm.

Die Gründungsväter unseres Landes waren Flüchtlinge, das dürfen wir nicht vergessen.

Und dann wurden die Ureinwohner Amerikas zu Flüchtlingen.

Der Mann, der mich abgeholt hatte, erzählte von seiner Zeit in Amerika. Uns beiden war klar, und das sprachen wir auch aus, wie ungenügend die Menschen in Amerika informiert werden und wie abgeschirmt sie meist sind. Man muss ihnen aber zugute halten, dass die meisten helfen wollen und sehr großzügig sind, wenn sie erfahren, was sich in der Welt abspielt (zum Beispiel durch eine Sondersendung auf CNN oder gelegentlich einen Zeitungsbericht).

Mein Begleiter erzählte, wie er die Weihnachtstage in Kansas City, Missouri, verbracht hatte. Er berichtete auch von anderen Erlebnissen und Erfahrungen aus seiner Zeit in Amerika. Ich fand es bewundernswert, dass er sich die Zeit für so eine Reise genommen hatte, weil er »Amerika etwas besser verstehen« wollte.

Nur wenige von uns waren je in Mali, dem afrikanischen Land, aus dem er stammte.

Vielleicht bereitete er mir deshalb ein so herzliches Willkommen: Er wollte mir einen Zugang zu seinem Land eröffnen.

Ich bezog mein Zimmer in Abidjan, Elfenbeinküste. Das Hotel muss einmal sehr schön gewesen sein, und jedenfalls hatte ich keine so angenehme Unterkunft erwartet. Ich habe ein schlechtes Gewissen, weil ich hier sein darf, auch wenn es nur für einige Tage ist. Hier in Abidjan soll ich mich mit dem UNHCR treffen. Am Sonnabend werde ich nach Freetown in Sierra Leone abreisen und bei den Flüchtlingen sein.

Ehrlich gesagt weiß ich eine funktionierende Dusche und ein gutes Bett zu schätzen. Heute Nacht genieße ich es und bin dankbar dafür.

Donnerstag, 22. Februar

Ich sitze in einem Sessel im Büro des UNHCR in Abidjan. Der Vormittag zieht sich in die Länge.

Ich habe vieles begriffen, und trotzdem verstehe ich so vieles immer noch nicht. Vor allem wurde mir klar, wie wenige Gedanken ich mir bisher über diese Menschen gemacht hatte.

Wo ich sitze, hängt ein Plakat des UNHCR an der Wand auf dem steht:

Man wird ganz schnell zum Flüchtling.
Manchmal reichen deine Rasse
oder dein Glaube.

Ich durfte bei einem Gespräch mit »Asylsuchenden« zuhören.

Diese »Asylsuchenden« bitten darum, im Grenzgebiet eines Landes leben zu dürfen, das nicht ihr Herkunftsland ist.

Das UNHCR hört sich die Berichte an und überprüft manchmal die Angaben. Nach Möglichkeit wird geholfen. Die Mitarbeiter müssen versuchen festzustellen, ob die Menschen vor ihnen als Flüchtlinge zu bezeichnen sind und ob sie daher um Asyl nachsuchen können.

Sie müssen nachweisen, dass sie schutz- und hilfsbedürftig sind – was immer an Schutz und Hilfe machbar ist. In vielen Ländern ist das nicht gerade viel.

Heute war ein junges Paar zum Interview erschienen. Sie hatten den Kontakt zu ihren beiden Kindern verloren. Der Mann war 30, die Frau 25 Jahre alt – so alt wie ich.

Beide wirkten viel älter. Ihre Körper waren müde, ihr Blick so traurig, so verzweifelt. Beide sprachen Französisch und ein wenig Englisch, und sie waren sehr intelligent.

Man gab sich Mühe, damit ich mich nicht ganz so unwohl fühlte.

Die Leute vom UNHCR stellten mich vor und erklärten, ich sei Amerikanerin und nach Afrika gekommen, um zu lernen und die Situation zu verstehen, damit ich meinen Landsleuten die Lage von Menschen wie ihnen begreiflich machen könnte.

Ich war erleichtert. Ich glaube, sie verstanden, dass da ein Mensch war, der helfen wollte. Aber nachdem ich ihre Geschichte gehört hatte, fühlte ich mich so hilflos, und gleichzeitig wollte ich unbedingt etwas tun.

Diese Menschen sind stark, und sie haben Verstand. Wenn sie eine Chance hätten und wenn man den Reichtum bedenkt, der das Land jetzt zerreißt, könnte es aufblühen und wohlhabend sein.

Wenn man bedenkt, was sich hier abspielt, mag es gelegentlich scheinen, als seien Gruppen wie das UNHCR zum Scheitern verdammt. Aber je mehr ich über die Geschichte der Flüchtlingsproblematik lerne und begreife, was alles bereits getan wurde, desto klarer wird mir auch, wie großzügig diese engagierten Männer und Frauen ihre Unterstützung geben.

Wir alle sollten dafür sehr dankbar sein.

Ohne ihr Eintreten, davon bin ich überzeugt, gäbe es für die Flüchtlinge überhaupt keine Hoffnung. Die meisten wären tot und vergessen.

Alles wäre in der Hand von Rebellen und unter Kontrolle von Diktatoren.

Wir dürfen nicht nachlassen und müssen diejenigen afrikanischen Länder unterstützen, die Flüchtlinge aufnehmen und beherbergen.

Flüchtlinge werden auch weiterhin die Grenzen zu unseren Ländern überwinden, solange wir uns nicht für ihre Herkunftsländer stark machen.

Freitag, 23. Februar

Am folgenden Tag brachte man mich in ein anderes Büro und machte mich mit Ioli bekannt, die mir über vieles die Augen öffnete. Sie sprühte vor Energie und leidenschaftlichem Engagement und besaß ein ansteckendes Lachen.

Ich erfuhr, wie mit Hilfe neuer Computertechnologie Flüchtlinge erfasst, identifiziert und mit Personalausweisen ausgestattet werden können.

Es macht Mut, von Sachspenden zu hören und von neuen, hilfreichen Ideen.

Zum Beispiel spendete Microsoft während der Krise im Kosovo einhundert Maschinen zur Herstellung von Personalausweisen. Aber es fehlt immer an zusätzlichen Fachkräften, die sie bedienen können. Erstaunlich, was alles bedacht sein muss. Jetzt gerade wurde eine Spendenaktion begonnen, damit ein Ausbildungsprogramm aufgelegt werden kann.

Vor Ort begreift man schnell, wie wichtig diese Personalausweise sind. Sie schützen die Flüchtlinge nicht nur und sichern ihren Asylantenstatus. Wenn Flüchtlinge sich registrieren lassen, geben diese Ausweise ihnen eine Identität, und das ist ihr größter Vorzug.

Man kann sich vorstellen, wie es sich anfühlt, nicht nachweisen zu können, wer man ist – wenn weder Name noch Herkunftsland noch Familienangehörigkeit oder Alter zu belegen sind.

Kinder ohne Personalausweis können für die Streitkräfte zwangsrekrutiert oder zu gefährlichen Arbeiten gezwungen werden. Man kann sie aus der Schule herausholen oder gar nicht erst zur Schule gehen lassen. Jedes Kind hat ein Recht auf Sicherheit und Bildung.

Während der Mittagspause ging ich auf einen Markt, denn ich wollte etwas Kunsthandwerk kaufen.

Als ich zu lange an einer Stelle stehen blieb, begannen meine Knöchel zu jucken: Insekten, so klein, dass ich sie nicht einmal sehen konnte, hatten mich gebissen. Über manchen Stellen hing ein widerlicher Geruch. Mir wurde übel.

Die Überlebenskraft der Menschen hier verblüfft mich. Sie beklagen sich nicht. Sie betteln nicht einmal.

Unsere Vorstellungen von diesem Land sind falsch: Die Menschen hier sind zivilisiert, stark, stolz, einfach hinreißend. Wenn sie aggressiv werden, dann nur um zu überleben. Für Beliebigkeit oder Faulheit ist keine Zeit.

Während ich das schreibe, merke ich: Das klingt wie Betrachtungen aus einem Zoo.

Ich wäre töricht und arrogant, wenn ich mir einbildete, ich würde auch nur das Geringste von diesen Menschen und ihren Kämpfen gegen die Mühsal verstehen.

Aber ich schreibe einfach nur auf, was ich bei diesen Menschen hier an der Elfenbeinküste sehe. Es ist der erste und einzige Ort in Afrika, den ich bisher kennen gelernt habe. Ich habe die Flüchtlingslager noch nicht einmal gesehen.

Es gibt so viele Schulkinder. Die Jungen tragen eine beigefarbene Schuluniform mit kurzärmeligen Hemden und langen Hosen. Die Mädchen tragen weiße Blusen und blaue Röcke.

Auf den Märkten kann man Mengen Gold und Elfenbein kaufen – und sogar Diamanten. Alles wird auf Tischen zu kleinen Hügeln angehäuft angeboten. Die Straßen sind aus Lehm.

Eine Mitarbeiterin des UNHCR, sie heißt Demu, bot mir an, mich herumzuführen.

Ich lernte ihre Tochter und deren Freundinnen kennen. Sie sind alle 14 Jahre alt und besuchen eine internationale Schule. Sie sprechen mehrere Sprachen und haben schon überall auf der Welt gelebt. Es sind vergnügte Mädchen, und jede ist eine einzigartige Persönlichkeit.

Sie träumen von ihrer Zukunft. Alle wirken viel reifer als gleichaltrige Teenager in den Vereinigten Staaten.

Sie sind politisch sehr aufgeschlossen. Eins der Mädchen fragte mich, was ich von dem neuen amerikanischen Präsidenten halte, von George W. Bush.

Auch mit Filmen scheinen sie sich gut auszukennen. Hoffentlich sehen sie sich auch die guten an und nicht nur die, die gerade modern sind und ziemlich albern. Andererseits ist es in diesem Land wichtig, dass man lachen kann.

Sonnabend, 24. Februar

Wir warten. Unser Flugzeug nach Sierra Leone soll betankt und die Pässe überprüft werden. Ioli ist bei mir. Wir haben zwar verschiedene Ziele, aber ich bin froh, dass ich die Reise zusammen mit einer Bekannten beginnen kann.

Eben wurden mein Gepäck und ich gewogen ... acht kg ... vier kg ... ich selbst wiege 55 kg (keine Ahnung, was das zu sagen hat). Ein Mann in abgelaufenen Sandalen hatte eine Waage mit Plastikgehäuse irgendwo hervorgezogen. Es war so ein Ding, wie man es zu Hause im Badezimmer stehen hat. Zwei rosa Häschen waren aufgeklebt, aber schon stark ausgebleicht.

Unser Gepäck war für diese Waage viel zu groß, es hing auf beiden Seiten über. Er wog jedes einzelne Stück. Ich frage mich, wie sie zu einem genauen Wert kommen.

Um mich herum sind Menschen unterschiedlichster Nationalität. Ich bemerke eine schöne Frau in halb traditionellem Gewand.

Das Flugzeug ist startbereit, aber kurz zuvor empfiehlt man uns, noch einmal die Toilette aufzusuchen. Bis zur nächsten sanitären Anlage wird es Stunden dauern. Ioli und ich machen uns auf den Weg. Die anderen warten in der heißen Sonne, niemand steigt ein. Dann wird mir klar, weshalb: Die Damen zuerst.

Man wünscht einander »Bon voyage« und »Viel Glück«.

Ich sitze jetzt im Flugzeug. Über meinem Sitz gibt es keinen Ventilator.

Wir haben noch nicht angehoben, aber ich schwitze schon. Ich lecke mir die Schweißtropfen von der Oberlippe.

Die Mitreisenden lächeln einander an, tauschen Freundlichkeiten aus und erzählen sich Anekdoten aus ihrem Leben und von ihrer Arbeit.

Sie bemerkten das Tattoo auf meinem Arm.

Man erzählte mir, die Behörden hätten kürzlich nach Rebellen gesucht, dic sich als Flüchtlinge ausgeben. Diese Leute versuchen, sich etwas von dem Wenigen anzueignen, das überhaupt ausgeteilt werden kann.

Eine Frau hatte beobachtet, dass viele Männer tagelang in Gewahrsam gehalten wurden und ihre Identität nachweisen mussten.

Sie fragte, weshalb man diese Leute verdächtigte.

»Weil sie Tattoos am Arm hatten!« (Bei den Stämmen in Guinea und Sierra Leone ist das üblich.)

Wir lachten bei der Vorstellung, die Behörden könnten mich für eine der Aufständischen halten.

Trotzdem, es führt einem vor Augen, wie man sich durch

Symbole zu erkennen gibt, die man trägt. Solche Symbole rufen bei manchen Menschen Angst hervor, bei anderen Verachtung.

Ich denke über die Entscheidungen nach, die ich getroffen habe – die Zeichen, die ich trage – meinen Schmuck:

- die Initialen meines Bruders
- ein Zitat über den Frieden von meinem amerikanischen Lieblingsautor ...

Wir sind eben gelandet und haben einen weiteren Fluggast aufgenommen. Jetzt sind wir zu siebt an Bord.

In der Luft war es kühler. Es ist ein schöner Tag. Die meisten von uns sind bei der Zwischenlandung ausgestiegen und haben sich ein bisschen die Füße vertreten.

Als mich der Bus abgeholt hatte, der mich zum Flughafen bringen sollte, traf ich zwei Personen, die ich noch nicht kennen gelernt hatte – einen Mann, der vor mir saß, und eine Frau neben mir. Beide schienen mich nicht zu mögen, so dachte ich, denn sie waren ziemlich distanziert. Wir machten uns nicht miteinander bekannt. Ich war von dem Mann eingeschüchtert. Ich fragte mich, ob ich womöglich mit ihm zusammenarbeiten sollte. Später im Flugzeug schämte ich mich für mein Vorurteil. Ich konnte froh sein, dass ich in ihrer Gesellschaft sein durfte.

Nach einer Weile drehte der Mann sich zu mir um und berichtete, er sei sechs Tage lang von den Rebellen in Monrovia, Liberia, gefangen gehalten worden. Es war bis zum letzten Augenblick schwierig gewesen, ihn frei zu bekommen. Er sagte, es habe im Flughafen stundenlange Verzögerungen gegeben.

Als er, seine Frau und ich endlich miteinander redeten, erlebte ich die beiden als warmherzige, umgängliche Menschen. Ihr Schweigen und ihre Distanziertheit, die ich gespürt hatte, rührten von dem entsetzlichen Erlebnis, das hinter ihnen lag.

Wir landeten genau da, wo er gefangen gehalten worden war.

Die meisten Menschen in diesem Land haben Situationen durchgemacht, wie ich sie mir nicht einmal vorstellen kann.

Als ich das Flugzeug verließ, sagte man mir, für dieses Gebiet gebe es eigentlich keine Hoffnung. Fast alles war niedergebrannt oder lag in Trümmern.

Wenn die Rebellen sich zu Fuß zurückziehen, nehmen sie oft Geiseln als Träger für die gestohlenen Gegenstände.

Vom Himmel aus war alles so wunderschön – das Land, die Seen, der Wald – soweit ich sehen konnte.

Militärhubschrauber sind die einzigen Fluggeräte in diesem Flughafen.

Endlich landeten wir in Freetown, Sierra Leone. Während wir durch die Straßen fuhren, sprachen wir über das, was sich hier abgespielt hat. Die Rebellenarmee »Revolutionary United Front (RUF) nannte es »Projekt: Keine Überlebenden«.

Ich bemerkte Hunderte von Menschen in den Straßen, die sich bei den Händen hielten – Überlebende!

Die Autos tragen Aufschriften: »Gott ist groß« oder »Liebt euch alle – nie mehr Hass«.

Man sollte meinen, diese Menschen wären die Letzten, denen solche Sprüche etwas sagen. Und dann begreift man, dass ihr Verständnis viel weiter geht, weil sie so viel durchgemacht haben.

Eine merkwürdige Sitte: An jedem letzten Sonnabend im Monat müssen alle zu Hause bleiben und bis 10 Uhr vormittags ihre Umgebung aufräumen und sauber machen. Wer sein Haus vorher verlässt, braucht einen Passierschein, auf dem der Grund für den vorzeitigen Ausgang vermerkt ist.

Samstagabend
Gästehaus des UNHCR

Glasscherben bedecken die Zementmauer, die das Haus umgibt.

Als unser Lastwagen sich dem Eingang nähert, öffnet ein Wächter das hölzerne Tor.

Dahinter stehen ein schmutzig weißes Haus, von dessen Mauern die Farbe abblättert, und ein paar alte Autos.

Von den meisten werde ich mit einem strahlenden Lächeln, von anderen mit strengen Blicken begrüßt.

Ich bewohne Zimmer 1. So steht es auf dem Fetzen Papier, der an meine Tür geheftet ist. Bestimmt haben sie mir ihr bestes Zimmer gegeben.

Aus der Dusche kam kaum Wasser. Leute aus der Welt, in der ich sonst lebe, würden dieses Zimmer bestimmt als armselig und heruntergekommen bezeichnen, nicht so die Menschen in diesem Land. In ihren Augen wäre es ein Palast.

Ich bin sehr dankbar.

Um acht Uhr gab es Abendessen. Zwei Mitarbeiter vom Außendienst des UNHCR und ich saßen zusammen und sprachen über Krieg, Leben, Überleben. Sie berichteten mir so vieles. Ich wollte ich könnte alles in allen Einzelheiten aufschreiben.

Der Fernseher im Erdgeschoss hat nur einen Kanal. Wenn man Glück hat, bekommt man CNN herein. Heute Abend klappte es nicht.

Die Zeit hat hier einen anderen Takt. Das Überleben steht fast immer im Mittelpunkt. Man lebt einfach und genießt den Tag und die Menschen um einen herum, so gut es geht.

Die Menschen teilen und nehmen Anteil.

Ich erwähne, was in diesem Haus alles fehlt, nicht weil ich es vermisse, sondern weil ich sehe, wie die Menschen leben, die hier arbeiten.

Die meisten beanspruchen keine Ausnahmen für sich selbst – manche vielleicht doch. In jeder Gruppe von Menschen gibt es einige, die nicht viel taugen, das ist mir klar. Zwischen einigen Nichtregierungsorganisationen (NGOs) und UN-Mitarbeitern besteht offenbar eine sonderbare Konkurrenz.

Sie helfen einander, aber sie kritisieren einander auch – und versuchen, sich eins auszuwischen.

Trotzdem bin ich davon überzeugt, dass selbst die problematischen Leute irgendwie doch in Ordnung sind. Man kann kein wirklich schlechter Mensch sein, wenn man sich für diese Art zu leben entschieden hat.

Sonntag, 25. Februar

Ich hatte einen sonderbaren Traum. Es war nicht gerade ein Horrortraum, aber als Albtraum könnte man ihn schon bezeichnen.

Ich stand zusammen mit vielen anderen Frauen auf einem Gehweg und wurde an einem Kontrollposten aufgehalten. Ich versuchte zu verstehen, was sich abspielte. Ich fürchtete, ich könnte verschleppt werden, und mir fielen die Berichte über plötzliche Angriffe ein und wie die Menschen um ihr Leben rannten – manche hatten nur ein Bündel mit Habseligkeiten bei sich, andere gar nichts, nicht einmal ihre Angehörigen.

Seit bestimmt einer Stunde versuche ich, wieder einzuschlafen.

Draußen krähen die Hähne. In diesem Zimmer scheinen sich alle Geräusche zu sammeln. Ich höre Schritte und das Quietschen des Fußbodens. Ich höre Laute von irgendeinem Tier. Ich weiß nicht, was es ist, vielleicht ein Esel.

Ich versuche, die Augen noch ein wenig zu schließen.

Heute ist Sonntag, und bis nach dem Gottesdienst wird nicht viel passieren.

Ich komme gerade von einem Spaziergang zurück. Nach dem Frühstück hatte ich beschlossen, mir anzusehen, wo ich mich eigentlich aufhalte. Man hatte mir gesagt, diese Gegend sei sicher.

Kaum hatte ich das UNHCR-Gelände verlassen, nahm ich die Sonnenbrille ab, obgleich die Sonne gleißend schien. Ich hatte das Gefühl, sicherer zu sein, wenn die Leute meine Augen sehen konnten. Dann wussten sie, dass ich keine Bedrohung bin.

Außerdem wollte ich nichts Wertvolles an mir tragen – nicht weil ich mich vor Diebstahl fürchte, sondern weil es mir ein schlechtes Gewissen macht. Ich bewege mich ja unter Menschen, die fast nichts besitzen.

Nach wenigen Minuten waren meine Füße und Hosen mit rotem Staub bedeckt.

Einer der UNHCR-Wachleute, ein Mann aus Sierra Leone mit Namen William, bot mir an, mich herumzuführen und mir die Kasernen und das Krankenhaus zeigen. Ich nahm das Angebot sofort an.

Auf der Straße trafen wir George.

George arbeitet seit einem Jahr für das UNHCR. Er sorgt für Frühstück und Abendessen. Das ist ein guter Job, aber er bringt nicht genug für seinen Lebensunterhalt ein, gar nicht zu reden von seiner Familie.

Aber er beklagte sich nicht. Nur eins betonten die beiden Männer:

Wie schön es hier einmal gewesen war. Früher einmal waren alle Leute gut zueinander. Jetzt leiden alle. Sie hoffen, dass das Leben hier einmal wieder gut sein wird, aber es nicht leicht, unbeirrt zu hoffen oder daran zu glauben, dass sich die Dinge wirklich zum Besseren wenden.

Ich fragte George nach seiner Familie. Er erzählte, seine Mutter sei gerade aus einem Flüchtlingslager in Guinea zurückgekommen. Ich fragte, wie es ihr gehe. Er sagte, es gehe ihr jetzt besser, aber sie erkälte sich schnell, denn in ihrer jetzigen Unterkunft müsse sie auf dem Boden schlafen.

George wurde einmal von Rebellen gefangen genommen. »Sie kamen in der Nacht. Wir versuchten zu fliehen. Meine Mutter machte sich große Sorgen um mich.«

George hat drei Kinder. »Eins habe ich noch nie gesehen«, erzählt er.

Wir gingen am Krankenhaus vorbei. Es ist ein sehr altes, kleines Gebäude. Die Mauern tragen fast keine Farbe mehr.

Auf dem Gelände stehen auch zwei Rot-Kreuz-Zelte. Ich schätze, in jedes passen vielleicht fünf Betten. Es gab aber keine Betten – wahrscheinlich, weil man mehr Patienten unterbringen kann, wenn sie auf dem Boden liegen.

Viele Menschen gehen heute spazieren. Die meisten haben wahrscheinlich ihren besten Sonntagsstaat angelegt – farbenfroh und sauber. Ich habe keine Ahnung, wie sie es schaffen, sich nett anzuziehen, aber diese Sonntagstradition ist ihnen offenbar wichtig. Es ist ein hübscher Anblick.

Wir gingen weiter die Lehmstraße entlang, vorbei an großen Steinen, Pfützen und Bächen von – nach dem Gestank zu urteilen – Abwasser.

Ich hörte Gesang und Trommeln. William und George deuteten auf ein Gebäude und sagten: »Kirche«.

Die Kirche war klein und aus Zementplatten errichtet, von Schotter umgeben. Ich schaute hinein und sah viele farbenfrohe Gestalten, die sich im Rhythmus der Trommeln bewegten. Wie schön diese Menschen im Gebet sind!

Zum ersten Mal seit ich hier bin, kamen mir die Tränen. Ich nahm mich zusammen und ging weiter.

Kleine Kinder kamen mit mir. Ich lächelte ihnen zu, und sie antworteten mit dem strahlendsten, zauberhaftesten Lächeln, das ich je gesehen habe.

Ein kleiner Junge fragte ernsthaft – und herausfordernd –: »Wer bis du?«

»Angie.«

Er kicherte, lächelte und lief fort.

Saint Michael's Lodge UNICEF (Kinderhilfswerk der Vereinten Nationen) und Family Home Movement (FHM)

Jemand legte mir ein Baby in den Arm. Für das Gefühl gibt es keine Worte.

Später nahm ein kleines Kind meine Hand und legte sie in die Hand einer anderen Frau (einer amerikanischen Mitarbeiterin einer NGO).

Das UNHCR arbeitet mit dem FHM zusammen. Sie unterstützen nach Sierra Leone heimkehrende Kinder, die von ihren Familien getrennt wurden.

Ein junger Afrikaner half bei der Leitung der Einrichtung. Er gab den anderen viel Zuwendung. Eine echte Führungspersönlichkeit und fürsorglich. Er hatte freundliche Augen.

Ich stellte ihm Fragen, wie man es tut, wenn man einen Menschen kennen lernen möchte. Was ist ihm besonders lieb? Wer ist seine Familie? Ich wollte wissen, wer er war.

Er hat Familie. Viele seiner Brüder und Schwestern studieren an Universitäten in Italien. Er reist gern, aber er meint, hier ist er nützlich und wird gebraucht.

Er erzählte, er werde bald einige Monate frei haben. Dann würde er gern Kurse belegen und lernen, wie man traumatisierten Menschen helfen kann. Er möchte Waisen, Flüchtlingskindern und Kindersoldaten mit ihren seelischen Wunden helfen. Es wird oft übersehen, wie nötig das ist.

»Vielleicht glaubt man, diese Kinder fangen einfach wieder da an, wo sie herausgerissen worden waren.«

Er erklärte mir, dass Menschen in anderen Teilen der Welt Beratung und Therapie erhalten, wenn es erforderlich ist.

In Afrika ist das anders. Wenn man Glück hat und in eine Gemeinschaft aufgenommen wird, erhält man Rat und Unterstützung.

Ich lernte einen Jungen kennen, dem gerade eine Beinprothese angepasst worden war. Er stand da und lauschte der Nachrichtensendung aus einem kleinen Radio. Die Leute sagten, er sei ein ganz besonders aufgeschlossener Schüler. Er kann schon wieder recht gut gehen.

Ein Junge von ungefähr elf Jahren begrüßte forsch die Nonne, die uns herumführte: »Hi, Schwester!«

Das UNHCR und Saint Michael's versuchen gemeinsam, Angehörige versprengter Familien ausfindig zu machen, zu registrieren und wieder zusammenzuführen.

Nachrichten aus dem Ausland bekommt man hier kaum. Man erfährt nur von dem Schrecken, der sich nebenan ereignet.

Wenn nur über die Kriegsereignisse und die Untaten der Menschen hier berichtet wird, bleiben Investitionen in den Aufbau Afrikas zögerlich. Das Problem hat überwältigende Ausmaße. Was soll man tun? Die Menschen werden abhängig und wollen die Flüchtlingslager nicht verlassen. Ich kann das verstehen. Ihre Heimat ist immer noch gefährdet und leer. Es gibt keine Nahrungsmittel. Es gibt keine Arbeit.

Weil Sonntag war und wir frei hatten, fuhren wir am frühen Abend ans Meer. Die Strände hier sind so weiß! Was für ein wunderschöner Anblick: Weißer Sand, hellblaues Wasser und dahinter die Berge in üppigem Grün!

Man nannte dies Land Sierra Leone, denn als die ersten Siedler eintrafen, soll es gedonnert haben, dass es klang wie Löwengebrüll.

Montag, 26. Februar – Gespräch beim Frühstück um 7 Uhr morgens

Ich lerne tagtäglich dazu. In Ländern, in denen keine Diamanten geschürft werden, bekommt man keine guten Waffen.

Manche Regierungen oder einzelne Personen bereichern sich durch den Handel mit der RUF.

Die Vereinigten Staaten und mehr europäische Länder sollten die Armee von Sierra Leone unterstützen, so wie die britischen Streitkräfte und die S.A.S. es tun. Sie helfen derzeit, die Bevölkerung auszubilden, damit die sich gegen die Rebellen verteidigen kann.

FAWE (Forum for African Women Educationalists) – Forum für Afrikanische Erzieherinnen

Hier werden Mädchen unterrichtet und angelernt. Man hilft ihnen, unabhängig zu werden.

Die meisten dieser jungen Frauen wurden entführt und vergewaltigt.

Ich betrat einen kleinen Raum.

Zwei Frauen kümmerten sich um ungefähr zehn Babys.

Viele Frauen wurden infolge einer Vergewaltigung schwanger.

Die Babys hatten kein Spielzeug oder kuschelige, farbenfrohe Sachen.

Sie krabbelten auf dem Boden. Schöne Gesichter.

Als ich näher kam, begann ein Baby zu weinen, es schrie aus vollem Hals. Die eine der Frauen sagte entschuldigend: »Er hat Angst wegen Ihrer Hautfarbe.«

Im Klassenzimmer wurde ich als Botschafterin des Guten Willens für das UNHCR vorgestellt und Maya, die Frau, die mich begleitete, als Schutzbeauftragte des UNHCR.

Die jungen Frauen hießen uns willkommen. Die Schulleiterin erzählte dann, ich sei eine Schauspielerin aus Kalifornien und sei gekommen, um Erfahrungen zu sammeln, damit ich ihre Vorhaben besser unterstützen könne.

Sie haben kaum je einen Kinofilm gesehen. Es war mir eigentlich nicht lieb, dass davon geredet wurde, aber offenbar machte mein Beruf diesen jungen Frauen meinen Besuch spannender. Sie können sich nicht vorstellen, wie man so einen Beruf ausübt.

Gelegentlich finde ich ihn auch merkwürdig, aber heute war ich damit glücklich.

Nach kurzer Zeit konnten wir uns sogar ohne Übersetzerin verständigen. Das Kreolische ist ein bisschen wie sehr schnell gesprochenes, komprimiertes Englisch.

Sie baten mich um meine Heimatadresse. Mir fiel der Rat ein, den man mir für die Vereinigten Staaten gegeben hatte, nämlich meinen Privatbereich nicht preiszugeben. Aber diese Frauen sprachen freizügig über sich selbst, also will ich auch nichts zurückhalten.

Ich wünsche diesen jungen Frauen von ganzem Herzen Erfolg. Und ich möchte ihnen eine Freundin sein. Ich ging zur Tafel und schrieb meinen Namen und meine Privatadresse an.

Eins der jungen Mädchen nahm meine Hand und sagte: »Ich möchte deine Freundin sein.«

Sie schrieb mir ihren Namen auf, denn wenn er eintraf, sollte ich gleich sehen, dass der Brief von ihr kam.

Übergangslager Jui

Das Übergangslager Jui liegt am Rand der Metropole von Sierra Leone, nur sieben Kilometer vom Stadtzentrum von Freetown entfernt. Das Zentrum wurde 2000 eingerichtet. Es war eine der Übergangssiedlungen des UNHCR, um die massenhaft aus Guinea zurückflutenden Sierra Leoner Flüchtlinge aufzufangen. Nachdem Sierra Leoner Rebellen Guinea angeblich über die Grenze hinweg angegriffen hatten, beschuldigten die Guineer die Flüchtlinge, sie würden den RUF-Rebellen Unterschlupf gewähren und versuchen, Guinea zu destabilisieren. Viele Flüchtlinge aus Sierra Leone wurden körperlich misshandelt, sodass sie sich gezwungen sahen, nach Sierra Leone zurückzukehren, obgleich in ihrem Heimatland immer noch Krieg herrschte. Da die Rebellen damals noch einen Großteil des Landes kontrollierten, war den Heimkehrern der Weg in ihre Dörfer versperrt. Als vorübergehende Anlaufstation richtete das UNHCR in den nördlichen und südlichen Provinzen zwei Gastgemeinden ein (Lokomassama und Barri). Wie sich zeigte, mussten die per Schiff aus Guinea eintreffenden Heimkehrer einmal übernachten, um sich von der langen Seereise zu erholen. Vor allem mussten sie sich für ihren nächsten Wohnort entscheiden, und dazu brauchten sie Informationen über den Verbleib ihrer Angehörigen. In Jui, wie auch in den übrigen Übergangslagern, wird für all dies gesorgt. Eigentlich sollten die Flüchtlinge längstens fünf Tage in Jui bleiben. In Wirklichkeit fanden rund 2000 Heimkehrer dort bis Juni 2002 Obdach.

Das Übergangslager grenzt an den Ort Jui, in dem schätzungsweise 6000 Sierra Leoner leben. Es gibt dort eine Primarschule und eine weiterführende Schule, außerdem ein Bibelinstitut. Solange sie im Übergangslager leben, müssen die Heimkehrer ihre Kinder in diese Schulen schicken. Das Übergangslager selbst verfügte über eine Krankenstation und einen riesigen Wassertank mit mehreren Zapfstellen.

Zelte aus Kunststoff, Lehmboden. Es ist wie am Rand der Welt. Die Leute wandern umher. Sie können nichts für sich tun. Sie können nicht nach Hause.

Ein Mann rannte auf die UNHCR-Mitarbeiter zu. Er rang bittend seine abgearbeiteten Hände: Sie sollten sich beeilen.

Sie erklärten mir, sie müssten sich um einen Jungen kümmern.

Ich folgte ihnen und sah den Jungen. Er sah wie ein Zwölfjähriger aus, aber er hätte auch 16 Jahre alt sein können. Wegen der Unterernährung ist das schwer zu beurteilen. Er war sehr krank.

Ich wollte mich nicht vordrängen und ihn anstarren. Ich hielt Abstand. Schließlich war ich eine Frau und ihm unbekannt. Ein Arzt untersuchte ihn.

Er war noch so jung und schien doch sehr gut zu begreifen, was mit ihm los war. Seine Beine waren gelähmt. Sein Leib und sein Brustkorb wirkten aufgebläht. Später erzählte man mir, er sei anscheinend operiert worden. Er hatte eine schwere Wirbelsäulenverletzung. Sein ganzer Körper wurde von Krankheiten aufgezehrt. Wahrscheinlich hatte alles mit einer Schusswunde und einer misslungenen Operation angefangen.

Nun war er also hier, nachdem man ihn aus dem Krankenhaus entlassen hatte. Es gibt keine Mittel und keine Räumlichkeiten, wo man ihn betreuen könnte, seit er (nach hiesigem Standard) kein Notfall mehr ist.

In meinen Augen war er ein Notfall. Jetzt werden sich die Mitarbeiter der humanitären Organisationen um Hilfsmöglichkeiten kümmern – aber er ist einer unter Millionen seinesgleichen.

Nie werde ich sein Gesicht vergessen. Nie werde ich vergessen, wie er mit den Händen seine Beine bewegte.

Das UNHCR ist in Afrika, um diesen verfolgten Menschen zu helfen und unermüdlich auf ihre vielen Bedürfnisse einzugehen. Immer ist man in Sorge, dass die Mittel für all die dringlichen Programme ausgehen.

Ich saß mit Sprechern, Häuptlingen und jungen Frauen zusammen, die im Lager leben.

»Was sollen die Menschen draußen erfahren?«, fragte ich.

Eine junge Frau antwortete: »Wir leben immerfort in Angst.

Wir haben Angst, dass noch mehr junge Mädchen entführt und vergewaltigt werden. Wir haben Angst, dass unsere Jungen zu Soldaten gemacht werden. Dieser Krieg muss aufhören.«

»Glaubt ihr, dass Amerika helfen kann?«, wollte ein UNHCR-Mitarbeiter wissen.

Die junge Frau erwiderte rasch: »Ja, das ist eine Supermacht. Wir wollen nach Hause. Unsere Kinder müssen zur Schule gehen. Wir müssen uns ordentlich ernähren.«

Wenn Amerika doch das Land wäre, für das sie es halten! Es könnte so sein.

Jemand fragte einen alten Häuptling: »Wie ist es, in einem Lager zu leben?«

»Es ist uns peinlich«, antwortete er.

Ich habe gehört, die Mittel werden knapper, weil das UNHCR seine Arbeit ausweitet. Asyl gebende Länder geraten dadurch in Schwierigkeiten – Länder wie Guinea.

Das UNHCR kümmert sich jetzt außer um Flüchtlinge auch um Vertriebene im eigenen Land (IDP – internally displaced persons – Binnenflüchtlinge).

Viele andere Organisationen arbeiten auf der Grundlage einer Langzeitfinanzierung. Das UNHCR ist ja nur als Übergangslösung gedacht. Eine langfristige Finanzierung ist nicht gewährleistet. Deshalb ist es schwierig, tragfähige und langfristige Lösungen zu finden. Niemand weiß mit Gewissheit, ob es für die Programme in den kommenden Monaten noch Gelder geben wird, und dabei sind doch mehr Menschen als je zuvor in Not. Die Not verschwindet nicht einfach.

Ich lernte einen UNHCR-Mitarbeiter aus Jordanien kennen. Er mochte in Flüchtlingslagern in seinem Gebiet Einrichtungen wie die FAWA für Frauen schaffen.

Waterloo (Übergangslager)

Die Kinder hier nehmen deine Hand. Sie gehen neben dir, lächeln und singen. Sie besitzen nichts. Ihre Kleidung ist zerlumpt und staubig, und sie lächeln.

Die Kinder rannten auf uns zu. Sie sind so glücklich über das bisschen, was sie jetzt haben. Sie sind nicht mehr allein, und sie müssen nicht mehr um ihre Sicherheit fürchten. Die meisten von ihnen hatten viele, viele Tagesmärsche ohne Wasser und ohne Nahrung zurückgelegt.

Mit ihren kleinen Händen griffen sie nach meinen Händen. An jedem Finger klammerte eine Kinderhand. Andere ergriffen meine Handgelenke, meine Arme – ich konnte nicht weitergehen. Am liebsten hätte ich sie alle mit nach Hause genommen.

Sie bemerkten meine Tattoos. Das fanden sie komisch. »Wer hat dich gestempelt?«, wollten sie wissen.

Eine Frau erzählte mir ihre Geschichte. Währenddessen nahm sie sich ihr Enkelkind vom Rücken und stillte es. Ihre Tochter (die Kindsmutter) hatte die Stammestattoos getragen. In Guinea verdächtigte man sie deshalb der Zugehörigkeit zu den Rebellen. Sie wurde getötet.

Plötzlich stand einer der Männer vor uns, der mich begleitet hatte. Er streckte eine Hand aus. »Wir müssen gehen. Bitte stehen Sie auf.«

Ich hörte eine laute Auseinandersetzung.

Es ging um die Überführung in ein anderes Lager. Ein Flüchtling wehrte sich dagegen.

Man hat mir erzählt, manche Flüchtlinge bestehen darauf, in ein bestimmtes Lager zu kommen, weil sie glauben, dort ihre Angehörigen zu treffen.

Wir gingen an den Streitenden vorbei zum Auto.

Ich bemerkte einen Mann, der gegen eine Mauer schlug.

Mein Begleiter rief: »Schließen Sie die Tür!«

Ich hatte keine Angst. Mir taten die Menschen in diesen Lagern Leid, genauso wie die UNHCR-Mitarbeiter, die den vielen Bedürfnissen der Flüchtlinge nicht entsprechen können. Wenn die Flüchtlinge außer sich geraten, müssen die UNHCR-Mitarbeiter das oft ausbaden. Sie werden von Kriegsopfern angegriffen.

Es ist schwierig, auf alles gefasst zu sein, wenn sich die Anzahl der Flüchtlinge und die Gegebenheiten ständig ändern. So viele Menschen brauchen Überlebenshilfe. Viele der Schulkinder müssten ärztlich versorgt – vor allem geimpft – werden.

Es gibt 22 Millionen Flüchtlinge. Vor zwei Monaten hatte ich davon noch keine Ahnung.

Wir müssen denen helfen, die um ihr Leben rennen.

Die Probleme und die Anzahl der Flüchtlinge wachsen immer weiter, bis wir diese Kriege beenden.

Viele Kinder im Lager Waterloo leiden unter Krätze. Lieber stecke ich mich an, als dass ich diesen kleinen Kindern meine Hand entziehe.

Entscheidend ist die Erkenntnis, dass dies nur eins der Probleme ist, mit denen diese Kinder leben. Die sichtbaren Bedingungen sind nicht gut. Ehrlich gesagt, sie sind schrecklich. Aber ich bin sicher, das Schlimmste liegt gar nicht zutage.

Gerade bin ich in das Zimmer zurückgekommen, in dem ich wohne. Ich habe mir Gesicht und Hände gewaschen. Dann merkte ich, wie ich meine Hände anstarrte.

Später am Tag besuchte ich ein Lager mit amputierten Menschen. Es sind Vertriebene, die von anderen Nichtregierungsorganisationen betreut werden.

In den letzten Minuten habe ich den Stift einfach nur über dem Papier gehalten.

Ich weiß nicht, was ich schreiben soll. Nein – doch, ich weiß es. Ich bin zornig. Ich hasse die Menschen, die das getan haben. Ich hasse es, dass alle leiden müssen: Die Amputierten, die Flüchtlinge, die Vertriebenen, die Menschen in den vom Krieg versehrten Gemeinden – alle. Es gibt so viele Überlebende, denen die liebsten Menschen verstümmelt oder getötet wurden. Niemand lebt so wie vor der Begegnung mit der RUF. Ich begreife nicht, wie das andauern kann, wie mein Land behaupten kann, es würde diesen Not leidenden Ländern helfen, wenn doch alle die Menschen hier tagtäglich erleben, dass es keine Gerechtigkeit gibt, keine Vergeltung, keinen echten Frieden.

Und wie kann man von ihnen verlangen, sich ihr Leben wieder aufzubauen, wenn sie doch wissen, dass die Aufständischen ihnen alles wieder wegnehmen werden?

Ein Mann erzählte mir, wie er seinen Arm vom Ellenbogen an abwärts verlor. »Wer Glück hat, wird nur amputiert. Wir überleben – aber nicht alle. Viele Amputierte sterben am Blutverlust oder an einer Infektion.«

Das jüngste Amputationsopfer, das ich sah, war ein einjähriges kleines Mädchen. Sie war drei Monate alt, als sie ihr einen Arm abschnitten und ihre Mutter vergewaltigten.

So viele Menschen.

Ich saß eine Weile mit einem jungen Mann zusammen, und er erzählte mir seine Geschichte. Er war Geschäftsmann gewesen. »Ich schlafe auf dem Boden. Ich habe nicht genug zu essen. Ich bin froh, dass ich noch lebe, aber ich kann nie mehr nach Hause. Wie soll ich je wieder Geschäfte machen?«

Den Ausdruck in seinen Augen kann ich nicht vergessen: Verunsichert, verzweifelt, traumatisiert.

Ein Mann ohne Hände hatte verstanden, dass ich helfen wollte (man hatte mich als Amerikanerin vorgestellt, die gekommen ist, damit sie in den USA berichten kann, wie es hier wirklich ist).

Für nichts im Leben wünsche ich mir sehnlicher Erfolg.

Der Mann ohne Hände streckte mir seinen Arm hin und lächelte. Ich schüttelte sein Handgelenk.

Ich war voller Demut, weil ich unter diesen tapferen Menschen sein durfte.

Abendessen im Haus des UNHCR

Zum Abendessen gab es Fisch und Salat.

Das war echter Luxus. Ich war dankbar, aber ich konnte kaum essen. Ich fühlte mich innerlich leer.

Einige Schutzbeauftragte kamen dazu. Zweieinhalb Stunden lang sprachen wir über die Probleme. Alle berichteten von den verschiedenen Projekten, in denen sie arbeiten, oder von ernsthaften Vorfällen, die sie beobachtet hatten.

Vieles wurde diskutiert – viel mehr als ich aufschreiben kann. Das UNHCR dokumentiert alles genauestens.

Ein Mann aus Jordanien sagte: »Mit Liebe und Toleranz ist alles möglich.«

Es ist ein wunderbares Gefühl, mit Menschen aus allen Teilen der Welt zusammen zu sein – unterschiedliches Alter, unterschiedliches Geschlecht, unterschiedliche Staatsangehörigkeit – und alle arbeiten aus unterschiedlichen Gründen für das UNHCR. Einige UNHCR-Mitarbeiter waren selbst einmal Flüchtlinge.

Sie sprachen auch über den Jungen, den ich im Übergangslager Jui gesehen hatte. Jemand nannte ihn »den Jungen mit dem friedlichen Gesichtsausdruck«. »Vielleicht war es keine Schusswunde.« »Vielleicht ist er sehr tief gestürzt.«

»Er schafft es nicht«, meinte eine Frau.

Das hätte mich nicht wundern sollen, aber es überraschte mich doch.

Etliche Patienten in den Lagern haben ohne angemessene medizinische Versorgung in einem Krankenhaus keine Chance. Wir müssen auf mehr Zuwendungen aus Genf, dem Sitz des UNHCR, drängen. All das braucht Zeit.

Man erzählte mir von anderen Opfern in den Lagern, über die nicht oft gesprochen wird. Viele Flüchtlinge wurden gezwungen, andere Menschen zu verstümmeln. Jemand hält ihnen eine Schusswaffe an den Kopf oder ein Messer an die Seite. Dann drückt man ihnen ein verrostetes Messer oder eine scharfe Glasscherbe in die Hand. Sie müssen ihnen bekannten Menschen die Hände, die Füße, manchmal Arme oder Beine abschneiden. Oft sind es Angehörige.

Diese Menschen verlieren den Verstand. Bei ihnen geht nichts mehr. Manche können mit dem Schuldgefühl nicht weiterleben. Es gibt kaum Beratung für sie. Die Geldmittel reichen kaum für das physische Überleben der Menschen – um wie viel weniger für ihre mentale und emotionale Wiederherstellung.

Ich sehe, wie die Flüchtlinge sich größte Mühe geben, füreinander zu sorgen.

Ich möchte etwas schreiben, bevor ich schlafen gehe, aber ich kann nicht. Ich stehe unter Schock.

Dienstag, 27. Februar

Lautes Klopfen an der Tür weckte mich. Es ist 7 Uhr morgens. Ich bin müde. Ich hatte befürchtet, ich würde schlecht träumen. Jetzt bin ich erleichtert, denn ich habe tief und fest geschlafen. Ich habe überhaupt nicht geträumt.

Zweieinhalb Stunden lang habe ich im Büro gesessen, habe Informationsmaterial gelesen und an Sitzungen teilgenommen, damit ich mir von den verschiedenen Organisationen ein Bild machen kann.

Heute erwarten wir ein Schiff mit Rückkehrern nach Sierra Leone. Später werden wir sie in ein Lager in der Nähe von Kenema bringen, wo ihr neues Zuhause sein soll.

Das Schiff hatte Verspätung. Endlich kam ein Anruf. »Auf geht's!« Ich streifte meinen Rucksack über. Eine halbe Stunde verging. Man reichte uns eine Tüte mit dem Notwendigsten: »Falls ihr eine Panne habt ...«

Unser Auto war den ganzen Vormittag lang zur Wartung in der Werkstatt – was heißt schon Werkstatt! Es ist immer noch nicht fertig.

Hier braucht alles viel Zeit. Auch das Registrieren der Flüchtlinge, die mit dem Schiff ankommen, geht langsam voran.

Vertreter vieler Regierungs- und Nichtregierungsorganisationen waren an den Kai gekommen, drei oder vier Personen für jede Organisation.

- International Medical Corps
- Rotes Kreuz
- Save the Children
- UNHCR
- World Vision
- International Organization for Migration

Als ich heute Morgen aufstand, warteten die Flüchtlinge schon in der heißen Sonne am Kai. Man hatte sie so gut wie möglich mit Nahrung versorgt (ein kleines Brot und Sardinen).

Ich erkundigte mich, wie lange die Schiffsreise dauerte.

»Elf Stunden.«

Das Meer war zwar ruhiger als sonst, trotzdem hatten viele Kinder sich übergeben müssen. Man zählte 202 Menschen.

Auch eine Frau kam zum Schiff. Sie sucht ihren Mann. Er war nicht da. Man riet ihr, in der Meldestelle nachzufragen. Das ist nur ein kleiner Tisch in einer Hütte am Kai. Der einzige sonnengeschützte Ort hier.

In den Straßen, am Anfang unserer fünfstündigen Reise, kommen Bettler an die Autofenster, wann immer wir anhalten müssen.

Ich sah blinde und verletzte Kinder – Kinder, die ihr Leben lang behindert sein werden. Ich erkundigte mich, ob ich ihnen etwas Geld geben dürfe. »Nein, nicht an einem öffentlichen Ort. Sonst würden alle kommen. Das wäre ein schlechtes Beispiel.«

Mehr als 200 Menschen werden diese Reise antreten. Hinter uns fahren zwei Lastwagen, voll beladen mit ihren wenigen Habseligkeiten. Auf diesen beiden kleinen Fahrzeugen liegt, was sie im Leben erworben haben. Es ist alles, was sie auf dieser Welt besitzen.

Ich weiß nicht, wie die Menschen auf den Lastwagen zurechtkommen, bei allem, was sie allein auf dieser Reise von Guinea bis hierher durchgestanden haben. Ich kann mir nicht vorstellen, wie es war, als sie um ihr Leben rannten. Wie sind sie überhaupt nach Guinea gekommen?

In Waterloo nahmen wir weitere Personen auf. Jetzt sind es 387 Menschen.

Wir fahren in die Stadt zurück und kaufen ein, was zu haben ist.

Diese Menschen kommen nach Hause. In Guinea waren sie Flüchtlinge, aber jetzt sind sie dort nicht mehr sicher.

Sie kommen nach Sierra Leone und werden in Lagern leben. Ihre Häuser sind zerstört. Dort, wo sie einst lebten, herrschen jetzt die Rebellen.

Für sie gibt es keine Wahl. Sie müssen in Lagern leben und mit sehr wenig auskommen, und sie wissen nicht, ob nicht dieselben Menschen, die ihre Wohnungen zerstörten, ihre Angehörigen und Freunde töteten, vergewaltigten und verstümmelten, wieder angreifen. Aber wenn sie sterben müssen, wollen sie in ihrer Heimat sterben.

Es übersteigt meine Vorstellungskraft, wie sie sich fühlen.

Sie sind in Lastwagen zusammengepfercht und werden durch Straßen gefahren, wo sie einmal frei und glücklich lebten.

Sechs Lastwagen voller Menschen.

Zwei kleinere Lastwagen mit all ihren Habseligkeiten.

Wir folgen in unserem Lastwagen und sollen Schutz und Unterstützung geben.

Gerade sind wir an die Spitze der Kolonne gefahren und führen an. Wir sind das einzige Schutzfahrzeug, deswegen überprüfen wir alle halbe Stunde alles, indem wir von einem zum anderen Ende des Konvois fahren.

Eben haben wir erfahren, dass kein Wasser für die Reise mitgenommen wurde. Eine Mitarbeiterin des UNHCR versucht, Funkkontakt herzustellen. Die Verbindung ist sehr schlecht. Sie fragt an, wo auf der Route die Vorräte ergänzt werden können. Wir müssen herausbekommen, wie viel Wasser vorhanden ist.

Außerdem hat man uns gesagt, wir würden bei Dunkelheit eintreffen, weil sich die Abfahrt länger als erwartet verzögert hatte.

Man fragte mich, ob ich immer noch entschlossen sei mitzufahren. Es hieß, es gebe keinen Grund zur Sorge, aber es wäre ihnen lieber, wenn ich an der vorletzten Station ausstiege. Es würde sie beruhigen.

Ich will kein unnötiges Risiko eingehen, denn ich weiß, dass das UNHCR sich verantwortlich fühlt. Wir beschlossen, eine Entscheidung zu treffen, wenn es soweit war. Wir müssten auch herausfinden, wo wir übernachten könnten.

Ein zweites Schutzfahrzeug hat sich uns gerade angeschlossen. Unser Fahrer signalisierte dem Kollegen, er solle den Schluss übernehmen.

Das UNHCR hat hier auch dafür zu sorgen, dass alle Straßensperren beseitigt und die Checkpoints geräumt werden.

Wir fahren jetzt durch ein Gebiet, aus dem die Rebellen mit Hilfe der Engländer vertrieben wurden.

Die Westside Boys

Die Westside Boys waren eine Gruppe ehemaliger Soldaten. Sie hatten den Militärputsch unterstützt, der Präsident Ahmad Tejan Kabbah im Mai 1997 entmachtete. Zusammen mit anderen Soldaten der Streitkräfte von Sierra Leone (Sierra Leone Army – SLA) flohen sie in den Busch, nachdem die Economic Community Monitoring Group (ECOMOG) den Staatsstreich im Februar 1998 rückgängig machte und Präsident Ahmad Tejan Kabbah wieder in sein Amt einsetzte.

Die Westside Boys gehörten zu den Truppen, die am 6. Januar 1999 mehr als die Hälfte von Freetown einnahmen. Damals kamen mindestens 5000 Menschen ums Leben, und es wurden Wohnraum und Eigentum im Wert von schätzungsweise einigen Millionen Dollars zerstört. Die Westside Boys zogen sich wieder in den Busch zurück, nachdem die Streitkräfte der ECOMOG sie aus Freetown vertrieben hatten. Sie hielten sich dann im Gebiet Okra Hills auf, ungefähr 50 Kilometer von Freetown entfernt.

Sie raubten zahlreiche zivile und Militärfahrzeuge und sorgten auf der Überlandstraße zwischen Freetown und Masiaka für viel Unruhe. Höhepunkt ihrer Umtriebe war die Gefangennahme einiger Angehörigen des britischen Militärs und deren Sierra Leoner Führer von der SLA. Nachdem alle Verhandlungen für die Freilassung der Gefangenen gescheitert waren, führten die Engländer zu Land und aus der Luft einen Schlag aus, nahmen die Westside Boys im Busch gefangen oder töteten sie. Die Gefangenen, einschließlich ihres Anführers, des selbst ernannten Brigadiers Foday Kallay, sind jetzt in Freetown hinter Gittern. Diese militärische Operation räumte mit dem Spuk der Westside Boys auf. Sie leiteten ihren Namen übrigens von einer Gangstergruppe in den Vereinigten Staaten ab, dem Westside Squad.

Inzwischen fahren wir auf einer anderen Straße, aber die ist in schlechtem Zustand. Wir müssen nach Osten. Wir winken mit den Armen aus den Seitenfenstern, damit die Lastwagen hinter uns schneller fahren.

Am Straßenrand sah ich einen Mann gehen. Er trug Shorts und war sehr schmutzig. Er hielt ein Maschinengewehr im Arm und redete sehr laut. Er sprach mit sich selbst.

Überall sah man Trümmer zerstörter, verbrannter Häuser.

Auch Autos und Lastwagen müssen hier explodiert sein, denn überall lagen Wrackteile herum.

Der wundervolle Dschungel.

Manchmal sehe ich kleine Dörfer, die halb abgebrannt, halb aus Holz und Lehm wieder aufgebaut sind.

Die wenigen Schulen und Kirchen am Straßenrand sind leer, die Mauern voller Einschusslöcher.

Wenn wir das Lager nach 20 Uhr erreichen, kommen wir nicht mehr hinein.

Viele Leute regten sich auf, weil wir so schnell fuhren.

»Tut uns Leid. Haltet eure Kinder fest. Je eher wir ankommen, desto eher könnt ihr euch ausruhen und bekommt zu essen. Wir wollen möglichst wenig in der Dunkelheit fahren.«

Sie verstanden, aber die Mühsal ihrer Reise scheint endlos. Selbst heute ist es noch nicht vorbei. Ein bisschen besser vielleicht – sie leben noch.

Wir fahren jetzt schon seit zweieinhalb Stunden. Einer der Gepäck-LKW hatte eben eine Panne. Alles musste abgepackt und auf den anderen LKW umgeladen werden. Ich frage mich, wie das alles hineinpassen soll. Der Laster war vorher schon voll.

Während das Gepäck umgeladen wird, fahren wir weiter. Sie werden versuchen, zu uns aufzuschließen.

Nie im Leben werde ich Worte dafür finden, wer diese Menschen sind, was sie durchmachen oder weshalb wir ihnen unbedingt helfen müssen.

Ich habe vorgeschlagen, eine Videokamera zu besorgen, damit sie für sich selbst sprechen können. Sie möchten das sehr gern tun. Sie wollen nicht, dass die Presse entscheidet, was wichtig ist. Sie wollen für sich selbst sprechen.

Als ich herkam, dachte ich, was diese Menschen durchgemacht haben und wie sie leben müssen, würde mich traurig machen und mich anwidern.

Stattdessen sehe ich, wie sie überleben. Ich sehe das Lächeln, das trotzdem auf ihren Gesichtern liegt. Ich sehe junge Leute, die sich bei der Hand halten, arbeitende Menschen (jedermann, wie es scheint).

Ich bin voller Ehrfurcht vor diesen Menschen.

Ihr Wille.

Ihre Hoffnung.

Wir halten und lassen einige Leute aussteigen. Die Lebensmittel befinden sich offenbar in dem LKW, der noch weit hinter uns ist – im Gepäckwagen.

Wir setzen uns alle zusammen draußen auf den Boden. Es ist ungefähr zwei Uhr nachmittags und unerträglich heiß. Ich sehe so viele Flüchtlinge bei der Arbeit. Sie schleppen Holz und andere Dinge und versuchen, diese Gegend bewohnbar zu machen. Wie sie das schaffen, ist mir ein Rätsel.

Jemand erklärte mir den Tagesablauf: Morgens bringt man alles für das Frühstück zusammen (Wasser, Holz), man isst, man macht sauber, man versucht nach Möglichkeit, Dinge zu verkaufen oder anzufertigen.

Der Nachmittag ist dazu da, Wasser und Holz zu holen und um das Essen zuzubereiten.

Das Gleiche spielt sich vor dem Abendessen ab.

Den ganzen Tag lang geht es um das Überleben.

Das UNHCR hat in diesem Jahr vier Mitarbeiter verloren.

Jede Woche wird irgendwo auf der Welt ein Mitarbeiter einer humanitären Organisation getötet. Viel mehr Sicherheit und besserer Schutz wären dringend erforderlich.

Das UNHCR verzeichnet eine der höchsten Raten bei Scheidungen, Selbstmord und Depressionen.

An der Grenze zu Bezirk 91 steht ein Schild mit der Aufschrift:

Bitte schlagt keine Hände ab.
Reichen wir uns die Hand!

Wir mussten bis zu einem Markt laufen und dort Brot und Sardinen kaufen. Unsere Vorräte decken nur den halben Bedarf.

Man sagt uns, ein Junge auf dem dritten Lastwagen sei sehr krank. Die Krankenschwester hat kaum medizinische Ausstattung – gar keine, genau genommen.

Das UNHCR benötigt so viel mehr Mittel für Ärzte, Krankenpfleger und Arzneimittel. Operationen laufen hier selten glatt.

Ich bin hier mit Nyambé zusammen, einer UNHCR-Mitarbeiterin, die mich bei meinen verschiedenen Verabredungen und Unternehmungen begleitet hat. Sie fährt zum ersten Mal mit einem Konvoi mit und besucht zum ersten Mal ein Lager, das nicht nahe bei einem Übergangslager liegt.

Wir machten uns auf die Suche nach Arzneimitteln. Wir hatten gesehen, dass in diesem Gebiet UN-Soldaten stationiert sind. Sie kamen aus Bangladesh, wie sich zeigte.

Einer der Soldaten wollte uns nicht helfen. Er sagte: »Geht doch zu den NGOs.« Wir blickten auf die staubige Straße zurück, auf die armen Einwohner und ihre armseligen Hütten.

»Wo sind sie?«, fragten wir.

Nyambé erinnerte daran, dass wir unter der Flagge der Vereinten Nationen alle Brüder und Schwestern sind.

Sie fragten, ob wir Ärzte seien.

»Nein«, antworteten wir. »Wie sind nur Arbeiter.«

Sie gaben uns eine kleine Tüte mit einem Schmerzmittel und etwas gegen das Austrocknen.

Nachdem das Essen ausgeteilt ist, kontrollieren wir unser Gepäck.

Für alle, die nicht registriert sind, tritt das Familienoberhaupt vor. Auf ein gelbes Stück Papier gibt es pro Person ein kleines Brot und eine halbe Dose Sardinen.

Die Sonne sinkt. Wir versuchen, das Lager Bo vor dem Konvoi zu erreichen und schon einmal Essensrationen für 400 Menschen vorzubereiten. Das Lager liegt eine Stunde vor unserem eigentlichen Ziel.

Bis dahin schaffen wir es heute nicht. Wir müssen uns morgen früh wieder auf den Weg machen.

Der (zweite) Gepäck-LKW hatte einen Platten. Während der Reifen gewechselt wird, müssen wir weiterfahren. Den ersten Laster hatten wir schon vorher liegen lassen müssen – ein mechanischer Defekt.

Das UNHCR mag Probleme haben, aber es ist hier die einzige Organisation, die überhaupt so einen Konvoi auf die Beine zu bringen versucht.

Es ist jetzt 20 Minuten vor acht Uhr abends und stockdunkel. Ein Mann kommt zu uns. Er fährt einen der Lastwagen vor uns. Wir halten am Straßenrand.

»Was ist los?«

»Mein Laster hat keine Scheinwerfer«, sagt er.

An einem der Kontrollpunkte winken uns einige Halbwüchsige zur Seite. Mit Taschenlampen leuchten sie in den Laster und in unsere Gesichter. Sie lassen uns weiterfahren.

Es ist 21:30 Uhr als wir Bo erreichen. Wir werden hier die Nacht verbringen und morgen um 7 Uhr wieder aufbrechen.

Wir lernten Muhammad kennen, der hier arbeitet. Er (und einige andere) hatten drei große Schüsseln mit Bulgur und drei Schüsseln mit Bohnen vorbereitet.

Unterstützt von einer Frau, die hier ganz offensichtlich die Leitung hat, begannen wir, die Essensrationen auszuteilen. Es dauerte eine Weile, bis alle Flüchtlinge von den LKWs geklettert waren, und jetzt waren alle sehr hungrig.

Ich frage mich, wie diese Menschen sich fühlten. Mir war übel durch die Fahrt. Ich hätte mich vermutlich übergeben, aber ich hatte nichts Flüssiges mehr im Magen und während der letzten Stunden nur noch trockenes Brot gegessen. An unserer Fahrstrecke gab es natürlich keine Toiletten, deshalb hatte ich nichts getrunken.

Ich versuchte, mich nützlich zu machen und verteilte Tassen und Löffel und passte auf, dass die Essensausteiler immer genügend Teller hatten. Es gab nicht genügend Metallteller für alle, deshalb organisierten wir einen Abwaschdienst. Sobald die ersten aufgegessen hatten, wurden ihre Teller abgewaschen.

Die Kinder bekamen als erste zu essen, dann die Frauen und zum Schluss die Männer.

Einige Leute nannten mich »pumwi«. Das heißt »weißer Mensch«. Manche redeten mich mit »Schwester« an.

Sie waren sehr freundlich zu mir. Sie wussten, dass ich helfen wollte.

Andere Leute würden vielleicht drängeln und schimpfen und ärgerlich sein, weil alles so lange dauerte und weil sie so viel mitgemacht hatten.

Aber diese Menschen hier leben seit Jahren unter übelsten Umständen, und wenn sie mir überhaupt etwas zeigen wollten, dann wie man die Sachen anpackt, weil ich ja neu war.

Nyambé und ich wurden zum Schlafen in ein nahe gelegenes Motel geschickt. Ich finde es eigentlich nicht richtig, dass ich dieses Privileg erhalte, aber ich bin todmüde und von Herzen dankbar.

Man gab uns Zimmer mit Ventilator. Meiner funktioniert allerdings nicht. Ich höre Leute vor meinem Fenster reden und von irgendwo her amerikanische Musik aus den 1980er Jahren. Eben habe ich eine dicke Spinne entdeckt.

Das Bettgestell war früher einmal mit Plastik überzogen. Der Überzug ist jetzt völlig zerrissen. Es gibt keine Betttücher, nur ein Laken auf der Matratze.

Ich finde diesen Raum wundervoll. Der Mann, der mich hierher führte, lächelte, als er die Tür öffnete: »Fein. Gut!« Dann zeigte er mir die Toilette. Sein Lächeln wurde noch breiter: »Sehen Sie!«, und er betätigte die Spülung.

Vor ein paar Minuten kam er wieder. Er brachte mir Streichhölzer und eine Kerze.

Zwischen 1 Uhr und 4:30 Uhr morgens gibt es keine Elektrizität.

Nyambé kam in mein Zimmer. Wir teilten das restliche Brot. Es ist zu heiß zum Essen, deshalb hebe ich meinen Teil zum Frühstück auf.

Mittwoch, 28. Februar

Es ist 6:17 in der Frühe. Wir sind wieder alle beisammen und fast für die Fahrt nach Kenema bereit.

Ich habe kaum geschlafen. Es war sehr heiß und ständig laut. Ich muss immer daran denken, wie viel besser ich es hatte als die Flüchtlinge. Ich dachte daran, wie sich die Mütter und die Kinder in dieser Nacht wohl fühlen würden. Ich wunderte mich, weil so wenige Kinder weinten. Wahrscheinlich haben sie sich schon an diese schrecklichen Bedingungen gewöhnt, oder sie sind selbst zum Weinen zu müde.

Am Morgen entdeckte ich einen breiten Schnitt in meiner Tür, der von einem Messer stammte. Nyambé sagt, sie hat ihn schon am vergangenen Abend bemerkt, als sie an meine Tür klopfte.

Gibt es hier eine Privatsphäre? Eigentlich ist es auch egal. Es ist zu früh, und ich bin froh, dass wir wieder auf der Straße sind.

Viele Mitarbeiter des UNHCR stammen aus dem Land, in dem sie arbeiten, also helfen (sehr oft) die eigenen Leute ihren Landsleuten. Gemeinden und Länder helfen sich gegenseitig.

Auch der Norwegische Flüchtlingsrat war vor Ort, um zu helfen.

Endlich waren wir da. Menschen, die schon vorher hierher gebracht worden waren, rannten auf uns zu. Sie wollten sehen, ob Freunde oder vielleicht Angehörige unter den Neuankömmlingen waren. Leute, die mit uns gekommen waren, schrieen vor Freude, wenn sie Freunde entdeckten. Jede Familiengruppe erhielt ein Stück Land, damit sie sich ein Obdach bauen konnten. Sie erhielten auch einige Vorräte und Ausrüstung.

Es wäre schön, wenn man einen Workshop veranstalten und sie in Gartenbau einführen könnte, damit sie ihre eigenen Lebensmittel anbauen können.

Dieses neue Flüchtlingsgebiet existiert erst seine wenigen Wochen, aber schon sieht man kleine Hütten aus Holz und Lehm.

Im Büro sah ich sieben Personen, die sehr große Bündel bei sich hatten. Einige Frauen waren schwanger. Man sagte mir, diese Frauen gehörten zu den Hunderten, die aus Guinea gekommen waren. Sie waren zu Fuß gekommen, sie brauchten medizinische Betreuung, sie mussten sich registrieren lassen, und sie brauchten einen Platz im Lager.

Wir sind am Flughafen und warten auf den Rückflug. Das Flughafengebäude ist klein, weiß getüncht und liegt inmitten von Militäranlagen.

Afrikanische Truppen tragen die Kopfbedeckung der UN und die Flagge ihres Landes auf der Uniform.

Weitere britische Truppen sind gerade eingetroffen. Die Soldaten schleppen gewaltige Gepäcksäcke und Gewehre. In geordneten Reihen verlassen sie die Hubschrauber und rennen zu den Lastwagen, mit denen sie weiterfahren sollen.

Man hatte uns gesagt, unser Flugzeug sei schon da, aber das stimmt nicht. Also warten wir und suchen Schutz vor der heißen Sonne.

Als das Flugzeug sich immer mehr verspätete, erkundigten wir uns, wie lange es dauern würde. Eine Stunde, sagte man. Wir wollten alle gern frühstücken oder zumindest einen Kaffee trinken, deshalb beschlossen wir, zu einem kleinen Café in der Nähe zu fahren. Es war winzig, staubig und großartig, eine merkwürdige Mischung aus afrikanisch und chinesisch. Die Speisekarten waren alt, ich konnte die Worte kaum entziffern. Wir bestellten und begannen über die verschiedenen Dinge zu sprechen, mit denen die einzelnen sich befassen. Aber kaum hatten wir damit begonnen und zwei Minuten nachdem wir bestellt hatten, hörten wir, das Flugzeug sei gelandet, und wir mussten uns beeilen. Wir lachten.

Die Verspätungen der lokale Fluglinie sind bei den starken militärischen Aktivitäten kein Wunder. Ungefähr zu zehnt zwängten wir uns in die Maschine. Aus dem Lautsprecher kam eine unbeschreibliche Musik. Der Text wurde französisch gesungen, glaube ich. Einmal angestellt, hörte es nicht wieder auf.

Es war fast 14 Uhr, als wir endlich wieder landeten. Auf der Autofahrt zurück beobachtete ich die Menschen. Jetzt verstehe ich ihre Mühsal besser.

Ich sehe aus dem Fenster.

Sie sind alle Helden, aber dieser kleine Junge stellt sie alle in den Schatten. Er balanciert ein bis zum Rand mit Wasser gefülltes, großes Gefäß auf dem Kopf. Er ist barfuß. Es ist sehr heiß, und er hat bestimmt noch weit zu gehen. Und lange, nachdem ich abgereist bin – oder jemand diese Zeilen liest – wird er immer noch so gehen und außerdem vieles andere tun. Er ist nur ein kleiner Junge. Und – im Moment – gehört er zu den Glücklichen. Er ist nicht beim Militär. Er kommt an Wasser. Niemand hat ihm die Hände oder Füße abgeschlagen. Er ist zwar sehr dünn, aber er scheint relativ gesund zu sein.

Ein Fotograf betrat das Büro und wollte wissen, was in den verschiedenen Gebieten vor sich geht und ob man ihm Informationen über die größten Krisengebiete geben oder ihm helfen könnte, dorthin zu fahren. Das ist ein Problem, denn in die meisten Gebiete kommt man kaum. Es ist schon schwierig, die Menschen dort mit Lebensmitteln zu versorgen.

Sie versuchten, eine Route auszuarbeiten und Strecken zu finden, wo ihn vielleicht jemand mitnehmen würde. Er versucht zu helfen, indem er den Leuten buchstäblich vor Augen führt, was sich abspielt, damit sie selbst entscheiden können, wie sie das finden.

Ich bin sicher, die meisten seiner Fotos werden viele von uns sich nicht gern ansehen – aber wir sollten es trotzdem tun.

Er fragte, woher ich komme.

»Amerika.«

»Ach! Ich bin seit zehn Jahren Fotograf. Die amerikanische Presse kauft mir diese Art von Fotos nicht ab. Die Presse aus anderen Ländern tut das wohl.«

Heute soll ich bei Herrn Arnauld Akodjenou zu Abend essen, dem offiziellen Vertreter des UNHCR in Sierra Leone. Er will mir begreiflich machen, was in diesem Land eigentlich vor sich geht – was getan wird, was getan werden müsste und welche Politik dahinter steckt.

Ich habe versucht, meine Schuhe zu putzen und ein Paar saubere Hosen zu finden. Irgendwie war es nett, in verschmutzter Kleidung herumzulaufen und zu wissen, weshalb sie schmutzig war.

Ich habe derzeit nicht das Gefühl, irgendwie nützlich zu sein, aber ich werde etwas anfangen. Und es ist ein gutes Gefühl zu wissen, dass ich mit der Zeit besser werde helfen können.

Auf dem Weg zur Abendverabredung erfuhr ich, Herr Akodjenou werde sich verspäten. »Es gibt Probleme. Die Polizei hat erfahren, dass für morgen eine Demonstration geplant ist.«

Als ich zu seinem Haus kam, wurde ich von einem Mann mit Taschenlampe empfangen. Das Tor vor dem Grundstück war mit 60 Zentimeter hohen Stacheldrahtrollen gesichert.

Auch alle Fenster waren von innen gesichert. Man hatte unterschiedliche Verschalungen aus Plastik und Metall benutzt, damit man nicht das Gefühl bekommt, hinter Gittern zu sein.

Je mehr ich über diesen Mann und die Menschen hier erfahre, desto deutlicher wird mir ihr Risiko.

Anscheinend ging heute ein Regierungsturnus zu Ende. Manche Leute wollen einen Regierungswechsel. Sie wollen die Macht übernehmen. Er weiß nicht genau, wer morgen demonstrieren wird. Vermutlich sind es Leute von der RUF.

Bei der letzten Demonstration kamen 19 Menschen ums Leben. An jenem Tag war er in seinem Büro eingeschlossen gewesen. Es dauerte von 10 Uhr vormittags bis 16 Uhr, wenn ich recht erinnere. Als schließlich ein Auto losfahren konnte, um ihn abzuholen, wurde es entführt.

Nach dieser letzten Demonstration, so erzählte er mir, habe man erwogen, mit dem Büro umzuziehen. Andere UN-Behörden hatten den Bezirk schon verlassen, aber sein Hausbesitzer hätte ihn nicht ohne weiteres aus dem Mietvertrag entlassen und 55000 US-Dollar verlangt. Sie konnten sich den Umzug nicht leisten und fanden auch, es gebe wichtigere Verwendungszwecke für das viele Geld.

Er drückte seine Wertschätzung für seine Mitarbeiter aus, die alle wirklich engagiert sind. Sie setzen ihre Arbeit fort, obgleich sie die Gefahren kennen.

Außerdem dürfen die Mitarbeiter in diesen Zeiten und in diesem Land ihre Familien nicht bei sich haben. Wegen einer Notsituation gleich nach Weihnachten wurden mehr Mitarbeiter in diese Gegend beordert. Viele von ihnen haben ihre Familien schon lange nicht mehr gesehen.

Morgen werden alle zu Hause bleiben – alle, die es sich leisten können. Drei Leute werden sich zum Hafen durchschlagen müssen, weil wieder Flüchtlinge aus Guinea eintreffen. Es müssen Busse gemietet werden. Lastwagen kann man vielleicht über die UN beziehen.

Ich hatte eigentlich beim Registrieren helfen sollen, aber man hat mich gebeten, doch lieber im Haus zu bleiben.

Die amerikanische Botschaft ist eins der Demonstrationsziele.

Nigeria, die Vereinigten Staaten und England haben die derzeit regierende Gruppe unterstützt, und sie wollen keinen Machtwechsel.

Hoffentlich habe ich das alles richtig notiert.

Ich habe Angst. Bestimmt geht alles gut, aber ich muss zugeben, dass ich alles für möglich halte, weil ich die Situation nicht durchschauen kann.

Vielleicht ist es albern, aber ich glaube, ich werde vor dem Schlafengehen meinen Rucksack packen – für den Fall, dass ich aufwache und schnell weg muss. Zum Glück bin ich erschöpft, und deshalb werde ich wohl schlafen können.

Außerdem habe ich morgen eine Verabredung – ein Abendessen mit Joseph Melrose. Er ist Botschafter der USA in Sierra Leone. Und dann soll ich mich auch noch mit verschiedenen NGOs treffen.

Ich weiß nicht, was passieren wird. Eigentlich habe ich keine Ahnung, was vor sich geht.

Donnerstag, 1. März

Es ist 9:30 Uhr. Keine Neuigkeiten.

Ein Mann kam, um eine bessere Radioverbindung zu installieren.

Beim Frühstück haben wir das Thema vermieden.

Wir zeigten Fotos herum und erzählten Anekdoten aus unseren Familien.

Eine Stunde später, 10:20 Uhr. Vielleicht passiert gar nichts. Aber vorerst wird niemand ins Büro fahren – man weiß ja nie.

Vielleicht wurde alles abgeblasen, weil die andere Seite bereit war, sich zu verteidigen. Anscheinend sind schon am frühen Morgen Truppen zum Schutz vor verschiedenen Zentralstellen, Büros und Botschaften aufgezogen.

Ich musste in die Stadt fahren und Geld von der Western Union Bank holen.

Nyambé holte mich in ihrem Privatauto ab, weil der Pickup den UNHCR-Schriftzug trägt. Die Polizei hielt uns an und überprüfte uns.

Wir waren 15 Minuten zu früh bei der Western Union, aber man ließ uns nicht ins Büro. Sie hatten strenge Anweisungen. Die meisten Bankangestellten lehnten an einer Wand, die am weitesten von der Straße entfernt war.

Im Büro des UNHCR erfahren wir von den Leuten, die zum Hafen gefahren waren, dass heute 485 Flüchtlinge eingetroffen sind. Sie werden bis morgen im Übergangslager bleiben und dann im Konvoi weiterfahren. Diesmal geht es für sie nach Hause.

Außerdem erfahren wir, dass die Demonstration um 15 Uhr beginnen soll. Andere sagen, die Polizei löse bereits erste Versammlungen auf. Einem anderen Gerücht zufolge soll die Demonstration vor der amerikanischen Botschaft beginnen. Ich soll dort heute Nachmittag einen Termin wahrnehmen.

Wir haben versucht, meine Verabredung mit Botschafter Melrose telefonisch zu bestätigen, aber man behauptete, wir hätten die falsche Nummer gewählt. Vermutlich ist das eine Vorsichtsmaßnahme, wir haben die Nummer überprüft: Sie ist korrekt.

Drinnen in der Botschaft entdeckte ich Einschusslöcher in Glasscheiben. Irgendwann waren Angreifer hier, und sie konnten eindringen. Glücklicherweise gibt es ein abgestuftes »Drinnen«.

Die US-Botschaft war abgeschirmt wie ein Hochsicherheitstrakt. Wieso hatte ich mir eingebildet, es würde wie ein Besuch zu Hause sein? So war es ganz und gar nicht. Ich musste draußen bleiben, während Nyambé befragt und ihre Identität überprüft wurde. Dann winkte man mich herein. Sie wischten meine Tasche aus und legten den Lappen in ein Analysegerät. Ich musste durch einen Metalldetektor gehen. Als ich das hinter mir hatte, war jedermann sehr freundlich zu mir.

Wir sprachen über die ungefähr 400 amputierten Menschen in dem Lager, das ich besucht hatte, und über die anderen in Bo und Kenema. Die meisten von ihnen bleiben zusammen, aber es gibt für sie keine Unterstützung oder Gelder.

Man sagte mir, es seien zwei neue Amputierte eingetroffen. Im vergangenen Jahr hatte man keine neuen Fälle gesehen. Es hatte aufgehört. Aber in der Umgebung von Ramadan waren einem Kind von ungefähr anderthalb und einem anderen von ungefähr acht Jahren Wunden zugefügt worden.

Man hatte ihnen die Hände abgeschnitten.

Eine Weile saßen wir stumm. Dann sagte der Botschafter: »Das ist tragisch. Es gibt immer vordringliche Dinge zu tun.«

Später nahm ich an einer Sitzung teil, bei der beraten wurde, wie sich einige der Probleme mit den Konvois anpacken ließen, damit die Sache reibungsloser liefe. Da die Mittel nicht reichen, muss immer umorganisiert werden. Sie sind darauf angewiesen, dass NGOs und andere UN-Behörden zwischendurch aushelfen.

Sie müssen sich arrangieren, Kompromisse machen. Jede ihrer Entscheidungen berührt viele Menschenleben, und es schmerzt alle, wenn Einschnitte vorgenommen werden müssen.

Jeden Tag treffen so viele Flüchtlinge ein – 400 pro Tag. Werden wir mit größeren Zahlen fertig? Wo können wir sie unterbringen?

Die bereits anwesenden Flüchtlinge teilen sich schon ihre Lebensmittelrationen. Sie fühlen sich überrannt. Neuankömmlinge nehmen sie nicht gern auf. Sie tun es nicht aus freien Stücken, trotzdem werden sie sich wegen der Lebensmittel gegen Neuankömmlinge wehren. Das klingt hart, aber es ist der Überlebenskampf.

Während dieser Gesprächsrunden spüre ich die Frustration der Mitarbeiter und ihr Bemühen, trotzdem eine Lösung zu finden.

Es gibt keine Klimaanlage, deshalb öffnet man die Fenster. Jetzt müssen alle sehr laut sprechen, denn auf der Straße vor dem Haus fahren zahlreiche Lastwagen.

Hinter mir auf einem Tisch stehen Portraitfotos der UNHCR-Mitarbeiter, die 2000 im Dienst ihr Leben ließen. Sie sehen aus wie liebenswerte Menschen. Angenehme Gesichter.

Das Abendessen bei Joseph Melrose war wunderbar. Auch andere Mitarbeiter von NGOs nahmen teil, die meisten arbeiten für das UNHCR. Den ganzen Abend hindurch sprachen wir über verschiedene Länder und Situationen.

Es gelang uns sogar, miteinander zu lachen. Ich weiß nicht, worüber ich schreiben sollte und worüber nicht. Es wurden viele unterschiedliche Ansichten vertreten. Ich kann sagen, dass meinem Eindruck zufolge jeder im Raum ernstlich um eine Lösung für die Probleme bemüht war.

Es ist sehr schwierig die RUF zu verstehen oder verständlich zu machen und wann man sich mit ihnen befassen wird. Offensichtlich waren sich alle einig in ihrem Misstrauen gegenüber der Zusicherung der RUF, sie würden Flüchtlingen »freien Durchgang« von Guinea nach Sierra Leone gewähren – durch das von ihnen besetzte Gebiet hindurch. Auch ich hatte mich schon gefragt, wieso die Rebellen dazu bereit waren.

Um Vorräte zu stehlen?

Um Geiseln zu nehmen?

Um sich menschliche Schutzschilde zu verschaffen?

Einen anderen Vorteil können sie nicht daraus ziehen – warum, also?

Es gibt keine Antwort.

Es wird viel Geld für die Flüchtlinge aufgebracht, aber zum größten Teil ist es verbindlich für Gebiete mit bereits etablierten Projekten vorgesehen. Manche Lager sind überreichlich ausgestattet, in anderen fehlt es an fast allem.

Die Organisationen sind nicht berechtigt, die Gelder anderweitig zu verwenden. Die Amputierten haben viel Unterstützung und Beachtung durch die Medien erfahren. Es ist wundervoll, dass sich Menschen kümmerten und Geld gaben.

Aber wie ich inzwischen weiß, sind viele der im Krieg Verwundeten – sogar einige der Amputierten – gar nicht direkte Opfer der Rebellen. Man erzählte mir, viele Ärzte seien unter vorgehaltener Schusswaffe gezwungen worden zu amputieren und zu verstümmeln. Wenn sie diesen brutalen, unmenschlichen Befehlen nicht folgten, tötete man sie und ihre Angehörigen.

Die Lager für die vom Krieg verwüsteten Gebiete brauchen dringend mehr Mittel.

Ich sitze hier und schreibe, und morgen werde ich Sierra Leone verlassen. Es ist schwer vorstellbar.

Freitag, 2. März

Ich sitze im Flugzeug von Freetown, Sierra Leone, nach Abidjan, Elfenbeinküste (für eine Nacht).

Ich weiß nicht, was ich fühle.

Eine Frau, die zusammen mit ihrer Tochter reiste, dankte mir, dass ich gekommen war. »Es tut uns gut zu wissen, dass man an uns denkt.« Sie ist Mitarbeiterin des UNHCR und war auch in Guinea gewesen.

Ich wollte ihr für ihre Stärke danken. Ich möchte diesem Land dafür danken, weil ich es besuchen durfte und so viel darüber und über seine erstaunlichen Menschen gelernt habe.

Aber ich brachte kein Wort heraus. Mir wären sonst die Tränen gekommen.

Als ich Sierra Leone verließ, sagten die Leute: »Lass' von dir hören. Bitte vergiss uns nicht.« Ein Lächeln begleitete diese Worte. Natürlich werde ich sie nicht vergessen, aber manche Leute können das wohl.

Überall auf der Welt gibt es Orte, wo Hilfe geboten ist. Ich war überrascht, als ich von der Situation in Äthiopien hörte. Ich hatte gedacht, dort wäre die Lage besser. Ich dachte, das Schlimmste sei überstanden, denn vor Jahren waren unsere Medien voll mit Berichten über Hilfsmaßnahmen durch aller Herren Länder. Äthiopien erhielt viel Aufmerksamkeit und Geld, und dann schien alles zu verebben. Immer wieder sage ich mir, dass die Probleme nicht deshalb weniger werden, weil wir nichts von ihnen erfahren. Das heißt auch: Auf der Welt passiert unendlich viel mehr, als uns in den Titelgeschichten mitgeteilt wird.

Wir alle müssen genauer hinsehen und selbst erkennen, was los ist ...

Was ist das Problem?

Was können wir tun, um es zu lösen?

Als wir aus dem Flugzeug stiegen, teilte der Pilot uns mit, in Conakry, Guinea, habe es eine Explosion gegeben.

Unfall oder Angriff?

Wir wissen es nicht.

Viele Mitreisende waren aus Conakry gekommen, denn dort war unsere Maschine am Morgen gestartet. Man hatte sie vor einem möglichen Angriff gewarnt.

Gerade eben hatten wir noch geplaudert, froh darüber, dass wir gut gelandet waren. Plötzlich verstummten alle. Sehr langsam verließen wir das Flugzeug.

Ich warte jetzt auf die Passkontrolle. Viele Leute telefonieren über Handy. Ich verstehe nicht, was sie sagen, denn sie sprechen Französisch, aber dass es Grund zu Sorge gibt, ist überdeutlich.

Endlich erzählt mir jemand, ein Teil des Munitionslagers der Armee sei in die Luft gegangen.

Verletzte hat es anscheinend nicht gegeben.

Stunden später. Ich bin allein. Mir ist übel. Habe ich etwas gegessen, was mir nicht bekommen ist, oder bin ich aufgewühlt?

Ich übernachte heute zwar in einem Hotel, aber ich habe

noch keine Telefonverbindung nach Hause bekommen. Ich hinterließ eine Nachricht und weinte.

Alles, was ich gesehen habe, verstört mich zutiefst. Wenn ich schon Angst habe, wie geht es dann diesen armen Frauen, wenn der Krieg sie zwingt, von zu Hause zu fliehen? Einige dieser Frauen haben ihre Männer oder ihre Kinder seit Jahren nicht mehr gesehen. Ich habe die vielen Gesichter immerfort vor Augen.

Ich denke auch an den Jungen mit dem lieben Gesicht, dessen Wirbelsäule so schwer verletzt ist. Er wird nie wieder laufen können. Ich ruhe mich in einem Hotel aus, und er liegt immer noch in einer Ecke auf dem staubigen Lehmboden.

Während ich in Sierra Leone war, habe ich nicht geweint. Trotz allem, was ich mit ansehen musste, habe ich kein einziges Mal geweint. Heute Abend kann ich gar nicht aufhören.

Morgen werde ich neuen Gesichtern begegnen. Morgen muss ich mehr tun.

Ich mag nicht mehr schreiben. Mein Inneres rebelliert.

Sonnabend, 3. März

Ich fliege nach Zürich, Schweiz. Mein nächstes Ziel ist Tansania, aber das kann ich von der Elfenbeinküste aus nicht erreichen. Deshalb muss ich zweimal in Zürich übernachten.

Ich musste bestimmt fünf Kontrollstellen passieren. Die Taschen aller Reisenden wurden auf Tischen nahe der Rollbahn untersucht und mit Taschenlampen ausgeleuchtet. Wir selbst wurden mit Metalldetektoren abgesucht. Ich frage mich, welches Sicherheitsrisiko befürchtet wird.

Sonntag, 4. März

Hier in Zürich wohne ich im Dolder Grandhotel am Zürichsee.

Alles duftet nach Orangen und Vanille.

Es hat geschneit.

In der Hotellobby sah ich einen Jungen und dachte an den afrikanischen Jungen mit dem Wasserbehälter auf dem Kopf, wie er schwitzte und sich bemühte, das Gleichgewicht zu halten.

Beide sind unschuldige, liebenswerte kleine Jungen. Sie leben einfach in unterschiedlichen Teilen der Welt, und sie werden so ganz anders aufwachsen.

Was entscheidet, wo wir geboren werden, in welche Art von Leben und warum?

Ich werde überhaupt nicht richtig wach. Mir war gar nicht klar gewesen, wie müde ich bin.

Montag, 5. März, 20:40 Uhr. Swissair Flug 292

Ich habe Zürich mit dem Ziel Dar es Salam, Tansania, verlassen.

Dienstag, 6. März

Vor Sonnenaufgang machten wir uns bereit, an Bord der zweiten Maschine zu gehen. Es gab keine Anzeigentafel oder dergleichen, deshalb wussten wir nicht genau, wann das Flugzeug starten sollte.

Während wir warteten, machte ich neue Bekanntschaften. Plötzlich eilte ein UNHCR-Mitarbeiter auf mich zu: »Schnell!« Der Mann, der unsere Tickets kontrollierte, bedachte uns mit einem tadelnden Blick, weil wir so spät kamen. Ich entschuldigte mich. Ich dachte schon, er würde uns nicht mehr an Bord lassen.

Es war eine uralte Propellermaschine. Ein Flug von normalerweise 30 Minuten dauerte drei Stunden. Wir landeten auf einer Lehmpiste mitten in einem wunderschönen grünen Land. Die Sonne war aufgegangen.

Dann kam eine zweieinhalbstündige Fahrt zum Hauptbüro in der Nähe des Flüchtlingslagers. Man riet mir, mich anzuschnallen: »Damit Sie nicht so durchgeschüttelt werden.«

Heute ist ein Feiertag. Ich weiß nicht, was für ein Feiertag es ist, aber hier ist jede Gelegenheit zum Feiern gut.

Manchen Leuten ist das unverständlich: Wenn man kaum genügend Lebensmittel oder Vorräte zum Überleben hat, wie kann man dann sein bisschen Besitz verkaufen und sich dafür unpraktische Sachen für eine Hochzeit oder eine Geburtstagsfeier zulegen? Aber dafür überleben die Menschen doch schließlich. Sie sparen nicht und warten auf das Wunder, wenn alles besser wird. Sie müssen von einem Tag zum nächsten leben. Wir alle sollten es auch so machen.

Wir trafen ein und wussten nicht, wo wir übernachten konnten oder ob es für uns irgendwo etwas zu essen geben würde.

Wir gingen auf einen Markt. Ich hatte ein schlechtes Gewissen, weil ich mir etwas zu essen kaufen konnte.

Der Markt war so schmutzig und ärmlich. Ich machte mir über das Gesundheitsrisiko Gedanken und ob ich die Lebensmittel unbedenklich verzehren durfte. Ich kaufte Bananen und ein Brot, das der Verkäufer selbst gebacken hatte.

Es ist schwer auszuhalten, wenn man ständig Menschen begegnet, die sich so an ein Leben in Armut gewöhnt haben.

Ein Mann fertigte Sandalen aus alten Autoreifen an.

Plötzlich sah ich einen Mann, der mit den Händen an eine Ziege gefesselt war. Eine Gruppe von ungefähr 50 Menschen, darunter auch Kinder, folgte ihm, umringten ihn. Der Mann war blutverschmiert und wirkte erschöpft. Einige Leute hielten Stöcke in der Hand. Jemand schlug den Mann auf den Rücken. Die Menge johlte. Die Kinder lachten. Sie schlugen ihn wieder. Es drehte mir den Magen um.

»Die Leute prügeln diesen Mann. Warum tun sie das? Was geht hier vor sich?«, fragte ich meinen Begleiter.

Er beobachtete die Gruppe einen Moment lang und wandte sich dann an einen Einheimischen, der neben ihm stand.

»Der Mann hat eine Ziege gestohlen. Die Leute bringen ihn zur Polizei«, erklärte er mir dann.

Wir beschlossen, zurückzugehen.

Wir unterhielten uns über die Rechtslage. Wir sprachen darüber, dass es manchmal besser ist, Vorfälle in der Gemeinde oder nach dem »Stammesgesetz« zu regeln und dass so etwas andererseits manchmal ein echtes Problem darstellen kann.

Selbst mein Begleiter hatte so etwas noch nie miterlebt – ein Dieb, der auf diese Weise bestraft wurde.

Ich bin jetzt im Wohnbereich des Verantwortlichen vor Ort (sie nennen es »das Gehöft«). Verantwortlich hier ist Alexandra. Sie wohnt in einem der Gebäude des Gehöfts. Das ist eine ganz bescheidene Behausung. Sie enthält nur das Notwendige: Ein Bett und ein Radio.

Das Zimmer war mit einem Moskitomittel ausgesprüht worden. Ein eindringlicher Geruch hing noch im Raum.

Sie riet mir, zum Zähneputzen nicht das hiesige Wasser zu benutzen. Es kann schlammig und braun sein. Duschen kann man aber damit.

Zusammen mit einigen anderen Mitarbeitern hatte sie einen Außendienst zu erledigen. Sie ließen mir ein Walkie-Talkie da: »Im Notfall rufst du 5354 an.« Das war kein Witz. Andererseits wusste ich, dass sie mich nicht allein gelassen hätten, wenn ernstlich Grund zu Sorge bestünde.

Ich fürchte nur – und das ist eigentlich meine vorrangige Sorge – dass ich im Ernstfall nicht kaltblütig genug wäre anzurufen.

Ich sah nach, wo sie ihre Messer aufbewahrt.

Aber auch nachdem ich mir eins genommen hatte, wusste ich, dass ich im Ernstfall einfach das Weite suchen würde.

Mittwoch, 7. März

Der Lärm von Lastwagen, Hähnekrähen und Vogelgezwitscher weckte mich.

Direkt vor meinem Fenster hörte ich menschliche Stimmen. Es ist nur ein Fliegenfenster, deshalb dringen alle Geräusche ungedämpft herein. Ich weiß nicht, welche Sprache ich da höre. Ich lauschte, während die Sonne aufging. Dann klopfte jemand an die Tür: Zeit aufzustehen.

Einige Mitarbeiter in den Flüchtlingslagern arbeiten sieben Tage die Woche und wechseln sich alle zwei Monate ab. Viele UNHCR-Mitarbeiter, die an sehr entlegenen Orten eingesetzt sind, arbeiten letzten Endes auch an den Wochenenden, obgleich das offiziell keine Arbeitszeit ist, aber Schutz und Unterstützung der Flüchtlinge ist eine dringliche und fortlaufende Aufgabe. VARI (Voluntary Absence for the Relief of Isolation – Freiwillige Abwesenheit vom Arbeitsplatz als Isolationsausgleich) ist eine Maßnahme für internationales Personal an weit abgelegenen und isolierten Einsatzorten. Es muss eine ungewöhnliche Kombination von extremen Faktoren vorliegen, damit eine periodische Erholung vom mentalen und körperlichen Stress im Arbeitsbereich erforderlich wird. International angeworbene Mitarbeiter nehmen nach zweimonatiger Arbeitszeit an einem derartigen Arbeitsplatz abwechselnd eine fünftägige »Auszeit«. Sie wechseln sich dabei ab. MARS (Mandatory Absence for the Relief of Stress – Vorgeschriebener Urlaub für

Stressabbau) ist eine Maßnahme für Mitarbeiter in besonders strapaziösen und gefährlichen Arbeitsfeldern.

Alexandra und ich unterhielten uns beim Frühstück. Es gab Kaffee mit Trockenmilch (wie immer) und Brot. Sie war stolz, dass sie mir dazu Marmelade anbieten konnte.

Alexandra erzählte von einem dreijährigen Mädchen, das man vergewaltigt hatte.

Das UNHCR setzt sich bei den zuständigen Stellen dafür ein, dass der Täter bestraft wird. Es braucht Jahre, bis diese Kinder Gerechtigkeit erfahren. Alle finden, es ist »so überaus frustrierend«.

Nyarugusu
(Lager für Flüchtlinge aus dem Kongo)

Die Straße, auf der wir fuhren, ist eine Lehmpiste und war vorher schon schlecht. Durch den Regen ist sie noch schlechter geworden. Viele Leute sind auf dem Weg ins Lager Nyarugusu stecken geblieben.

Dreiundfünfzigtausend Flüchtlinge, alle aus dem Kongo, sind hier, um Lebensmittel abzuholen, die zweimal im Monat angeliefert werden.

Monatlich werden 250 Kinder geboren.

Alle versprengten Mitglieder eines Stammes werden hierher gebracht. Familien werden wieder zusammengeführt.

Die Anzahl steigt ständig.

Die Lebensmittelrationen werden immer weiter gekürzt, weil die Mittel nicht reichen. Alle bekommen weniger als gewöhnlich. Das System ist sehr kompliziert.

Als erstes sollte ich in Hütte 4 arbeiten und große Säcke an Menschengruppen verteilen.

Ich hatte fünfköpfige Familien zu versorgen. Die Kinder waren zwischen einem und zehn Jahren alt.

Wir konnten kein Speiseöl ausgeben, weil der Lieferwagen auf einer ausgewaschenen Straße liegen geblieben war.

Das Mittagessen nahm ich zusammen mit Mitarbeitern des Christian Outreach Relief and Development (CORD) ein.

Es gab Kohl, Wasser, Reis und Bohnen. Ich hatte Hunger wie ein Wolf.

Einige Flüchtlinge, Instrumentenbauer, wollten uns etwas vorspielen. Während wir aßen, hörten wir ihre Musik. Ich bemerkte einen kleinen Jungen, vielleicht drei oder vier Jahre alt. Er kletterte auf einen Baum, damit er die Menschenmenge überblicken konnte.

In diesem Lager gibt es ein vom UNHCR unterhaltenes Programm für jugendliche Flüchtlinge.

Normalerweise hätten noch weitere 200 Kinder und Jugendliche da sein müssen, aber heute werden ja Lebensmittel ausgegeben.

Die Kinder, die ich traf, waren so warmherzig und aufgeschlossen. Sie begannen zu tanzen. »Sie könnten den ganzen Tag lang tanzen«, erzählte man mir. Irgendwann rief man mich dazu: Ich sollte mit den Kindern tanzen. Das tat ich auch. Die Kinder fanden mich offenbar ungemein komisch.

Dann wurde bekannt gegeben, dass viele Flüchtlingskinder sowie Mitarbeiter des UNHCR und des CORD, mich eingeschlossen, ein Theaterstück über HIV und AIDS aufführen würden.

Während wir spielten, verteilte ein AIDS-Präventionsbeauftragter Kondome und ermahnte die Jugendlichen: »Benutzt sie, wenn ihr keinen Test machen könnt. Den Test und Kondome gibt es in allen Jugendzentren.«

Drei junge Männer, die Haare grau getönt und »auf alt« geschminkt, humpelten auf Äste gestützt heran. Alle lachten, als sie taten und jammerten, als wären sie kranke, alte Männer. Es war ein herrlicher Anblick.

In unserer Geschichte ging es um einen Mann der nicht will, dass seine Tochter sich mit einem bestimmten jungen Mann verabredet.

Sie soll lieber zu Hause bleiben. Sie verabredet sich aber trotzdem. Später erfährt sie, dass ein Mädchen AIDS hat, die mit diesem jungen Mann geschlafen hatte.

Im Lager stellen die Flüchtlinge T-Shirts zur AIDS-Aufklärung her. Sie schenkten mir eins davon. Die Kinder lachten, als ich es anziehen wollte und im Ausschnitt stecken blieb. Sie klatschten in die Hände und umarmten mich, als ich es endlich übergestreift hatte.

Unser nächstes Ziel war ein Gelände, wo Männer aus Lehm und Ziegeln ein Gebäude errichteten. Eine Weile half ich mit, aber für mich war das sehr schwere Arbeit.

Ich sagte einem der Männer, wie ich ihn bewunderte, weil er diese Arbeit tagelang von morgens bis abends verrichtete. »Ja«, stimmte er zu. »Es ist harte Arbeit, aber wir tun sie für die Kinder, und das gibt ein gutes Gefühl.«

Während ich das hier schreibe, fahren wir auf einer Lehmpiste, die gerade von einem Trecker blockiert wird. Der Trecker zieht einen Bus heraus, der früher am Tag schon einmal Probleme gehabt hatte und jetzt wieder stecken geblieben ist.

Die Kinder stehen herum und sehen zu. Sie lachen. Es scheint, der Bus ist ein hoffnungsloser Fall.

Die Leute klettern aus den Busfenstern und gehen in den Busch. Einige bleiben und verdienen sich etwas Geld, indem sie den Bus anschieben.

Als wir schließlich versuchen, dem Bus auszuweichen, bleiben auch wir im Schlamm stecken. Irgendwann zog uns ein anderer Trecker heraus.

Am Straßenrad stand ein Mann und wollte mitgenommen werden. Unser Fahrer winkte ab: »Tut mir Leid, Bewaffnete können wir nicht mitnehmen.«

So etwas würde ein Tramper in den Vereinigten Staaten wohl kaum zu hören bekommen.

Ich beobachte die Flüchtlinge. Ich habe angefangen, mit ihnen zu reden und zu tanzen. Ich schließe Freundschaften.

Irgendjemand hat einmal gesagt: »Man erfährt mehr über einen Menschen, wenn man eine Stunde lang mit ihm spielt, als wenn man eine Stunde lang diskutiert.«

So etwas habe ich auch erlebt und erfahren. Mein Gefühl sagt mir dasselbe.

Sie baten mich um meine Adresse. Wir versprachen, uns zu schreiben.

Traurig ist nur: Sie wissen, dass sie das Lager so bald nicht verlassen werden.

Die geistige Kraft dieser Menschen, ihr Überlebenswille faszinieren mich. Ich wollte, ich könnte das treffender ausdrücken. Sie inspirieren mich. Es ist mir eine Ehre, Zeit mit ihnen verbringen zu dürfen.

Ich bin jetzt wieder in dem Raum, in dem ich schlafe.

Ich bin erschöpft und sehr schmutzig.

Das warme Wasser wird hier durch Solarstrom erzeugt. Die Sonne scheint nicht, also dürfte das Wasser kalt sein.

Außerdem wird es dunkel, und vor 19:30 Uhr gehen die Lichter nicht an.

Zwischen Mitternacht und 7:30 Uhr und 16 und 19:30 Uhr gibt es keinen Strom.

Alexandra und ich lachten: »Was einem so alles selbstverständlich ist!«

Sie hat Recht. Und so hart der heutige Tag auch war, ich habe ein gutes Gefühl. In der Gesellschaft dieser Menschen in diesem Land habe ich einen der erfülltesten Tage meines Lebens verbracht.

Aber ich erinnere mich daran, dass ich nur für kurze Zeit hier bin. Und ich kann wählen. Ich lebe an einem sehr weit entfernten Ort – und in aller Bequemlichkeit.

Ich bewundere die Menschen, die hier arbeiten, alle bewundere ich.

Die meisten von ihnen haben tiefe Schatten unter den Augen. Unaufhörlich sprechen sie darüber, wie sich Probleme lösen lassen, wie man besser helfen kann.

Manchmal, so wie an diesem Abend, sprechen sie über Dinge, die sie gesehen haben.

Der Genozid in Ruanda, 1994

Hunderttausende von Flüchtlingen strömten über die Brücke, die Ruanda und Tansania verbindet. Der Fluss unter ihnen war voller Leichen – mehr als 40 000 Leichen. Sie zogen so viele wie möglich heraus. Am Ufer ist jetzt ein riesiges Massengrab.

Offenbar unterstützten Amerika und England 1994 den Wunsch der Flüchtlinge, in ihre Heimat zurückzukehren. Man glaubte, es herrsche Frieden in Ruanda.

Obgleich sie wussten, dass sie nach Hause gingen, fühlten sich viele gezwungen. Sie vertrauten zwar darauf, dass ihnen nichts geschehen würde, aber es war nicht die freiwillige Heimkehr wie jetzt in Sierra Leone.

Aber die Rückkehr war nicht sicher. In Ruanda gab es keinen Frieden.

Durch den Völkermord starben Millionen von Menschen.

Aber sie alle wollten lieber in der Heimat sterben.

Alexandra half mir, ein bisschen Gemüse und Reis zu erwärmen.

Sie wird das Haus heute nicht mehr verlassen. Sie ist müde.

Sie war ständig unterwegs, von einem Ort zum nächsten. Sie freut sich auf ihre sieben freien Tage.

Die Mitarbeiter haben die Möglichkeit, nach Dar es Salam, Tansania, oder nach Nairobi, Kenia, zu fahren. Als ich von den sieben Tagen Erlösung von der Isolation hörte, dachte ich, alle würden nach Hause fahren oder doch irgendwohin, wo sie ganz bestimmt nicht mehr isoliert wären.

Aber Alexandra bleibt lieber in der Nähe des Büros. Sie hat noch viel zu erledigen.

Es genügt ihr, wenn sie auf einen Markt fahren, Nahrungsmittel und andere Vorräte einkaufen kann.

Ich bin so verwöhnt. Ich bin erst seit drei Wochen unterwegs, ich habe bei meinen Zwischenlandungen mehr gegessen, als die Flüchtlinge jemals zu essen bekommen. Und ich kann es nicht erwarten, wieder in einen Laden zu gehen und all den anderen Luxus zu genießen.

Vor allem kann ich es nicht erwarten, meine Familie wieder zu treffen, mich davon zu überzeugen, dass sie nicht in Gefahr sind und dass es ihnen an nichts mangelt.

Ich kann mir nicht vorstellen, wie es einer Mutter oder einem Vater oder auch einem Ehemann und seiner Frau geht, wenn sie mit ansehen müssen, wie die Menschen leiden, die ihnen die Liebsten auf der Welt sind, und wenn sie nichts, gar nichts tun können ...

Wenn eine Mutter ihrem Kind nichts zu essen geben kann.
Wenn ein Vater seine Familie nicht versorgen kann.
Wenn ein Mann seine Frau nicht beschützen kann.

Alexandra hat den ganzen Tag lang Geburtsurkunden für die mehr als 400 Babys geschrieben, die in den Lagern geboren wurden und die sie betreut. Sie arbeitet mit dem Roten Kreuz zusammen, damit die Dokumente offiziell sind.

Es ist erst 20 Uhr, aber ich werde mich bald schlafen legen. Ich bin nicht einmal besonders müde, aber es gibt nichts für mich zu tun, was mich wach halten könnte. Ich habe schon alles gelesen, was ich mitgebracht hatte. Die Bücher auf Alexandras Regal sind in holländischer Sprache geschrieben, und das kann ich nicht lesen.

Inzwischen sind zweieinhalb Stunden vergangen. Jetzt mache ich mich fürs Bett fertig. Die letzten Stunden haben Alexandra und ich uns über vieles unterhalten, auch über gefährliche Situationen, in die sie durch ihre Arbeit geraten war.

Nachtruhe in voller Kleidung und mit Stiefeln an den Füßen, jederzeit zur Flucht bereit. Alexandras Freund gehörte zu den Männern, die im Dienst für das UNHCR getötet – abgeschlachtet – wurden.

Wir sprachen auch über den allgemeinen Mangel und dass es jetzt keine Seife für die Flüchtlinge gibt. Ab jetzt müssen die Rationen um 20 Prozent gekürzt werden.

Auch das Welternährungsprogramm der Vereinten Nationen (eine UN-Organisation, die Lebensmittel verteilt) muss Einschnitte hinnehmen.

Niemand ist dafür verantwortlich, aber es ist frustrierend. Und wie erklärt man es Menschen, die ohnehin mit einer Minimalration nur so eben auskommen, die gerade so viele Nährstoffe bekommen, dass sie gesund bleiben und so viele Kalorien, dass sie überleben? Jetzt sollen sie davon nur noch 80 Prozent erhalten, und trotzdem können sie von Glück sagen, weil es wenigstens das noch gibt.

Wir sprachen auch über die Frauen, für die es keine Monatsbinden gibt und wie sie sich wohl behelfen.

Alexandra erzählte, dass es in den Gefängnissen hier im Land noch schlimmer ist. Sie sind zusammengepfercht wie die Tiere und können sich nicht einmal reinigen.

Donnerstag, 8. März

Als ich aufwachte, regnete es – ein kühler, feuchter Tag.

Die Straßen, die Lebensmittelverteilung – was passiert mit den Lagern, wenn es regnet?

Geplant war, dass mich das Privatflugzeug eines Filmstudios heute abholt, weil ich zu Hause einen Termin mit der Presse habe und bei einer Premiere anwesend sein soll. Gerade erfahre ich, dass kein Flugzeug kommt, weil die Premiere abgesagt wurde.

Man muss Hollywood einfach lieben.

Auf diesem Weg sollte ich doch nach Hause kommen.

Meine Ausstattung ist ziemlich geschrumpft. Ich habe kaum noch Medikamente, Bargeld und saubere Kleidung.

Ich habe keine Ahnung, wie ich jetzt nach Los Angeles komme.

Von hier gehen alle paar Tage nur Achtsitzer ab, und selbst die machen langwierige Zwischenlandungen. Was als einstündiger Aufenthalt geplant war, dauert nicht selten einen ganzen Tag. Man hat versucht, mich für den Flug zu buchen, der morgen abgeht, aber die Maschine ist voll. Ich muss über Zürich nach Amsterdam fliegen und von da aus nach Los Angeles.

Das UNHCR versucht von seinem Büro in Dar es Salam aus, mir zu helfen, aber die Leute dort haben eigentlich Wichtigeres zu tun.

Ich brauche nicht bei der Premiere zu erscheinen, und schon heißt es: »Sieh zu, wie du nach Hause kommst.«

Camp Mtabila

Hier leben 95000 Flüchtlinge, die meisten stammen aus Burundi.

Das UNHCR brachte mich zum Zentrum für Ernährung

und medizinische Versorgung, das innerhalb des Lagers vom Roten Kreuz unterhalten wird.

Als erstes musste ich pulverisierte Nahrung abmessen, die im ernährungstherapeutischen Zentrum abgegeben wird.

Unter fünf Jahren: Extraportion. Schwanger: vorgeschriebenes Maß. Ich gab mir Mühe, auch nicht einen Teelöffel zu wenig abzumessen.

Die Kinder werden daraufhin beobachtet, ob sie gedeihen und nicht etwa abnehmen. Die Neugeborenen werden gemessen und gewogen und geimpft. Ein winziges Baby piete vor Angst auf den Untersuchungstisch. Die Mutter wischte ihn mit ihrem Kleid ab. Es gibt keine Seife. Hygiene und Sauberkeit sind für alle ein Problem.

Zur Küche gehört ein kleiner Raum. Dort stehen drei große Tontöpfe über Herden mit Holzfeuer.

Man konnte kaum etwas erkennen. Der Rauch biss mir in die Augen.

Ich half, Milch für die Mütter zuzubereiten. Sie wird in großen Behältern als Milchpulver angeliefert. Mit einer kleinen Schöpfkelle aus Plastik maß ich zwei Liter kochendes Wasser ab (ich gab mir große Mühe, genau zu messen) und schüttete es in einen zerbeulten grünen Plastikeimer. Man muss aufpassen, um sich nicht mit dem heißen Wasser die Hände zu verbrühen.

Man lässt das Wasser im Eimer abkühlen (damit die Milchproteine nicht zerstört werden). Dann stellt man die Mischung her.

Kinderstation

An jeder Wand des Raumes stehen ungefähr 15 kleine Holzbettchen. Alle sind mit einem Netz überspannt, um Moskitostichen vorzubeugen, durch die Malaria übertragen werden kann.

Die meisten Netze sind löcherig. Malaria ist in dieser Gegend stark verbreitet, eine Infektion fast unausweichlich. Durchfallerkrankungen sind ein weiteres großes Problem. Für Babys und Kleinkinder ist der Verlust der Körperflüssigkeit tödlich.

Ich sprühe mich immer ein, trotzdem habe ich Moskitostiche abbekommen, und das nicht nur nachts. Ich habe Glück, ich habe Tabletten gegen Malaria. Das Medikament kann die Infektion nicht verhindern, aber es kann den Krankheitsverlauf abschwächen.

Eine Achtjährige hatte ihren kleinen Bruder auf dem Schoß.

Sie saßen auf dem letzten Bett in der Reihe. Das Mädchen hatte den Kleinen gut eingewickelt. Das Baby hatte 200 Gramm abgenommen. Er leidet an Durchfall, und möglicherweise auch unter Wurmbefall. Das kleine Mädchen hatte zusehen müssen, wie ihre Eltern und ihr älterer Bruder brutal getötet wurden. Irgendwie konnte sie mit ihrem kleinen Bruder entkommen. Das Baby ist so schrecklich dünn. Ich fürchte, er übersteht es nicht. Er ist alles, was ihr geblieben ist. Er ist ihre Familie.

Niemand bleibt unberührt, der diesen beiden Kindern begegnet. Eine der Krankenschwestern hielt es nicht aus und ging leise weg. Sie musste weinen. Einer der Männer führte sie nach draußen.

Das kleine Mädchen sah nie jemandem in die Augen. Ein so liebes Kind. Sie saß nur da, blickte aus dem Fenster und hatte das Kinn leicht auf den Kopf ihres kleinen Bruders gestützt.

Sie war zu erschöpft zum Weinen.

Auffangstelle

Ich lernte eine Gruppe von acht Jungen kennen, alle zwischen 13 und 18 Jahren alt.

Einer von ihnen, Misago, erzählte vom Angriff der Rebellen

am 12. Februar 2001. Damals wurden viele Menschen getötet oder schwer verwundet. Sie wurden mitten in der Nacht angegriffen. Am nächsten Morgen sah er alle die Toten.

Zusammen mit einem Freund machte Misago sich auf den Weg. Eine Woche lang zu Fuß, dann nahm ein Militärfahrzeug sie mit.

»Wo sind eure Eltern?«, fragten die Soldaten.

»Tot.«

Er hat eine sanfte Stimme

Er hatte durch Radio BBC von dem Lager erfahren.

Misagos Vater war im Juni 2000 getötet worden, seine Mutter sechs Monate später, im Dezember. Sie hatten zusammen in einem Militärlager gelebt, das dann angegriffen wurde. Misago überquerte die Grenze und kam hierher. Jetzt ist er ein Flüchtling.

Er wird befragt, damit man ihn registrieren kann, obgleich er unbedingt morgen in ein anderes Lager überführt werden will.

Ich bin so froh, dass es für ihn so etwas wie dieses Lager gibt. Alle haben ihn gern. In diesem Büro darf er ein Mensch sein – nicht nur eine Nummer. Hier bekommt er vielleicht die Unterstützung, die er braucht.

Die Regierung richtet Auffanglager ein, um die Menschen in Gruppen zusammen zu halten. Sie können das Lager nicht verlassen, damit sie nicht für Rebellen gehalten werden.

Sie kommen mir alle wie Gefangene vor – ausweglos. Gefangene in diesem Krieg.

Misago will seinen Bruder finden.

Die UNHCR-Mitarbeiter diskutierten seine Situation. Er soll zusammen mit den anderen Jungen in ein anderes Lager überführt werden und sich dort niederlassen.

Diese Jungen haben gerade eben erst etwas essen können, weil Venice (einer der UNHCR-Mitarbeiter) ihnen Geld aus der eigenen Tasche gegeben hat. Die Jungen haben in den Büros auf dem Boden geschlafen. Sie durften keine Nahrungsmittel beziehen, weil sie noch nicht registriert waren.

Ein weiterer Junge trat ein, ungefähr 14 oder 16 Jahre alt. Er hatte sich allein durchgeschlagen, bis er einen anderen Jungen traf und mit ihm zusammen über die Grenze gekommen war.

Er ließ mich nicht aus den Augen – vielleicht weil ich hier neu war, oder weil ich nur mit Mühe die Tränen zurückhalten konnte. Meine Augen schwammen. Ich weiß nicht, wie viele Geschichten ich noch ertrage.

»Vater?«

»Tot.«

Er hatte bei seiner Großmutter gelebt. Sie war schon betagt und konnte nicht mehr um ihr Leben rennen, als die nachts angegriffen wurden.

Beide Jungen trugen nur Lumpen am Leib. Sie waren verschmutzt und so löcherig, dass sie ihnen fast vom Körper fielen.

Er sah aus, als würde er jeden Augenblick in Tränen ausbrechen.

»Was erwartest du vom UNHCR?«, fragte man ihn.

Er antwortete: »Helft mir, meine Großmutter zu finden.«

Ich hatte erwartet, er würde »etwas zu essen« oder »Obdach« sagen, stattdessen sorgte er sich um ihre Sicherheit. Er wollte seine Großmutter wieder sehen.

Als er den Raum verließ, kam ein weiterer Junge herein, den Blick zu Boden gesenkt, die Arme hingen neben seinem Körper. Er war ungefähr 14 Jahre alt.

Die UNHCR-Mitarbeiter hatten beschlossen, den Verantwortlichen des Auffanglagers darum zu bitten, dass alle Jungen hier bleiben könnten.

Drei der Jungen glauben zu wissen, in welchen anderen Flüchtlingslagern sie ihre Angehörigen finden könnten. Sie sollten hier bleiben, falls eine Chance besteht, die Familie zusammenzuführen. Möglicherweise haben die Angehörigen das Lager nicht gewechselt.

Diese acht Jungen sind Kinder, und sie sollten hier vorübergehend Unterkunft finden. Sie brauchen kein neues Lager, in dem sie sich erneut registrieren lassen müssen.

Die Mitarbeiter kamen überein, die übrigen Jungen nicht zu interviewen. Dem dritten Jungen (der gerade eingetreten war) sagten sie, er müsse keine Aussage machen.

Etwas in der Art und Weise, wie er den Kopf senkte und rückwärts wieder zur Tür ging, machte mich unendlich traurig. Er war nicht einfach höflich, er war unterwürfig.

Ich glaube, er war in jüngster Zeit missbraucht oder traumatisiert worden. Ein junger Mann ... besiegt, so viel Trauer im Gesichtsausdruck.

Ich bete für diese Jungen, dass mit ihnen alles gut gehen wird. Es sind nur acht unter mehr als 20 Millionen. Welche Chance haben sie?

Den größten Teil des Tages hindurch wurden Menschen zur Registrierung interviewt, oder es musste nachgefragt oder auf besondere Bedürfnisse eingegangen werden.

Es ist gut zu wissen, dass es für diese Menschen ein Büro gibt, an das sie sich wenden können und wo ihre Stimme gehört wird. Es gibt so viele Flüchtlinge! Man kann sich vorstellen, wie viele durchs Netz fallen.

Das UNHCR hat die Aufgabe, die Menschenrechte der Flüchtlinge zu schützen – ihre menschlichen Grundrechte.

Wiedereinbürgerung

Die Flüchtlinge werden auch interviewt um zu sehen, ob sie Staatsbürger eines anderen Landes werden können. Sie brauchen einen sicheren Ort, um sich ein neues Leben aufzubauen.

Die meisten dieser Menschen werden in Lagern leben und auf Frieden hoffen, damit sie eines Tages in ihr eigenes Land zurückkehren können.

Ohne eine Wiedereinbürgerung sitzen sie wie in der Falle, denn sie dürfen sich nicht einmal als Bürger des Landes fühlen, in dem sie sich gerade aufhalten.

Eine Neunzehnjährige trat ein. Ihre Geschichte war zu verwickelt, ich kann sie nicht ganz aufschreiben. Immer wieder wischte sie sich die Tränen von den Wangen, während sie berichtete.

Sie sucht nach ihrer Familie. Sie hatten gemeinsam in einem Flüchtlingslager gelebt, waren dann getrennt worden, und sie blieb zurück. Sie glaubt, ihre Familie sei in Kanada angesiedelt worden.

Danach trat ein Mann ein, der mit seiner Frau und seinen Kindern zusammengeführt werden wollte. Er war in einem der Lager von ihnen getrennt worden, und man hatte sie nach Kanada gebracht. Er hat sie ausfindig gemacht, aber wie er zu ihnen kommen kann, ist eine ganz andere Sache.

Er zog verstaubte Fotos aus der Tasche, die seine Frau ihm geschickt hatte. Er flehte darum, mit diesen Menschen wiedervereint zu werden und deutete auf die Fotos:

»Meine Frau.«

»Mein Sohn.«

»Meine Tochter.«

»Mein Baby.«

Nur wenn dieser bürokratische Papierkrieg richtig geführt und alle Vorschriften genau befolgt werden, hat dieser Mann Aussichten, seine Familie wieder zu sehen, das wird mir hier klar.

Als wir zu unserem nächsten Ziel weiterfahren, sehe ich die Jungen am Boden hocken, die ich vorhin kennen gelernt hatte. Keiner spricht. Sie starren nur auf die Straße.

Ich weiß nicht, was ich tun soll. Irgendetwas muss ich tun, um diesen Menschen zu helfen. Es würde Ihnen an meiner Stelle genauso gehen.

Mittagessen im »Sheraton Inn«

Mit Alexandra und einigen anderen Mitarbeitern am Ort habe ich zu Mittag gegessen im – wie sie mit dem ihnen eigenen Humor sagen – »Kasulu Sheraton Inn«. Es ist eine kleine Hütte mit Lehmboden. Es gab Reis und Bohnen – wieder einmal.

Ich finde diese Leute, die hier vor Ort arbeiten, einfach wunderbar. Sie reden über die irrsinnige Lage, aber sie lachen auch manchmal. Wenn das nicht wäre, würden sie durchdrehen, glaube ich.

Um bei der Wahrheit zu bleiben: Sie leben oft sehr gefährlich.

Einfach ist diese Art zu leben keinesfalls. Aber für sie sind diese Flüchtlinge so wichtig, dass sie nirgendwo sonst auf der Welt sein wollen.

Irgendwann erwähnten sie »die Kirche« und »die Brücke«, warfen dann aber rasch ein, »darüber können wir nicht reden«. Sie sagen, sie haben das immer noch vor Augen. »Manchmal kannst du nur noch weinen.«

Während ich mit diesen Männern und Alexandra zusammensaß, dachte ich, wie froh ich bin, dass ich sie kennen gelernt habe und dass es sie überhaupt gibt. Ich hatte mir die Bekanntschaft mit guten Leuten, die in einer guten Organisation arbeiten gewünscht, damit ich lernen und helfen könnte. Ich hätte keine besseren Leute finden können.

Später erfuhr ich, woran sie bei »die Kirche« dachten. Damals hatte ich nicht nachgefragt, denn ich spürte, dass sie sich nicht daran erinnern wollten. Jetzt verstehe ich das. Ich fragte Alexandra, als wir wieder zu Hause waren.

Sie vergrub das Gesicht in Händen, dann sah sie mich an. Sie war nicht zugegen gewesen, als der Massenmord »in der Kirche« verübt wurde, aber die Erinnerung daran sucht sie immer noch heim.

In einer Krisensituation versteckten sich Tausende von Menschen (so viele wie nur hineinpassten) in einer Kirche. Sie glaubten, dort, im Haus Gottes, würden sie sicher sein.

Die Rebellen entdeckten das Versteck und warfen Granaten hinein. Dann kletterten sie über die toten Körper und stachen auf sie ein, damit auch keiner überlebte.

Die UNHCR-Mitarbeiter, die ich an diesem Nachmittag getroffen hatte, waren mit als Erste am Tatort gewesen. Eine Frau hatte überlebt. Tote waren während des Angriffs über sie gefallen und hatten sie zugedeckt.

Die UNHCR-Leute fanden sie, wie sie zwischen den Leichen umherkroch.

Sie suchte nach ihrem Mann und ihren sechs Kindern. Keiner hatte überlebt. An ihrer Stelle hätte ich mir gewünscht, tot zu sein. Wie übersteht man so ein Erlebnis?

Wir trafen eine Gruppe Trommler aus Burundi. Drei Männer und ungefähr fünf Kinder hatten sich zusammengetan. Die Männer beginnen, die nachfolgende Generation zu unterrichten. Sie wollen, dass ihre Kultur nicht verloren geht.

Als wir näher kamen, hörten wir einen wundervollen Klang – schnell, stark und leidenschaftlich.

Nacheinander traten die Männer und die Jungen vor, trommelten und tanzten.

Man erzählte mir, was sie sangen.

Sie wünschten mir ein gutes Leben!

Diese Flüchtlinge müssen so viel durchmachen, und sie rufen Segen auf mich herab. Sie lächeln und tanzen und wünschen mir ein gutes Leben.

Mein Leben ist so viel einfacher als ihres. Es fühlt sich seltsam an, dass sie Segen auf mich herabrufen, aber ich nehme es an und bin zutiefst dankbar.

Heute habe ich erfahren, dass morgen ein Flugzeug abgeht und dass ich morgen nach Hause fliege.

Freitag, 9. März

Ich sitze im Auto. Gleich fahren wir ab, damit ich das Flugzeug nach Dar es Salam erreiche. Ich kann froh sein, dass ich einen Platz habe.

Um 6:20 Uhr sind wir aufgestanden. Es gab keinen Strom. Im Licht einer Taschenlampe packte ich meine Sachen zusammen. Ich bewegte mich ganz schnell in der Dunkelheit. Ich dachte, ich fahre heute ab, im Handumdrehen werde ich fort sein.

Heute Morgen ist es sehr kühl. Ich denke daran, wie kalt es den Flüchtlingen in ihren Lehmhütten sein muss, in den Hütten, die sie selbst gebaut haben.

Sie haben keinen elektrischen Strom. Sie wissen nie, wie viele Lebensmittel an diesem Tag verteilt werden können. Nachts kann es so kalt werden. Jeden Tag müssen sie Feuerholz sammeln.

Alle Kinder sind nur in Lumpen gehüllt. Manche tragen nur ein Stück roten Stoff am Körper. Als die Ausgaben für Monatsbinden gekürzt wurden, gab man den Frauen ein Stück roten Stoff für die Zeit der Monatsblutung. Aber man erzählte mir, die Frauen kämen ohne das zurecht. Wie sie das machen, ist mir ein Rätsel. Den Frauen war es wichtiger, dass die Kinder sich wärmen konnten, jedenfalls ein bisschen.

Es ist kalt und neblig. Erst nach dem dritten Versuch konnte das kleine Flugzeug landen, mit dem wir fliegen sollen. Wir warteten. Unser Gepäck lag im Gras, und wir blickten über die Landebahn aus Lehm hinaus.

Ich hatte Hunger. Als wir in aller Eile aus dem Haus gegangen waren, hatte ich mir noch schnell ein Stück Brot genommen. Kaffee gab es heute nicht – kein Strom.

Endlich konnten wir starten und erreichten das Anschlussflugzeug gerade noch.

Ich bin müde und hungrig, aber jedenfalls weiß ich, wann ich wieder zu essen bekommen werde. Sehr bald kann ich duschen und essen.

Ich hoffe, ich werde nie vergessen, was ich alles gelernt habe. Ich hoffe, ich werde immer zu schätzen wissen, was ich habe.

Ich hatte keine Ahnung, was Menschen in allen Teilen der Welt durchmachen müssen. Es ist schlimmer, als ich mir je vorgestellt hätte, und ich habe doch erst einen winzigen Ausschnitt gesehen, ich habe erst begonnen zu begreifen.

Ich hatte ein paar Stunden Aufenthalt in Dar es Salam. Ich musste auf die Bestätigung warten, dass ich einen Platz in einem Flug nach London mit Anschluss nach Los Angeles habe.

Ich habe nichts anderes gefühlt oder gedacht als »bleib in Bewegung«.

Jetzt bin ich in einem Flug der British Airways nach London.

Ich bin bestimmt der schmutzigste Passagier an Bord.

»Möchten Sie eine Tageszeitung? Wir haben auch Zeitschriften. Hätten Sie lieber *Vogue* oder *Vanity Fair*?«

»Nein, danke.«

Dagegen ist mir alles Recht, was sie zu essen und zu trinken anbieten: Nüsse. Brezeln, Cola mit Zitrone. Normalerweise ernähre ich mich anders. Ich fühle mich wie ein kleines Kind.

Sie haben mir Socken für die Nacht gegeben, eine Schlafmaske und Nachtkleidung.

Die Vorstellung, diese schmutzige Jacke abzulegen, bringt mich durcheinander. Sie ist meine Decke gewesen. Ich will mich nicht reinigen und alles abwaschen.

Die vergangenen drei Wochen haben mir eine neue Welt eröffnet. Es war eine besondere Zeit. Ich habe mich verändert. Mir gefällt, wer ich geworden bin.

Ich weiß nicht wieso, aber ich habe das Gefühl, wenn ich diese verschmutzte Jacke ablege, trenne ich mich von diesen Menschen, von den Orten...

Der Junge auf dem Boden, der mit den Händen seine Beine hält.

Das achtjährige Mädchen mit seinem kleinen Bruder in den Armen.

Der Mann im Lager der Amputierten, der mir in die Augen sah und mir seine Geschichte erzählte.

Ich sehe ihre Bilder wie in einer Diashow, Momentaufnahmen ihrer Gesichter, ihrer bloßen Füße.

Ich weiß nicht, was ich empfinde. Nie zuvor hatte ich so viele Gefühle gleichzeitig.

Ich muss jetzt schlafen.

Ein schlechtes Gewissen zu haben, weil man fortgeht, ist zugleich einfach und hart.

Von diesem Augenblick an und wo immer ich mich aufhalte, werde ich mich daran erinnern, wo sie sind.

Auf Mission in Kambodscha

Vom 16. bis zum 27. Juli 2001 bereiste ich im Auftrag des UNHCR Kambodscha

Montag, 16. Juli

So, nun bin ich also wieder unterwegs. Diesmal geht es über Genf nach Kambodscha. Vor ungefähr einer Stunde habe ich mein Zuhause verlassen.

Plötzlich war mir bewusst geworden, wie sicher ich mich zu Hause fühle. Diesmal weiß ich, was mich erwartet, aber ich weiß auch, dass ich auf vieles nicht vorbereitet bin, was ich bald entdecken werde.

Es ist mir peinlich, aber ich erkenne (und gebe zu), wie leicht es mir gefallen ist, nach meiner Zeit in Afrika in mein altes Leben zurückzukehren. Das war allerdings nur möglich, weil ich im Kontakt geblieben bin und aus der Ferne versucht habe zu helfen. Aber es ist einfach, aus der Sicherheit deines eigenen Zuhauses anzurufen, Briefe zu schreiben und Banküberweisungen auszustellen.

Vielleicht, sage ich mir manchmal, sollte ich ein schlechtes Gewissen haben, weil ich diese Orte besuchen und sie wieder verlassen kann, während andere keine Wahl haben. Ich weiß nur eins: Ich kann jetzt alles viel mehr schätzen. Ich bin für meine Lebensumstände so dankbar!

Immer noch fühle ich mich bei allen diesen Menschen auf der Welt in der Schuld. Ich möchte ihnen helfen, und mir wird von Tag zu Tag deutlicher, was sie mir gegeben haben.

Ich schreibe dies beim ersten Licht des anbrechenden Morgens. Die anderen Fluggäste schlafen. Nur an meinem Fenster ist die Jalousie ein wenig hoch gezogen.

Ich kann nicht schlafen. In fünf Stunden erreichen wir Zürich. Dann brauche ich noch einige Stunden bis Genf.

Irgendwann nach meiner Ankunft werde ich den Hochkommissar für Flüchtlinge treffen. Es ist eine Ehre, so wie es eine Ehre ist, jedem dieser Menschen zu begegnen, die ihr Leben der Hilfe für andere Menschen gewidmet haben – sei es jemand, der Millionen von Menschen aus allen möglichen Ländern der Welt beisteht, seien es Großeltern, die ein Kind betreuen, ein engagierter Lehrer oder eine Lehrerin in der Klasse, oder einfach ein guter Freund. Sie alle sind in diesem Leben gleich wichtig. Es heißt, »jeder Einzelne zählt«. Das stimmt, davon bin ich überzeugt.

Ich möchte den Hochkommissar vieles fragen.

Wie kommt es, dass in unserer Welt – bei allem was wir wissen, was wir können und was uns an Mitteln zur Verfügung steht – jeden Abend mehr als 800 Millionen Menschen hungrig schlafen gehen?

Seit wann gibt es Flüchtlinge aus Ruanda? Hunderttausende mussten ihre Heimat verlassen und fanden nur ungenügend Schutz und Fürsorge.

Ich werde ihn nicht um Antworten bitten. Ich weiß, das UNHCR verfügt nur über begrenzte Mittel. Ich weiß, all das, was ich eben geschrieben habe, frustriert auch ihn. Aber vielleicht kann er mir helfen zu begreifen, wieso Rebellen in Sierra Leone mit solcher Grausamkeit angreifen können, wieso sie Tausenden die Gliedmaßen abhacken, Zehntausende aus ihrer Heimat vertreiben.

Warum betrachtet man diese Rebellen nicht als eine derartige Bedrohung, dass man ihnen die Macht entreißt? Anscheinend wird durchaus etwas unternommen, aber es sieht aus, als ob das Wüten noch jahrelang so weitergehen könnte, und deshalb bleiben viele Menschen auf Jahre hinaus Flüchtlinge.

Viele Flüchtlinge sind Opfer von Krieg – aus politischen oder religiösen Gründen – und anderen Formen der Verfolgung. Im Chaos von Flucht und Schutzsuche in einem anderen Land verlieren sie oft buchstäblich jedes Recht und allen materiellen Besitz, die Ecksteine einer zivilisierten Gesellschaft: Sie verlieren ihr Haus oder ihre Wohnung, ihre persönlichen Dinge, Bildungsmöglichkeiten und Gesundheitsversorgung, nahe Angehörige und Freunde und manchmal sogar ihre Identität.

So gut die Lager auch sein mögen, mehr als die Grundlage des Überlebens für Menschen, die ansonsten ihrem Schicksal ausgeliefert wären, können sie nicht bieten. Sie sind und bleiben Lager. Die Mauern, hinter denen die Bewohner Schutz finden, engen sie auch ein. Das Land, das ihnen zur Verfügung gestellt wird, hat Einheimische als Nachbarn, die sie oft als eine wenig willkommene Last betrachten. In einigen Fällen kommt es zu derart gewaltsamen Ausschreitungen, dass die Flüchtlinge weiterziehen müssen. Manchmal müssen sie sich sogar erneut der Gefahr in ihren Heimatländern aussetzen.

Dienstag, 17. Juli
Genf

Der Himmel vor meinem Hotelfenster ist wolkenlos blau. Als ich eben ins Hotel kam, reichte man mir ein Fax von Luong Ung. Nachdem ich meine Sympathie für Kambodscha und mein Entsetzen über die dortigen Landminen ausgesprochen hatte, schrieb Luong mir einen Brief und schickte mir ihr Buch *First they killed my Father*. Ich las es und kann es seither nicht erwarten, mit dieser Frau zu reden. Sie war meine Heldin geworden. Ich setzte mich mit der »Vietnam Veterans of America Foundation« – VVAF – (Stiftung der Amerikanischen Vietnam-Veteranen) in Verbindung, mit der sie als Sprecherin der »Kampagne für eine Welt ohne Landminen«, die 1997 den Friedensnobelpreis erhielt, zusammenarbeitet. In dem Fax geht es um einen möglichen Besuch der Khien Khelang-Rehabilitationsklinik. Außerdem schreibt Luong, dass sie morgen mit demselben Flugzeug wie ich von Bangkok nach Phnom Penh fliegen wird.

Sie schreibt: »Ist es nicht aufregend, dass wir uns zum ersten Mal am Tor nach Thailand begegnen werden?«

Sie hatte mir von Battambang erzählt. Das ist die Heimatprovinz ihrer Großmutter und ihrer Mutter, von dort stammen viel Onkel, Tanten, Cousins und Cousinen. Dort verbrachte sie ihre ersten vier Lebensjahre. Seither ist sie nicht mehr dort gewesen.

Weiter schreibt sie, sie würde mich gern begleiten, wenn ich die Hazardous Areas Life Support Organization (HALO – Organisation für Lebenshilfe in gefährdeten Gebieten) besuche.

HALO-Trust ist eine politisch und religiös unabhängige NGO, die sich darauf spezialisiert hat, Überreste des Krieges unschädlich zu machen.

In den vergangenen acht Jahren sind 43 HALO-Mitarbeiter ums Leben gekommen oder schwer verletzt worden – ein Opfer, das viele tausend Menschenleben gerettet hat. Die Organisation kümmert sich lediglich darum, Minen zu entschärfen. Die politisch heikle Kampagne gegen Herstellung und Verkauf ist nicht ihr Feld.

Es ist kurz nach 19 Uhr. Die vergangenen Stunden habe ich im Hauptbüro des UNHCR verbracht.
Immer wieder frappiert mich das Engagement, mit dem diese Leute ihre Arbeit tun.

Man führte mich in das Kellergeschoss. Hier kommen sie zusammen, wenn Notfälle auftreten. Hierher kommen sie, wenn Probleme so schnell wie möglich gelöst werden müssen. Oft werden sie gebeten, innerhalb weniger Stunden Massen von Menschen zur Hilfe zu kommen.

***

Elba ist hier. Vor fünf Monaten haben wir uns in Sierra Leone kennen gelernt. Damals zeigte sie mir Fotos von ihrer Familie und sagte, sie wolle künftig mehr Zeit mit ihr verbringen.

Sie erzählte mir, wie sie sich einmal zu Weihnachten unversehens (innerhalb von 72 Stunden) in Afrika wiederfand, Pläne entwarf und konkrete Vorbereitungen traf, um in einer akuten Notsituation zu helfen.

Jetzt ist sie in Genf und bereitet sich auf ihre nächste Mission vor. So lange es solche Notsituationen gibt und sie weiß, dass sie helfen kann, würde sie sich wohl kaum abwenden oder ihren Heimaturlaub ausdehnen.

Diese Einstellung haben hier alle, das spürt man.

Sie sind bereit, jeden Ort der Welt aufzusuchen, um anderen zu helfen. Sie begeben sich selbst in die Gefahr, zusammengeschlagen, vergewaltigt und vielleicht sogar getötet zu werden (was auch schon passiert ist).

Sie behandeln einander und auch mich mit großer Liebenswürdigkeit – darin liegt Sanftheit und Trauer. Sie alle haben das schlimmste Leid mit ansehen müssen. Sie kennen Verlust und Tod, aber sie kennen auch den Wert von Freundschaft und Hoffnung. Sie müssen sich in den dunkelsten Stunden auf einander verlassen können.

Ich lernte Kofi Anan kennen und erfuhr, dass seine Laufbahn im UNHCR begonnen hat. Er war sehr nett.

Er hatte eine Rede vor den Mitarbeitern gehalten, die ich leider verpasste. Alle sagten, wie gut ihnen seine Worte getan hätten. Sie sprachen über seine Aufrichtigkeit und wie er ihre Fragen unumwunden beantwortete.

Irgendjemand hatte ihn gebeten, über die Schwierigkeiten zu sprechen, denen die Organisation derzeit ausgesetzt ist. Er berichtete, der Haushalt habe um 20 Prozent gekürzt werden müssen (das UNHCR erhält ohnehin nur 2 Prozent der UN-Mittel). Dabei ist man in den letzten Jahren dazu übergegangen, nicht nur Flüchtlinge, sondern auch die so genannten Binnenflüchtlinge (IDPs – Internally Displaced Persons) zu unterstützen.

Er machte keine Versprechungen. Er sagte, ihm sei die mühevolle Arbeit vertraut: »Das UNHCR hat in der Vergangenheit schwierige Situationen durchgestanden und wird dergleichen mit einiger Sicherheit wieder erleben, aber immer haben die Mitarbeiter es geschafft und konnten ihr gutes Werk fortsetzen.«

Ich war zum Abendessen mit Ruud Lubbers, dem Hochkommissar eingeladen. Mit am Tisch saßen außerdem sein erster Assistent, Shoko Shimozawa, der Kabinettschef Jacoub Ali El-Hillo und der Bereichsleiter für private und öffentliche Angelegenheiten des UNHCR, Pierre-Bernard Le Bas.

Die Situation kam mir zunächst ein bisschen merkwürdig vor, aber ich begriff bald, woran das lag: Ich hatte einen Menschen erwartet, der sehr überlegen oder zumindest ernsthaft sein würde. Zu meiner Überraschung erwies sich der Hochkommissar als ein fröhlicher Mensch – sehr menschlich. Er sprach über politische Angelegenheiten, erzählte aber auch persönliche Anekdoten aus seiner Familie.

Am meisten beeindruckte mich, wie er sich für uns, die mit ihm am Tisch saßen, interessierte. Er urteilte nie und ließ unsere Unterschiede, unsere Ansichten und Meinungen gelten.

Ich habe an diesem Abend viel gelernt, ich kann das nicht alles aufschreiben. Am spannendsten war eigentlich, wie verschieden die Menschen waren, die an diesem Essen teilnahmen. Lubbers sagte, das sei Absicht.

Ich vertrat Amerika. Manchmal an diesem Abend war ich darauf stolz, dann auch wieder nicht. Ich glaube, allen ging es in Bezug auf ihre Heimatländer so. Niemand am Tisch wollte Recht behalten. Niemand gab vor, die Antworten zu kennen. Einige von uns waren optimistischer als andere, aber alle hörten respektvoll zu und lernten voneinander. Wenn das den Kern dieser Organisation ausmacht – oder den Kern der Vereinten Nationen insgesamt – dann habe ich heute gesehen, wo vielleicht die Lösung liegt.

Heute Abend wurde viel darüber gesprochen, wie wir um uns selbst kreisen. Es scheint, dass die Individuen und die Regierungen sich vor allem um sich selbst kümmern. Wir müssen aber im internationalen Rahmen denken. Global.

Ich weiß nicht, welches Datum wir haben.

Heute Vormittag bin ich von Genf nach Zürich gereist. Von Zürich aus flog ich neun Stunden lang und werde bald in Bangkok landen, wo es dann 6 Uhr 5 sein wird. Dort werde ich eine Kontaktperson des UNHCR und hoffentlich auch Luong treffen.

Zwei Stunden Aufenthalt in Bangkok, und dann weiter nach Phnom Penh – und von da aus nach Siem Reap.

Kaum hatte ich das Flugzeug verlassen, als mir Jahanshah und Marie-Noelle, zwei Außendienstmitarbeiter des UNHCR, entgegenkamen. Sie sagten, es sei Donnerstag, der 19. Juli. Wenn man die ersten Daten meines Reisetagebuchs liest, ist das ein bisschen verwirrend. Ich hatte die Zeit von Los Angeles notiert. Zwischen Kambodscha und Los Angeles gibt es aber 14 Stunden Zeitunterschied.

Außerdem lernte ich Ravut kennen, einen ehemaligen Flüchtling aus Kambodscha, der jetzt mit dem UNHCR zusammenarbeitet.

Unser Gespräch dauerte zwei Stunden. Dann trat ein Mann heran und gab mir einen Zettel: Luong Ung ist hier. Ich verließ den Raum und ging in die Hotelhalle. Es dauerte nicht lange, da trafen sich unsere Blicke. Lächelnd gingen wir aufeinander zu, und wir umarmten uns, als würden wir uns seit Jahren kennen.

Jedermann in Kambodscha will den Frieden erhalten. Die Menschen haben so viel durchgemacht. Die Einwohner dieses Landes zeigen in überwältigender Weise, was man erreichen kann.

Alle sprechen von dem unglaublichen Mut der Flüchtlinge. Alle Mitarbeiter des UNHCR bringen ihnen die größte Hochachtung entgegen und sind stolz, mit ihnen zusammenarbeiten zu dürfen.

Jahanshah, Marie-Noelle und ich gingen zum Mittagessen in Katies Appartement. Auch sie arbeitet mit dem UNHCR zusammen und spricht Khmer. Das ist eine wunderschöne Sprache. Schon ihr Klang weckt in mir den Wunsch, sie zu erlernen.

Im weiteren Verlauf des Tages trafen wir uns noch einmal mit Luong und besprachen die Weiterreise zum HALO mit dem Flugzeug. Luong meinte, sie habe »Glück«. Nie hätte ich solche Worte von einer Frau erwartet, die ein extrem schwieriges Leben gelebt hat – wenn nicht das anstrengendste, entsetzlichste Leben von allen Menschen, die ich je getroffen habe.

Wir erreichten HALO-Trust in Siem Reap und machten uns von dort aus gleich auf eine dreieinhalbstündige Fahrt. Ich fühle mich, als wäre ich seit einer Woche unterwegs.

Ich nahm eine Tüte mit Audiobändern aus der Tasche, die eine Freundin mir mitgegeben hatte. Katie wählte Musik der Beatles aus der Zeit von 1967 bis 1970 aus. Ravut mag Santana besonders, wie er sagt. Wir lächelten einander zu: Wo immer du auf der Welt bist – so groß sind die Unterschiede nicht.

Als wir im Lastwagen saßen, unterhielten sie sich über die großartigen Musiker, die Kambodscha einmal gehabt hatte. Von einem sagten sie, »er war wie euer Elvis, aber Pol Pot hat ihn umgebracht«.

Wir fuhren an vielen kleinen Hütten vorbei. Hühner scharrten im Sand. An einem herrlichen Tag wie heute zaubert es ein Lächeln auf dein Gesicht, wenn du die spielenden Kinder beobachtest.

Manche Leute tragen Wasser. Sie haben lange hölzerne Stangen über Nacken und Schultern gelegt, an deren Enden sie einen Wassereimer balancieren.

Dieses Land kommt mir vor wie das Paradies, das Gott im Sinn hatte – Gott, Allah, Buddha, der Große Geist.

Dann begreift man, dass diese winzigen Hütten die Wohnungen der Menschen sind. Sie sind ihr einziger Besitz, und die Wahrheit ist, dass der herrliche Dschungel um sie herum noch voller Minen steckt.

Wir fuhren auf der Straße nach Ang Long Veng. Bis 1998 lebte Pol Pot in diesem Gebiet. Hier starb er auch. Sein Grab liegt in dieser Gegend. Erst im Mai 1998 wurden die Einwohner hier wieder angesiedelt.

HALO-Hauptquartier

Es sieht aus wie eine Kaserne.

Matthew, der Leiter des Büros in Ang Long Veng, begrüßte uns. Er sagt uns, wo wir wohnen werden. Wir sind vier Frauen. Sie haben vier kleine Zimmer für uns vorbereitet. Ravut, Mao und zwölf andere Männer schlafen auf Pritschen im Hauptraum. Das ist das Beste, was sie zur Verfügung stellen können. Es ist weitaus besser als ich erwartet hatte. Und wieder einmal wird mir bewusst, dass diese humanitär tätigen Menschen nicht weit über dem Lebensstandard der einheimischen Bevölkerung leben. Allerdings stehen uns eine Toilette und eine Dusche zur Verfügung, den Einheimischen dagegen nicht.

Beim Abendessen (weißer Reis und Fleisch) geht das Licht aus. Man erklärte uns, sie teilten die Stromversorgung mit dem Krankenhaus und dass dort vielleicht gerade operiert werde. Wir waren ganz still und saßen minutenlang im Dunklen, bis jemand mit einem Feuerzeug Licht machte.

Ich bemerkte Gewitterwolken am Himmel. Das Donnern hatte ich schon auf dem Weg gehört. Ich hatte immer gedacht, Gewitter ohne Regen gibt es nicht.

Ich zog mich bald zurück. Ich bin erschöpft.

Jetzt liege ich in Zimmer 2 in meinem Bett unter einem Moskitonetz und schreibe.

Die Mobiltelefone funktionieren in dieser Gegend nicht. Ich hätte gern zu Hause angerufen oder zumindest die Nachricht hinterlassen, dass ich gut angekommen und hier sicher bin.

Der HALO-Mitarbeiter meinte, ich könnte morgen das Satellitentelefon benutzen, wenn es sehr wichtig wäre. Hoffentlich finde ich eine andere Möglichkeit. Ich möchte das Angebot nicht in Anspruch nehmen.

Der Raum unter den Gästezimmern sieht wie ein Konferenzsaal aus.

Als ich in mein Zimmer ging, bemerkte ich die vielen Bombenhülsen. Wenn man genau hinsieht, fällt auf, dass sie nicht von einheimischen Soldaten hergestellt worden sein können (obgleich sie gut improvisieren). Diese Waffen und Sprengstoffe wurden in Fabriken hergestellt, im Auftrag von Regierungen wie der meines Landes.

Freitag, 20. Juli

Ich schreibe im Schein eines schmalen Lichtstreifens, der durch die Bohlen der Holzwand fällt. Ich habe keine Ahnung, wie spät es ist. Vor ungefähr einer Stunde wachte ich auf. Meine Füße jucken – es ist kaum auszuhalten. Irgendwelche Insekten müssen mich durch das Moskitonetz hindurch in beide Fußsohlen gestochen haben. Mir graut beim Gedanken, die Schuhe anzuziehen.

Ich höre das Geräusch von Motorrädern, Lastwagen, Pfeifen und das Klappern von Geschirr. Irgendwann krähten die Hähne.

Meine Dusche hat weder heißes noch kaltes Wasser. Es ist nur eine Pumpe, die mich mit Wasser überschüttet.

Zum Frühstück gab es Instantkaffee und ein Fischbrot.

HALO

HALO hat es sich zum Ziel gesetzt, verminte Gebiete zu säubern und der jeweiligen Gemeinde zum Wiederaufbau zurückzugeben. HALO ist eine englische Nichtregierungsorganisation mit Sitz außerhalb von London. Ihre Aufgabenbereiche sind Minenräumung und das Entschärfen und Beseitigen von Blindgängern in allen Teilen der Welt. Es gibt keine politische oder religiöse Bindung. Die Organisation ist neutral. Ihre große Stärke liegt in der Zusammenarbeit mit Einheimischen. In Kambodscha haben sie 900 einheimische Mitarbeiter.

Fünfzig Prozent der Opfer von Landminen sterben entweder direkt bei der Explosion oder weil sie verbluten. Die Hälfte der Überlebenden erleidet schwer wiegende Verstümmelungen.

Wir fahren in Geländewagen der HALO nach Poul Prasat, wo ein großes Gebiet geräumt wurde. Jetzt steht dort eine Schule, und es wurden zwei Brunnen gegraben.

Wir sitzen unter einer blauen Plane auf zwei Holzbänken. Vor uns liegt eine Landkarte. Drei kambodschanische Mitarbeiter von HALO erläutern die Karte: 56 593 Quadratmeter müssen noch geräumt werden, bei 49 268 Quadratmetern ist das bereits geschehen.

Die grüne Fläche auf der Karte bezeichnet das gesäuberte Gebiet, die weißen Bereiche entsprechen verminten Zonen. Die roten Punkte symbolisieren 72 aufgefundene Landminen und etwas mehr als 40 Bomben. Schädel und gekreuzte Knochen zeigen Unfälle aus der letzten Zeit. Es gibt drei davon. Die Männer deuten auf diese Symbole: »Er hat ein Bein verloren.« Dann ein anderes Symbol: »Er verlor ein Auge und den Arm.«

Blaue Kreise markieren Brunnen.

Ein Mann berichtete über Sicherheitsvorkehrungen. Hinter ihm stand eine orangefarbene Trage.

Man zeigte uns Stangen in vier Farben.

Rot bezeichnet eine Stelle, wo Explosivstoffe gefunden wurden. Knapp drei Meter vor uns stecken vier rote Stangen im Boden. Rot und weiß gestreifte Stangen markieren Abgrenzungen. Blau bedeutet: geräumt. Weiß heißt: nicht geräumt.

Dann zeigte er uns die wichtigsten Ausrüstungsgegenstände für den Ernstfall. Er gab uns eine sehr ernst gemeinte Anweisung:

»Wenn ihr Explosionen hört, rührt euch nicht vom Fleck!«

Dies hier ist eins von 47 Minenfeldern in Kambodscha, das derzeit von HALO geräumt wird.

Wir halten an einer Schule an, die direkt neben dem Minenfeld liegt.

Hier wird nur der Schulstoff für die erste und zweite Klasse unterrichtet. Die Kinder sind zwischen sechs und vierzehn Jahren alt. Für mehr als 240 Kinder gibt es nur vier Lehrer.

Diese Lehrer haben bisher kein Gehalt bekommen. Es würde auch nur ungefähr 15 US-Dollar im Monat betragen.

Als die Regierung die Schule bauen ließ, war das Gebiet noch nicht von Minen geräumt. HALO prüfte den Schulweg der Kinder. An fünf Stellen fand man nur einen Schritt neben der Straße Explosivstoffe.

Ich sehe mich um. Ich sehe in so viele Gesichter. So schön. So viele Kinder.

Bevor HALO die Arbeit aufnahm, lebten sie alle zwangsweise mitten im Minenfeld.

Heute wurden zwei Landminen gefunden. Ich durfte die eine mit TNT sprengen. Ich gebe zu, es war ein großartiges Gefühl, ein Ding zu vernichten, was sonst vielleicht einen Menschen verletzt oder sogar getötet hätte.

Nach der Explosion erzählte Luong, dass viele Flüchtlinge, und auch sie selbst, Angst bekamen, als sie zum ersten Mal in den USA waren und das Feuerwerk zur Feier des 4. Juli miterlebten.

Zu Mittag aßen wir weißen Reis, Fleisch und Gemüse. Dann packten wir unsere Sachen für den Abend.

Luong, Matthew und ich werden auf Motorrädern in ein kleines Dorf fahren und dort übernachten.

Am besten lernt man die Menschen und das Land verstehen, wenn man sieht, was aus geräumten Gebieten werden kann, und wenn man Zeit mit Einheimischen verbringt.

Erst werden wir in ein wiederbesiedeltes Gebiet fahren, das von HALO geräumt wurde. Das UNHCR hat die Reintegration der Bewohner unterstützt.

Wir hielten am Straßenrand an, wo acht Kinder und zwei Frauen an einem Brunnen Wasser holten, den das UNHCR hier im Jahr 2000 angelegt hatte.

Dieses gesamte Gebiet ist einfach faszinierend. Innerhalb von zwei Jahren, durch den massiven Arbeitseinsatz von Nichtregierungsorganisationen wie HALO, von UN-Organisationen und Regierungseinrichtungen, die alle mit anpackten, nicht zuletzt durch die harte Arbeit der einheimischen Familien, konnten die Flüchtlinge ein neues Leben beginnen. Viele dieser Menschen waren nach 25 Jahren heimgekehrt.

Während wir umhergingen, gesellten sich immer mehr Leute zu uns. Meist waren es Kinder.

Wir fuhren weiter und hielten dann in Trapeang Prasat.

Das ist ein Tempel, der zur selben Zeit errichtet wurde wie Angkor Vat. Jetzt liegt er großenteils in Trümmern und ist ganz überwuchert. Dennoch werden hier Weihrauch und Kerzen entzündet.

Wie die meisten buddhistischen Tempel war auch dieser mit Landminen verseucht und wurde erst kürzlich gesäubert.

In diesem Gebiet ist der Buddhismus erst seit kurzem wieder erlaubt – erst seit das Land den Roten Khmer abgenommen wurde.

Während Pol Pots Herrschaft war der Buddhismus verboten, und man versuchte, alle Mönche umzubringen. Man erzählte mir, nur ungefähr 40 Mönche hätten überlebt, weil sie sich verstecken konnten.

Hinter dem alten Tempel befindet sich eine kürzlich restaurierte Pagode. Am Dach flattern leuchtend gelbe und orangefarbene Gebetsfahnen im Wind.

Wir ziehen unsere Schuhe aus und gehen die Treppen hinauf. Ich will wissen, ob das auch in Ordnung ist?

»Ja«, antwortet man mir. »Sie freuen sich über ausländische Besucher.«

Mir fällt ein, dass Buddha meine Füße nicht sehen sollte. Also setzte ich mich auf einer Matte in den Fersensitz, sodass meine Füße in die Gegenrichtung zeigten.

Der Duft von Weihrauch und der Klang der Gesänge ist berauschend.

Junge Mönche in den traditionellen orangefarbenen Roben steckten die Köpfe aus einem der hinteren Räume hervor. Sie sind so liebenswert.

Die Schule in der Nachbarschaft wird von 1057 Schülern besucht und hat 27 Lehrer.

Erst kürzlich räumte man Minen direkt neben dem Spielplatz dieser Kinder.

David, ein Minenexperte, der für HALO arbeitet, deutet an spielenden Kindern vorbei. Nur 100 Meter die Straße hinunter befindet sich ein Minenfeld. So ist das nun mal.

Mehr als eine Stunde lang fahren Luong und ich auf dem Gepäcksitz von zwei HALO-Mitarbeitern mit.

Diese Straßen hier verlaufen nahe der Grenze mit Thailand, und sie sind in sehr schlechtem Zustand.

Autos können hier nicht fahren.

Es ist wunderschön hier. Ich sehe so viel Hoffnung. Die Kinder wirken nicht unterernährt.

Auf dieser Fahrt sehe ich auch Amputierte, aber sie sitzen in behelfsmäßigen Rollstühlen. Ein Mann, der ein Bein verloren hatte, fuhr auf einem Fahrrad. Er hatte seine Krücke am Lenker befestigt. Er zog sie heraus und balancierte sich damit aus, als er eine holperige Brücke überquerte – oder was eine Brücke darstellen sollte. Genau genommen waren nur es nur ein paar zusammengenagelte Baumstämme.

Die Verstümmelungen sind hier ein bitterer Bestandteil des Lebens, aber ich bin vom Stolz und der Kraft dieser Menschen überwältigt.

Wir setzen unsere Fahrt fort. Wir kommen an Männern und Frauen vorbei, die uns aus ihren Häusern heraus beobachten. Sie sind von Kindern umringt. Sie winken uns zu oder lächeln uns an. Andere Leute beobachten uns einfach nur, aber wenn wir winken und lächeln, reagieren sie spontan freundlich.

Wahrscheinlich ist HALO bei einigen bekannt, und sie wissen, wie viel diese Organisation geholfen hat. Andere sind einfach neugierig und möchten dem Besucher freundlich begegnen.

Wann immer wir jemanden auf dieser Straße durch den

Dschungel oder durch kleinere Dörfer überholen, nehmen wir Blickkontakt auf und grüßen freundlich. Immer wird unser Gruß erwidert.

Stellt euch vor, wenn uns das tagtäglich passierte! Wie wäre es, wenn wir jedes Individuum zur Kenntnis nähmen, an dem wir vorbeigehen und wenn wir uns anlächelten? Wenn wir jedem unsere Wertschätzung zeigten?

Wir aßen sehr früh zu Abend, denn wir müssen mit Sonnenuntergang zu Bett gehen und mit Sonnenaufgang wieder aufstehen.

Eine Frau nahm unsere Bestellung auf. Dann sahen wir, wie ein Nachbar ein dünnes Huhn jagte und einfing. Die Frau ging in ein Nebenzimmer. In einer Hand trug sie das Huhn an den Füßen, in der anderen ein kurzes Schlachtermesser.

Überall sind Fliegen.

Wir hüllen uns in eine Wolke von Insektenspray und wedeln die Fliegen weg, während wir uns unterhalten.

Die Getränke sind warm, es gibt kein Eis. Der Boden besteht aus Lehm. Herrenlose Hunde laufen herein und hinaus. Eine Rolle Toilettenpapier wird auf den Tisch gestellt. Daran habe ich mich schon gewöhnt: Es dient als Servietten.

Wir warten jetzt schon eine Stunde lang auf unser Essen. Es musste ganz frisch zubereitet werden.

Es ist sehr scharf. Uns bricht der Schweiß aus.

Jemand am Tisch erinnert daran, dass wir »die Ständer und die Netze aufbauen müssen, bevor es stockdunkel ist«.

Soweit ich sehe, gibt es keine Toiletten und keine Elektrizität. Vor unserer Abfahrt hatte man mir eine Taschenlampe und Reservebatterien gegeben.

Mir kommt eine düstere Ahnung: Ich bin in der Stadt aufgewachsen und habe nie gezeltet. Diese Nacht könnte für mich schwierig werden.

Das Unbekannte ist spannend. Wir werden auf einem überdachten Ponton über dem Wasser schlafen. Was mache ich, wenn ich in der Nacht auf die Toilette muss?

Sonnabend, 21. Juli

Es ist Morgen. Die Sonne ist noch nicht über den Horizont gestiegen, aber es ist schon hell.

Es war nicht einfach, gestern Abend die Hängematten einzurichten. Wir machten uns mit unseren Fahrradlampen Licht und steckten drei Kerzen zwischen die Holzplanken.

Luong und ich gingen den Pier zurück an Land. Ich trug die Taschenlampe, sie zwei Hände voll Toilettenpapier. Wir lächelten in der Dunkelheit. Noch immer hörten wir spielende Kinder.

Nicht weit von der Straße entfernt und in gebührendem Abstand von einander fanden wir ein stilles Örtchen. Ich knipste die Taschenlampe aus.

Als wir zurückgingen, zuckten Blitze über den schwarzen Himmel. In diesen Augenblicken war es so hell wie sonst bei Vollmond. Man konnte alles sehen, und gleich darauf war es wieder tiefschwarz. Kein Donner. Nur dieses plötzliche Aufblitzen.

Augenblicke später ging ein Wolkenbruch nieder. Die Männer mussten Luong und mir helfen, unsere Hängematten auf die andere Seite des Pontons zu setzen. Der Wind blies uns ins Gesicht. Es klang, als ob er gleich das Dach abheben wollte. Der Sturm brach völlig unvermittelt los. Unfassbar.

Es wurde kalt und regnete die ganze Nacht hindurch. Jetzt, am Morgen, regnet es immer noch. Wir sprechen über die problematische Straßenlage.

Ich dachte an die Menschen, die immer hier leben. Ihre Häuser machen nicht den Eindruck, als würden sie dem Wetter standhalten. Der Regen wird durch die Strohdächer gedrungen sein und den Lehmboden aufgeweicht haben. Ich habe unter einem Moskitonetz geschlafen – ein Luxus, den sie nicht haben – und trotzdem bin ich völlig zerstochen.

Wir haben Regenmäntel übergezogen und sind darauf vorbereitet, im Regen weiterzufahren. Man sagt mir, wenn die Brücken nicht passierbar sind, müssten wir versuchen, einen Hubschrauber aufzutreiben.

Der Regen hörte überhaupt nicht auf. Trotzdem fuhren wir weiter und bewältigten irgendwie alle Hindernisse.

Es kam mir vor, als müssten wir alle fünf Minuten absteigen und die Räder schieben – entweder, weil die Brücken in so einem schlechten Zustand waren, oder wegen der Pfützen auf dem Weg. Ich fuhr vornweg, deshalb musste ich als erste hindurch. Eine Pfütze war so tief, dass mir das Wasser bis zum Oberschenkel reichte. Irgendwann zog Luong sich die Schuhe aus und begann, nach Fröschen zu suchen.

Wieder setzte Regen ein. Ich hatte Wasser in den Augen und konnte kaum sehen. Es ist nicht einfach, mit Kontaktlinsen klarzukommen, wenn einem das Wasser in Strömen über das Gesicht läuft. Wenn ich ständig hier lebte, wären Kontaktlinsen ein unerschwinglicher Luxus, und mit einer Brille auf der Nase würde ich überhaupt nichts mehr sehen.

Wir fuhren wieder an kleinen Hütten am Straßenrand vorbei. Kinder spielten draußen mit Hühnern und Hunden. Sie lächelten. Sie sind wirklich erstaunlich.

Ich sah eine mit schweren Bündeln beladene Frau. Neben ihr ging ein Mann auf Krücken. Sie mühten sich über den verschlammten Weg.

Jemand fragte: »Passt ihr auf Blutegel auf?«

Luong, die anfangs Sandalen getragen hatte, jetzt aber barfuß geht, hat ihre Beine und Füße abgesucht. Sie ist nicht befallen. Matthew meinte, ihm sitze ein Egel im Nacken, aber das ist ein Irrtum. Der Fahrer riet mir, unbedingt die Füße abzusuchen, sobald ich die Stiefel ausgezogen hätte.

Ich habe grenzenlose Hochachtung vor diesen Leuten von HALO, das kann ich nicht oft genug wiederholen. Sie haben sogar schon bei Hausgeburten geholfen. Nur wenige Schwangere aus dieser Gegend schaffen es rechtzeitig in eine Klinik.

Es ist kaum vorstellbar, wie schrecklich es hier während des Krieges gewesen sein muss. Wie haben diese Menschen all die Jahre der Qualen und des Leids überstanden?

Nachdem wir zwei Stunden lang mit unseren Rädern gefahren waren, sammelte uns ein Geländewagen auf. Im Trockenen waren wir deshalb noch lange nicht. Die Straßen sind voller Schlaglöcher und scharfer Kurven. Ich versuche zu schreiben.

Mir ist kalt, ich bin müde und durchnässt. Ich genieße den Luxus der Gewissheit, dass ich in etwa einer Stunde eine Unterkunft haben werde, dass ich mich abtrocknen kann und zu essen bekomme. Ich bin so dankbar.

Katie, Mimi, Ravut und Mao vom UNHCR haben mir den Besuch einer Krankenstation ermöglicht, die von »Ärzte ohne Grenzen« unterhalten wird.

Diese Ärzte kamen erstmalig 1998 in diese Provinz (gleich nach dem Sieg über die Roten Khmer). Sie richteten ein altes, verlassenes Krankenhaus wieder her.

Sie nahmen ihre Arbeit noch vor Beginn der Repatriierung auf und arbeiteten in bestimmten Landesteilen. 1999 behandelten sie 3000 Malariapatienten. Jetzt ist die Krankheit besser unter Kontrolle.

Ebenso wie HALO und andere Organisationen bemühen sie sich, einheimische Fachkräfte auszubilden.

Es ist sehr wichtig, den Einheimischen zu zeigen, wie sie sich selbst helfen können. Wenn irgendwo auf der Welt neue

Notsituationen entstehen, müssen diese Organisationen ihre Kräfte verlagern. Aber wenn sie ein Land verlassen ist es nicht unfähig, die Programme fortzuführen. Im Gegenteil! Wenn sie gehen, sind die Leute selbstbewusster und kommen besser allein zurecht.

Es gibt aber auch Unfälle, wenn die Leute auf eigene Faust versuchen, Landminen zu entschärfen, weil sie den Sprengstoff zum Fischen benutzen wollen.

Diese Ärzte haben keine wirklich geeignete chirurgische Ausrüstung zur Verfügung, und auch die Arzneimittel sind äußerst knapp. Sehr schwere Fälle müssen in andere Krankenhäuser verlegt werden. Wenn die Straßen allerdings in einem Zustand sind wie heute (und die Regenzeit dauert Monate), kann man die Menschen nicht über die Straßen transportieren.

Da einfach alle Mittel und Gelder fehlen, ist der Lufttransport kaum jemals möglich. Manchmal ist von einem Krankenhaus in Thailand die Rede. Das wäre eine Alternative, aber es ist äußerst schwer zu erreichen.

Man spricht auch über HIV und darüber, dass das Problem erst jetzt ins Bewusstsein rückt. Viele Organisationen verteilen Kondome und versuchen aufzuklären.

Neuerdings konzentriert man sich offiziellerseits auf AIDS. Die Ärzte betonen jedoch mit Nachdruck, dass nach wie vor viele Menschen betreut werden müssten, die an anderen Krankheiten leiden.

Der Schwerpunkt wird auch weiterhin auf AIDS liegen, auch wenn es in der Region noch viele Tuberkulosekranke gibt, die auf eine Behandlung warten.

Im Krankenhaus (sie bezeichnen es als Gesundheitszentrum) sah ich den kleinen Raum, in dem die Notoperationen ausgeführt werden.

Ich sah einen mit einer blauen Folie überzogenen Holztisch.

Man sagte mir, es würden keine Bluttransfusionen vorgenommen.

Bei der letzten hier durchgeführten Notoperation musste ein Arm amputiert werden. Der Patient bekam nur einfache Schmerzmittel.

Wir gingen durch das Krankenhaus. Ich sah ein kleines Mädchen, das ich auf ungefähr vier Jahre schätzte. Sie trug eine Augenklappe.

Ich sah einen kleinen, unterernährten Jungen. Er war ins Krankenhaus gekommen, weil sein Bruder (er war es wohl) ihn beim Spiel aus der Hängematte geschubst hatte. Da der Kleine so schrecklich unterernährt ist, verletzte er sich an der Hüfte. Die Ärzte mussten eine Drainage legen.

Die Ärzte versuchen, so weit wie möglich die wenigen Narkosemittel für die Kinder aufzuheben. »Was immer wir haben – die Kinder bekommen es zuerst.«

Alle Kinder wirken sehr viel jünger als sie tatsächlich sind, denn sie sind so kleinwüchsig. Ein Arzt erzählte mir, ganze Generationen seien wegen der Mangelernährung zu klein. Das Wachstum hängt nicht nur von der Körpergröße der Eltern ab, sondern auch von ihrem Gesundheitszustand und davon, wie die Kinder ernährt werden.

Auch das ist ein Beispiel dafür, wie sich der Krieg noch über Generationen auf diese Menschen auswirkt.

Einige Stunden später hielten wir bei einer Rückkehrerfamilie. Wir entschieden uns einfach für irgendein Haus und baten, eintreten zu dürfen. Man empfing uns freundlich und rollte eine Matte für uns aus. In einer winzigen Hütte lebten Mutter, Vater, fünf Kinder und eine Großmutter.

Eins der Kinder war taubstumm.

Das winzige Häuschen stand auf Pfählen, damit es bei schweren Regenfällen nicht überflutet wird.

Die Kinder besuchen die Schule, die das UNHCR in der Repatriierungsphase erbaut hatte.

Die Familie besitzt ein kleines Stück Land, wo Cashewnüsse und Reis angebaut werden. Der Vater hat sich von einem Nachbarn ein Fischernetz geliehen, aber wegen des Hochwassers konnte er bisher nicht fischen.

Was mich am meisten erstaunte, während ich bei diesen Menschen saß, war, dass es sich wie irgendein Familienbesuch anfühlte. Anders war nur, dass sie einander so viel Fürsorge und Zuwendung entgegenbrachten.

Jetzt, da glücklicherweise Frieden herrscht, geht es ihnen vor allem um Nahrung und Gesundheit. Sie fürchten nicht länger einen Feind oder dass der Krieg sie immer wieder entwurzelt und zwingt, um ihr Leben zu laufen.

Während wir bei ihnen waren, kamen Tanten, Onkel, Cousins und Nachbarn herein, hockten sich in die Ecken oder lehnten sich an die Wand. Alle waren höflich. Wann immer sich die Blicke kreuzen, lächeln sie, und sei es nur mit den Augen.

Manchmal, wenn jemand etwas fragen wollte, trat er vor, hockte sich in die Mitte und fragte erst dann.

Wir trafen uns mit Scott von der Organisation »Carere« (Cambodia Area Rehabilitation and Regeneration Project – Rehabilitations- und Wiederaufbauprojekt für die Region Kambodscha), denn wir wollten eine von ihnen erbaute Schule besuchen, die Gemeinde kennen lernen und die Verhältnisse vor Ort besser verstehen.

Die Kinder hatten heute frei. Etwa 20 Gemeindemitglieder kamen in einem Klassenzimmer zusammen. Sie sprachen über die Entwicklung der Schule und den Bedarf.

Die Gemeinde ist in allen Phasen stark an der Entwicklung beteiligt. Ihr nachstes Ziel ist es, mehr Klassenräume zu bauen, damit auch mehr Kinder Unterricht bekommen.

Während unseres Zusammentreffens wurden Kokosnüsse mit einem Strohhalm vor uns gestellt. Die Dorfbewohner dankten uns für unseren Besuch und wünschten uns gute Gesundheit.

Für mich ist es ein großes Glück, dass ich dank meiner Herkunft und meines Berufs diese Schulen unterstützen kann.

Die Mittelverteilung in der Welt ist in einer Weise unausgewogen, die ich nicht begreifen kann.

Der Direktor erzählt, zum Einzugsgebiet seiner Schule gehörten zwei Dörfer mit insgesamt 1290 Einwohnern. Es gibt 590 Kinder zwischen sechs und zehn Jahren, aber nur Platz für 370 Schüler. Das heißt, 220 Kinder können die Schule nicht besuchen, einfach weil der Platz fehlt. In jeder Klasse sitzen 50 Schüler, und es gibt nur drei Klassenräume. Es wird in Schichten über den ganzen Tag verteilt unterrichtet. Von den 370 registrierten Schülern sind nur 101 Mädchen. Man sagt uns, da die Schule so überfüllt sei, behielten die meisten Familien die Mädchen zu Hause. Die Ausbildung der Jungen hat Vorrang.

Die Schule braucht fast alles. Es gibt keine Latrinen und nur einen Brunnen.

Dieser Brunnen ist sehr alt. Man befürchtet, dass das Wasser, das die Kinder trinken müssen, nicht sauber ist.

Sonntag, 22. Juli

Die Hähne haben mich geweckt. Anscheinend hat der Regen endlich aufgehört. Ich wäre sehr froh darüber, denn wir haben heute eine dreistündige Bootsfahrt nach Battambang vor uns. Aber wenn es regnet, regnet es eben.

Es ist ein Erlebnis, mit diesen Leuten von HALO und dem UNHCR zusammen zu sein. Sie nehmen so viel auf sich, um ihre Aufgabe zu erfüllen. Dabei sprechen sie ständig über die Stärke der Menschen hier und was sie alles ausstehen mussten, um zu überleben. Die Mitarbeiter dieser Organisationen sind hier, um den Flüchtlingen bei der Bewältigung enormer Schwierigkeiten zu helfen. Wenn es klappt, dann muss das für sie unbeschreiblich befriedigend sein.

Scott, den ich gestern kennen lernte, lebt seit 20 Jahren hier. Er arbeitet für Carere. Er ist mit einer Kambodschanerin verheiratet, die sich als Regierungsbeauftragte mit Frauenfragen befasst. Sie haben drei Kinder.

Scott ist für Schulbildung zuständig. Er will für mich herausfinden, wie ich ein neues Schulgebäude finanzieren kann. Er sagt, er hat den großartigsten Arbeitsplatz auf der Welt.

Diese Leute beklagen sich nie über Schwierigkeiten. Sie betonen sogar immer wieder, wie privilegiert sie sind, weil sie helfen können.

Ich habe bestimmt zehn Spinnenbisse in meinen Fußsohlen. Jedenfalls nehme ich das an, denn die Schwellung an meinen Füßen ist stärker geworden. Es sind keine Moskitostiche, aber es juckt ständig. Außerdem habe ich Ausschlag an einem Bein, den ich mir nicht erklären kann.

Die Ernährung hier ist merkwürdig. Ich bin nie richtig satt.

Manchmal strecken sich die Tage schier unendlich, und wenn wir dann zu essen bekommen, ist es nie sehr viel.

Ich schlafe auch nicht besonders gut. Wahrscheinlich liegt es daran, dass ich vom Regen durchnässt bin.

Und dennoch habe ich mich noch nie im Leben so wohl gefühlt wie jetzt. Es ist eine Auszeichnung für mich, dass ich mit diesen Menschen zusammen sein darf. Jeden Tag wird mir klarer, was für ein bevorzugtes Leben ich führen darf.

Ich hoffe, ich werde das nie vergessen und mich nie mehr beklagen. Aber Mist: Meine Füße jucken!

Die Bootsfahrt nach Battambang

Wir fahren auf einer ungeteerten Straße durch die Fischerdörfer.

Die Lebensumstände dieser Menschen sind wirklich ärmlich, und trotzdem strahlen sie so viel Positives aus. Alle arbeiten, und ihre Kinder wirken glücklich.

Einige Familien leben auf kleinen Hausbooten, andere in winzigen Hütten auf Pfählen.

Unsere Bootsfahrt führt uns durch Dörfer, und wir sehen viele Fischer.

An einem Punkt wurde das Boot schneller. Ich saß oben. Die Männer vor mir sagten mir, wo ich mich festhalten sollte.

Meine Zuneigung zu den Menschen hier wächst immer mehr. Sie haben etwas, was uns längst verloren gegangen ist. Es ist ein Gefühl für die Gemeinschaft. Es ist eine tiefe Wertschätzung für Frieden und Freiheit.

Drei Stunden später klettern wir aus dem Boot – von der Sonne verbrannt, vom Wind durchgepustet. Mao erwartet uns und holt uns mit dem Geländewagen ab. Er war schon einen Tag früher losgefahren, um rechtzeitig da zu sein. Wir unterbrachen unsere Fahrt für die Mittagspause.

Nachdem wir bestellt hatten, erklärte uns der Koch, er müsse rasch noch einkaufen, weil kein Gemüse da sei. Er ließ uns allein und fuhr mit dem Fahrrad zu einem nahe gelegenem Markt. Ich weiß nicht, warum ich das so großartig fand, aber so war es einfach.

Beim Essen fragte ich Katie, wie lange es gedauert hatte, bis sie Khmer, die Sprache der Kambodschaner, sprechen konnte. Sie sagt, sie sei erst einige Jahre im Land gewesen. Sie habe immer gut zugehört und zwischendurch auch Unterricht genommen.

Vor allem hat sie sich große Mühe gegeben. Sie betont, wie

wichtig es ist, mit den Menschen sprechen zu können. Wenn du ihre Sprache sprichst, verstehst du sehr viel besser, was sie wirklich brauchen, und du musst nicht nur raten.

Wie können wir überhaupt annehmen zu wissen, was für ein Volk gut ist, wenn unser Verhältnis zu ihm unklar ist?

Battambang

Wir besuchen »Emergency«, eine italienische Nichtregierungsorganisation.

Dieses Krankenhaus wurde für Kriegsopfer unter der Zivilbevölkerung und zur Behandlung und Rehabilitation von Minenopfern eingerichtet.

Sie haben auch eine Schule für die Kinder.

Sie unterhielten zwei solcher Einrichtungen in Afghanistan, von denen die Taliban eine geschlossen haben.

Im Klassenraum der Kinder hängen von ihnen selbst gemalte Bilder an der Wand. Sie zeigen Blumen, Schmetterlinge und zwei Selbstportraits von Kindern im Rollstuhl.

Der Arzt von Emergency, der mich herumführte, heißt Marco. Sie haben einige Blutkonserven (und brauchen ständig mehr). Im Raum ist es kalt. Das Blut wird im Kühlschrank aufbewahrt.

»Bist du empfindlich?«, fragte er. Nein. Er führt mich auf die Intensivstation.

Ich kann nur sagen: Gott sei Dank für dieses Krankenhaus und für diese Ärzte!

Ich sah mehrere Opfer von Landminen.

Ein Mann hatte mit der Hacke den Boden bearbeitet, und eine Mine explodiert direkt in sein Gesicht. Er verlor ein Auge und erlitt eine leichte Gehirnschädigung. In den vergangenen zwei Monaten haben sie versucht, sein Kinn zu richten. Er ist so froh, dass er wieder normal essen und sprechen kann.

Ein anderer Mann schien zu schlafen, aber er lag im Koma, wie man mir erklärte. Er hatte eine Kugel im Kopf.

Eine einheimische Mitarbeiterin, sie war schwanger, war durch einen Schuss getötet worden. Ihr Ehemann arbeitete ebenfalls im Krankenhaus. Er war als erster zur Stelle, als man sie brachte. Sie starb später an Blutverlust.

Es gibt hier so viele Amputierte.

Es ist gerade ein Mann da, ein Berater in Sachen Landminen, der die Amputationen überprüft. Junge Amputierte müssen regelmäßig nachuntersucht werden. Diese jungen Leute wachsen ja, und es kommt ständig zu Komplikationen.

Später führte man mich auf die Station für Frauen und Kinder.

Ein kleiner Junge hatte mit seinem Vater in einem Karren gesessen, als sie über eine Panzermine fuhren. Der Vater wurde getötet. Der Junge wurde mit vielen schweren Knochenbrüchen und starkem Blutverlust eingeliefert. Emergency machte seine Mutter ausfindig und bestellte sie zu seiner Krankenschwester.

Ich traf einen Mann namens Buu Chorm. Wir zeigten einander unsere Tattoos und erklärten, was sie bedeuten. Sein Tattoo soll Glück bringen und ihn schützen.

Er hatte ein Bein verloren. Er witzelte: »Vielleicht hätte mich ich besser tätowieren lassen sollen.«

Ich fragte einige Ärzte, was sie am dringendsten brauchen. Ich bekam immer dieselbe Antwort: Sie brauchen neue Straßen zum Krankenhaus. Viele Organisationen versuchen, in diesem Sinne zu helfen, aber eine zweispurige Asphaltstraße kostet pro Kilometer mehr als eine Million US-Dollar.

Heute Morgen beklagte ich mich über meine juckenden Füße. Heute Nachmittag habe ich einen Mann getroffen, der sein Bein verloren hat. Er grüßte mich mit einem Lächeln und alberte mit seinem Arzt herum. Er fand die Kraft, uns Besuchern als offenherziger Gastgeber zu begegnen.

Samlot

Wir fahren zum UNHCR-Büro, wo wir in den nächsten Wochen unterkommen werden. In der Repatriierungsphase war das UNHCR stark engagiert. Jetzt sind diese Menschen keine Flüchtlinge mehr, und deshalb ist das Hauptbüro aufgelöst. Wir nutzen einen Raum im Action Nord Sud (ANS).

Ein Mann führte uns in einen Raum mit drei Pritschenbetten. Moskitonetze waren an die Wände genagelt. In dem kleinen Badezimmer stand ein großer Behälter und darin eine kleine Zinnschüssel, mit der man eine »Elefantendusche« nehmen kann.

Montag, 23. Juli

Es ist ungefähr sieben Uhr morgens. Hähne krähen und sehr heiße Sonnenstrahlen haben uns geweckt. Während ich dies schreibe, pflücken Mimi und Ravut Früchte von einem Baum. Sie müssen hochspringen, um an die Äste zu kommen.

Wir machen uns früh auf den Weg zum Samlot-Zentrum für gesundheitliche Notfälle. Das Zentrum wurde 1999 errichtet. Das war unmittelbar nach Kriegsende in diesem Gebiet.

Damals, 1999, war dieses Gebiet stark vermint. Viele Menschen fanden dadurch den Tod.

2001 wurden zehn weitere Gesundheitszentren eingerichtet.

Sie sind immer noch nicht ausreichend ausgestattet, um schweren Notfällen zu begegnen. Immer noch müssten Verletzte aus Battambang verlegt werden, aber die Straßen sind fast unbefahrbar. Manchmal rutschen sie vollständig ab.

Monat für Monat suchen rund 1500 Menschen das Zentrum wegen Malaria auf.

Der Leiter der Notfallstation sagte mir: »Wir können nur so wenig geben – manchmal nur unser Mitgefühl.«

Ich besuchte eine Malaria- und eine Tuberkulosestation. Während der bewaffneten Auseinandersetzungen wurden die Menschen nicht gegen Polio geimpft.

Inzwischen gibt es endlich Impfstoffe, und die Kinder werden zum Impfen ins Zentrum gebracht.

Wir fahren weiter zu unserem nächsten Treffpunkt. Jetzt erst bemerke ich die Schilder am Straßenrand. Dort steht: »Lebensgefahr – Minen«. Darunter ein Schädel mit gekreuzten Knochen.

Über weite Strecken ist dieses Land noch nicht von Minen geräumt.

Wir werden gewarnt: Bleibt immer auf den Wegen oder folgt den Fußspuren einer Person vor euch. Es ist gefährlich herumzustreifen, auch wenn keine Warnschilder aufgestellt sind.

Alle 22 Minuten wird irgendwo auf der Welt ein Mensch durch eine Landmine getötet oder verstümmelt.

Wir besuchen ein Förderzentrum für Kinder.

Hier konzentriert man sich auf Kinder, die Krieg und bewaffnete Auseinandersetzungen durchlebt haben.

Besonderer Wert wird auf Zeit zum Spielen gelegt. Hier werden nicht nur die Grundlagen der Schulbildung gelegt, man fördert auch Sport und Tanz.

Wir verbrachten einige Zeit bei den Kindern. Mao und Ravut spielten Fußball mit ihnen. Katie und ich bauten aus Holzstücken ein Haus. Wir spielten Fangen mit einem kleinen Jungen, der sein eigenes Haus baute. Wir verloren.

Einige der Kinder haben helles Haar – ein Zeichen für Unterernährung.

Ein kleiner Junge mit einem Klumpfuß spielte mit einem alten Fußball.

Die einzigen Spielzeuge, die ich bemerkte, waren Holzstücke und zwei alte Fußbälle, und trotzdem schienen alle Kinder dankbar, dass sie so etwas zum Spielen hatten.

Einige Kinder trugen UNHCR-Rucksäcke, die vor mehr als einem Jahr verteilt worden waren. Ich glaube, sie tragen sie auch beim Spielen, weil sie ihre Habseligkeiten immer bei sich haben wollen. Wahrscheinlich haben sie Angst, wieder einmal alles zu verlieren.

Während ich dies schreibe, bin ich von 15 Kleinen umringt. Neugierig beobachten sie mich. Sie lächeln und kichern. Wundern sie sich über meine helle Hautfarbe, mein Tattoo, mein sauberes, weißes T-Shirt, meine hellen Augen? Beäugen sie mich und lächeln, weil ich Linkshänderin bin? Eigentlich, so glaube ich, bin ich einfach eine willkommene Unterhaltung, denn ich bin eine neue Besucherin, und sie sind normale, neugierige Kinder.

Wir fuhren weiter zu einem anderen Dorf, und ich lernte einheimische Mitarbeiter des staatlichen Samlot-Gesundheitsdienstes kennen. Sie sind von Emergency als Impfpersonal ausgebildet worden.

Zu Mittag gab es Reis, Fleisch und ein merkwürdiges Obst mit rot-grünen Stängeln.

Mimi fühlt sich nicht wohl. Ich bin für einige Minuten eingeschlafen. Auch mir geht es nicht wirklich gut. Sobald hier jemand kränkelt, wird nach allen möglichen Symptomen gefragt. Wahrscheinlich wird damit auf Malaria oder andere bedenkliche Krankheiten geprüft.

In meinem Falle ist es einfach Müdigkeit, glaube ich. Ich bin derart lange Arbeitstage nicht gewöhnt. Das steigert meine Hochachtung vor diesen Leuten natürlich noch mehr.

Wir trafen uns mit Sarath, dem Leiter von Cambodian Vision in Development (CVD – Kambodschanische Entwicklungsperspektive). Sie unterstützen die am stärksten verunsicherten Heimkehrer und Binnenflüchtlinge. Sie bemühen sich, diesen Menschen Hilfe zur Selbsthilfe zu geben.

Während wir bei CVD waren, bemerkte ich einen blinden, einarmigen Mann. Er arbeitete im Garten. Irgendwann deutete er auf seine Hütte. Ein anderer Mann kam herbei und führte ihn. Diesem Mann fehlten beide Arme, aber konnte sehen. Die beiden Männer arbeiteten zusammen. Die Behinderten oder anderweitig »Beeinträchtigten« treten für einander ein und helfen sich gegenseitig.

Der Mann ohne Arme hatte sechs Kinder, die von ihm abhängig waren. Er erzählte, wie wenig Reis er anbauen kann. Er hat so ein feines Gesicht.

Als er auf sein Land zurückkam, von dem er hatte fliehen müssen – er hatte mehr als acht Jahre in Thailand verbracht – versuchte er, neu anzufangen und seiner Familie ein Obdach zu schaffen. Während er den Boden bearbeitete, explodierte eine Landmine.

Sein Sohn, ein sehr kleiner Junge mir großen, braunen Augen, umklammert die Schultern des Vaters. Sein Vater lehnt sich gegen ihn und lächelt. Nur drei seiner Kinder können die Schule besuchen, mehr kann er sich nicht leisten. Schulbildung kostet 1500 Riels pro Kind. Das entspricht 30 Cent in amerikanischem Geld.

Während er erzählt, schreibe ich. Ich konzentriere mich auf meinen Schreibblock, denn ich kann die Tränen kaum zurückhalten. Er soll mein Mitleid nicht merken. Ich will auch nicht, dass ihm seine Situation und sein Zustand peinlich sind.

Er lächelt mich an und verabschiedet sich. Er spricht zu mir. Man übersetzt: »Ich kann jetzt nicht mehr so gut sprechen. Die Sorgen schwächen den Geist.«

Nach dem Völkermord in Ruanda im Jahr 1994 strömten innerhalb von 24 Stunden mehr als 250 000 Ruander nach Tansania. UNHCR / P. MOUMTZIS

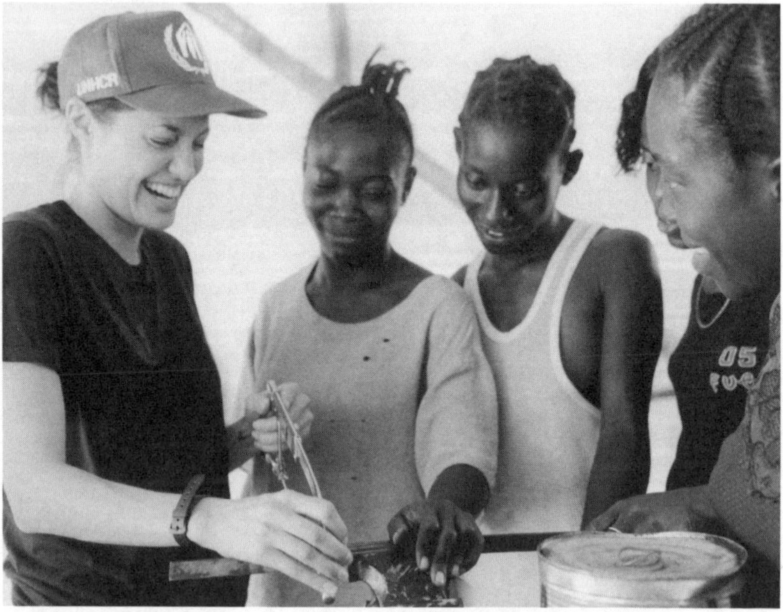

Ein Handwerksworkshop mit jungen Flüchtlingsfrauen, die zu den Tausenden Opfern von Verfolgung, Gewalt und Krieg in Sierra Leone gehören. UNHCR / L. TAYLOR

Heimkehrende Kinder im Übergangslager Waterloo, in der Nähe von Freetown. UNHCR / L. TAYLOR

Kinder aus Sierra Leone. Sie hatten als Flüchtlinge in Guinea gelebt. Sie übernachten im Übergangslager Jui, bevor die Reise nach Hause weitergeht. Im Lager bekommen sie eine Mahlzeit. UNHCR / L. TAYLOR

Essenausgabe für Rückkehrer nach Sierra Leone im Übergangslager Jui in der Nähe von Freetown. UNHCR / L. TAYLOR

Das Schiff Fanta legt in Freetown an. Es bringt Heimkehrer aus Guinea nach Sierra Leone zurück. UNHCR / L. TAYLOR

Unterkünfte für Rückkehrer im Übergangslager Jui in der Nähe von Freetown. UNHCR / L. TAYLOR

Sierra Leoneser Rückkehrer aus Guinea übernachten im Übergangslager Waterloo in der Nähe von Freetown. UNHCR / L. TAYLOR

Sierra Leoneser Rückkehrer aus Guinea sind von Bord der Fanta gegangen. Im Hafen von Freetown warten sie auf die Registrierung. UNHCR / L. TAYLOR

Schulkinder in einer vom UNHCR erbauten Schule in Samlot.
UNHCR / M.N. LITTLE

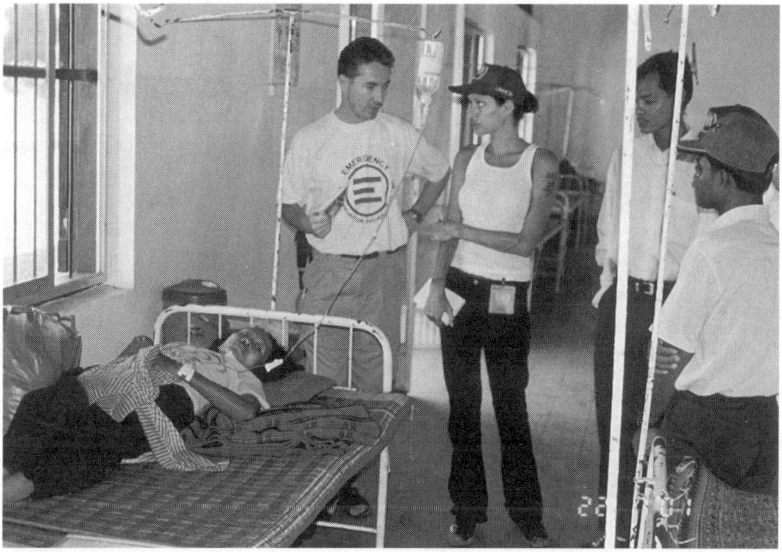

Einblicke in die medizinische Situation in der Notfallklinik in Samlot.
UNHCR / M.N. LITTLE

Ein Mitarbeiter einer NGO, des HALO Trust, informiert über Minenräumarbeiten im Bezirk An Long Veng. In 68 Ländern liegen mehr als 110 Millionen aktive Minen im Boden. UNHCR / M.N. LITTLE

Frauen und Kinder holen Wasser an einer vom UNHCR angelegten Wasserstelle in An Long Veng. UNHCR / M.N. LITTLE

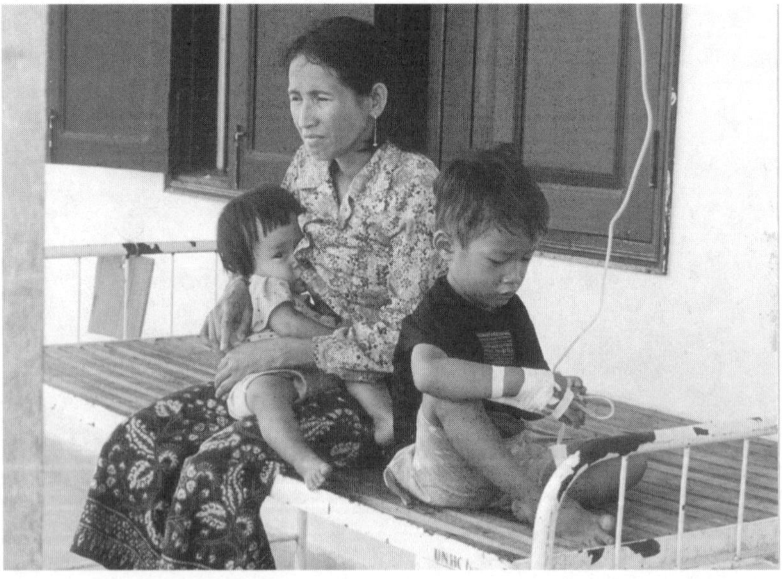

Eine Mutter mit ihren Kindern in der Notfallklinik in Samlot. Der Junge wird gegen Malaria behandelt. UNHCR / M.N. LITTLE

Ein Schulmädchen in einer vom UNHCR für die Heimkehrer in Samlot erbauten Schule. UNHCR / M.N. LITTLE

Schulsport im Freien vor einer vom UNHCR für Rückkehrer erbauten Schule in Samlot. UNHCR / M.N. LITTLE

In einer Schule für afghanische Flüchtlingskinder in Loralai.
UNHCR / S. HOPPER

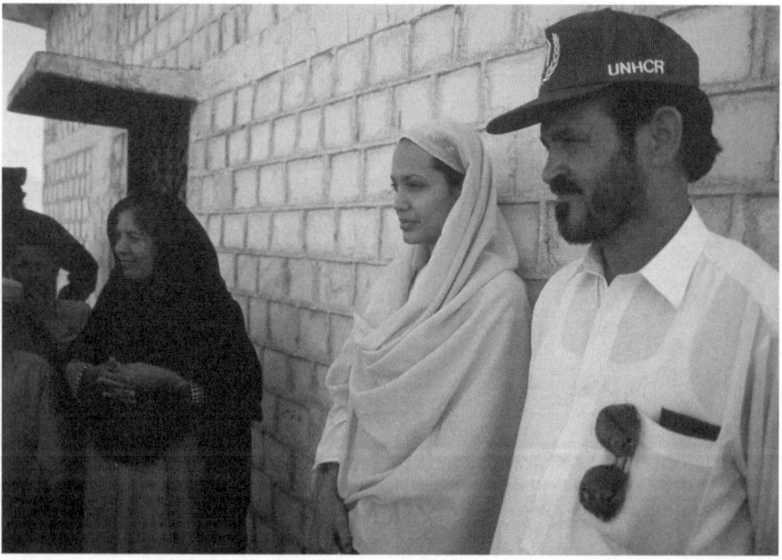

Afghanische Flüchtlinge zeigen, wie die Wasserpumpe im Lager Zar Karaz II in Loralai, Pakistan funktioniert. Wir sehen zu. UNHCR / S. HOPPER

Gerade in Jalozai, Pakistan, eingetroffene afghanische Flüchtlinge tragen ihre Sorgen vor. Im August 2001 beherbergte Pakistan über 2 Millionen Flüchtlinge. Viele von ihnen sind inzwischen nach Afghanistan zurückgekehrt. UNHCR / S. HOPPER

Mit UNHCR-Mitarbeitern in einem Lager für afghanische Flüchtlinge in Peshawar, Pakistan. UNHCR / S. HOPPER

Im Gespräch mit Teilnehmern des Programms „Kinder unterrichten Kinder“ im Lager Nasir Bagh, Pakistan, für afghanische Flüchtlinge. UNHCR / S. HOPPER

Zu Besuch im Flüchtlingsdorf Saranan in Pakistan. UNHCR / S. HOPPER

Besuch einer Schule für afghanische Flüchtlinge außerhalb von Quetta, Pakistan. Sie wird von „Save the Children“ geleitet. UNHCR / S. HOPPER

Besuch in einem afghanischen Flüchtlingsdorf außerhalb von Quetta, Pakistan. UNHCR / S. HOPPER

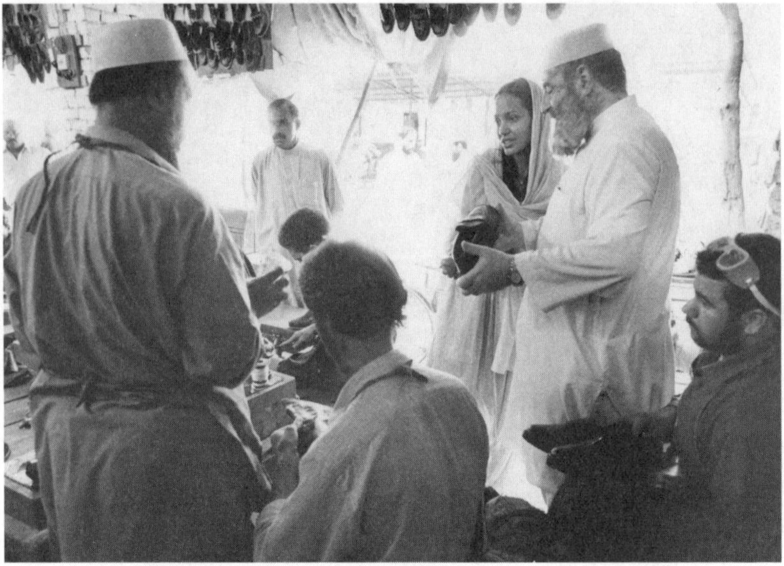

Im Gespräch mit Flüchtlingen und UNHCR-Mitarbeitern im Berufsbildungszentrum Jamaluddin in Peshawar, Pakistan. UNHCR / S. HOPPER / 08 2001

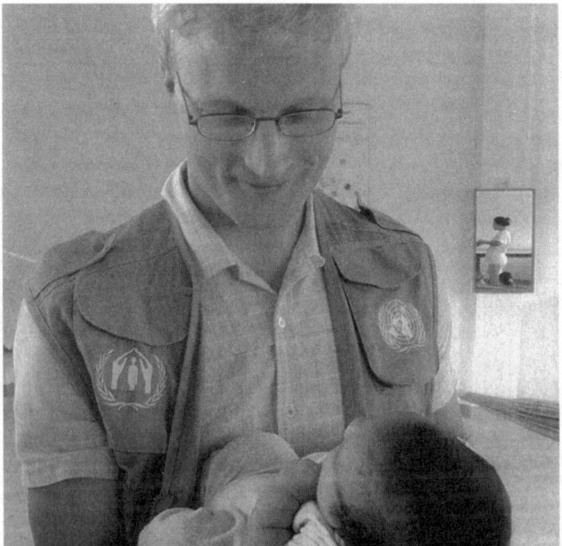

Ein UNHCR-Mitarbeiter hält das Kind kolumbianischer Flüchtlinge im Arm. Sie wohnen in einer Unterkunft für Flüchtlingsfamilien. UNHCR / L. BOSCARDI

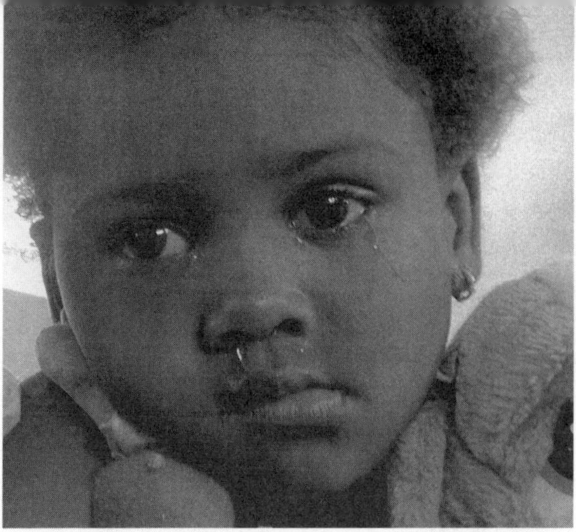

Ein kolumbianisches Flüchtlingskind in Ecuador. Die langjährigen bewaffneten Auseinandersetzungen in Kolumbien haben Tausende von Menschenleben gekostet und mehr als 1,5 Millionen Menschen zu Flüchtlingen gemacht. Tausende sind in die Nachbarländer Venezuela, Panama und Ecuador geflohen.
UNHCR / L. BOSCARDI

Ein kolumbianischer Flüchtling arbeitet in einer Schreinerwerkstatt in Ecuador, die vom UNHCR unterstützt wird. UNHCR / L. BOSCARDI

Heimkehr nach Kambodscha, April 2003. HOLLY GOLINE

Bei unserem zweiten Halt sehen wir einen Mann ohne Beine vor uns, der im Feld arbeitet. Er nimmt seinen Hut ab und grüßt uns mit einem Lächeln. Er fährt mit einem Ochsenkarren zur Arbeit. Ich erkundige mich, ob er Kinder hat. Er deutet auf den versehrten unteren Teil seines Körpers. Es hatte ihn buchstäblich in zwei Teile gerissen. Er lächelt, als ob er sagen wollte – schon in Ordnung. Deine Frage muss dir nicht unangenehm sein.

Wir gingen weiter ins Feld hinein. Wir trafen auf einen blinden Mann, dem beide Arme ab den Ellenbogen fehlten. Er benutzt seine Füße, um den Boden zu bearbeiten. Seine Frau leidet unter psychischen Problemen. Sie verließ ihn und nahm das Baby mit. Sie ließ fünf Kinder bei ihm zurück. Freiwillige müssen ihm helfen und für seine Familie kochen. Zum Fischen setzt er den Mund ein, wann immer es möglich ist. Der Überlebenswille dieser Menschen ist überwältigend.

Dieser Mann ist in Begleitung eines Kindes. Der Junge sieht aus wie ein Fünfjähriger, dabei ist er neun Jahre alt. Er kann nicht zur Schule gehen. Er ist das Auge seines Vaters. Allein in dieser Gegen gibt es 800 ähnliche Fälle. Fast alle sind sie Opfer von Landminen.

Ich empfinde Hass gegen jeden (Individuum oder Staat), der die Ächtung der Landminen aufheben will.

Wir gehen zum Auto zurück und fahren in das nächste Gebiet. Ravut fragt, ob die Hausgärten von Minen geräumt sind? Nein, lautet die Antwort, aber dieses Gebiet gilt als sicher, weil dort nichts explodiert ist.

Die meisten Leser werden jetzt sagen: »Warum werden die Minen nicht herausgeholt? Und wenn das nicht geht, warum leben die Leute da?« Die Leute haben keine Wahl.

Der Krieg hat überall getobt. Es war unmöglich, das gesamte Gebiet rechtzeitig zu räumen. Es gab nicht genug Geld und nicht genug Zeit. Am wichtigsten ist, dass so etwas nie wieder passiert. Der Einsatz und die Herstellung von Landminen sollten geächtet werden. Ich hoffe, dass Menschen, die dies lesen, helfen wollen.

Man erzählte mir von einem anderen kritischen Fall, von einem Mann ohne Beine, der zwei Töchter hat. Wir konnten diese Familie nicht besuchen, denn die Straßen sind durch den Regen aufgeweicht – und die Regenzeit hatte gerade erst begonnen.

Diese Menschen können nur beten, dass sich kein Notfall ereignet, denn es gäbe keine Möglichkeit, ihnen zu helfen.

Jemand fragte einen der Männer in unserem Auto. »Warst du einmal Flüchtling?« Er lächelte. »Ja.« Er kann sicher sein, in dieser Gruppe darf er stolz sein und wird geachtet. Er erzählt, er habe von 1989 bis 1992 in einem Lager gelebt – in Thailand, Lager 2.

Ravut sagt, er sei auch in Lager 2 gewesen, Mao auch. Ungefähr 120 000 Menschen haben dort gelebt.

Die UN-Organisation für grenznahe Hilfe hatte diesem Flüchtlingslager die Bezeichnung »Lager 2« gegeben. Dieses Flüchtlingslager war die größte kambodschanische Ansiedlung außerhalb von Phnom Penh. Die Menschen suchten dort während der Herrschaft von Pol Pot und der Roten Khmer Zuflucht. Das Lager erstreckte sich über weniger als vier Quadratmeilen und beherbergte 220 000 Kambodschaner. Lager 2 war in ganz Thailand das am dichtesten bevölkerte Camp.

6 Uhr abends

Wir besuchen Abendschulklassen in diesem Gebiet.

Am frühen Abend bietet Nord Sur Alphabetisierungsklassen für Erwachsene an. Eine davon haben wir besucht. Anne, eine Französin, führt uns herum. Sie leitet diese NGO. ANS finanziert 26 Lehrer in mehr als zehn Schulen.

Die UNESCO, die UN-Organisation für Bildung, Wissenschaft und Kultur, führte eine Untersuchung durch und erstellte danach ein Curriculum.

UNICEF, der Fonds der Vereinten Nationen für Kinder, unterstützte die Ausbildung und half beim Verfassen und Verteilen von Lehrbüchern.

Hier arbeiten überwiegend Frauen als Lehrkräfte. Unterricht wird abends erteilt. Die Mütter bringen ihre Kinder mit. Die Kinder tummeln sich überall.

Heute Abend wird Leseunterricht gegeben. Der Text enthält nützliche Informationen für das Leben dieser Frauen. Sie wiederholen, was die Lehrerin ihnen in ihrer Sprache vorliest. Sie haben Furchtbares durchgemacht, aber sie sind doch ein Kulturvolk.

Man erklärt mir, dass sie etwas über Naturmedizin erfahren und dass diese den chemischen Arzneimitteln vorzuziehen sei.

Abendessen

Es gab Reis, Fleisch und Bananen.

Die Männer erzählten ein wenig aus ihrer »Pol Pot-Zeit« zwischen 1975 und 1979.

Als sie im Lager lebten, lernten sie Englisch und vertieften sich in die Grammatik der Sprache. Sie konnten mir sogar den Unterschied zwischen »wie viel« und »wie viele« erklären. In Grammatik war ich nie gut. Als meine Lehrer wären sie großartig gewesen.

Ravut erzählte uns, wie er seine Frau kennen lernte. Sie heirateten in einem Lager. Sie arbeitet jetzt für die amerikanische Botschaft. Sie haben zwei Kinder, zehn und fünf Jahre alt.

Plötzlich sah ich zum Himmel auf. Die Sterne schienen hell und klar. Der Mond war eine Sichel. Sie steht aber nicht fast senkrecht, sondern sie liegt beinahe auf dem Rücken.

Dienstag, 24. Juli

Es ist jetzt 7 Uhr morgens. Wir sind alle schon eine Weile wach. Es ist etwas Besonderes, wenn man früh morgens aufsteht und erlebt, wie ein neuer Tag beginnt.

Wir haben gerade gefrühstückt. Es gab Nescafé, Reis, getrocknetes Fleisch und Fisch. Es schmeckte wie fettiges Rindfleisch und Dörrfisch.

Ich notiere das nicht, weil ich undankbar bin, sondern weil ich meine, dass es etwas über diese bewundernswerten Außendienstler sagt. Sie alle leben monatelang in diesem Gebiet. Sie leben ohne die Annehmlichkeiten, die man zu Hause hat – nicht zuletzt ist das eine funktionierende Dusche.

Ich habe heute Morgen wieder eine »Elefantendusche« genommen. Ich habe es noch immer nicht raus, mich richtig mit Wasser zu überschütten, und ich will auch nicht so viel Wasser vergeuden. Gestern wollte ich einen Eiswürfel aus meinem Glas werfen, aber Ravut griff ein: »Eis ist hier sehr teuer. Gib es in die Küche zurück.«

Als erstes besuchten wir heute eine Schule.

Als die Flüchtlinge zurückkehrten, gab es weder Lehrer noch Schulen. Viele Jahre lang gab es für diese Menschen wenig oder gar keine Schulbildung.

Man begann sofort mit der Lehrerausbildung, damit bald wieder Unterricht erteilt werden konnte.

Action Nord Sud und das UNHCR mussten erblich Druck ausüben, damit diese »on the job« ausgebildeten Lehrer ihr Zertifikat erhielten. Diese Männer und Frauen sind weniger gut qualifiziert als die Lehrer in anderen Gebieten, aber sie sind jetzt anerkannt, und sie werden demnächst auch bezahlt. Das Gehalt ist sehr niedrig, aber immerhin etwas.

Die Kinder in der Schule sind sechs oder sieben Jahre alt. Kinder sind überall auf der Welt gleich. Sie sind schön.

Es ist wunderbar, sie hier beim Lernen zu sehen, vor allem, weil sie ihre eigene Sprache und ihre eigene Kultur erwerben.

Eine der Lehrerinnen, die wir heute Vormittag vor einem Klassenzimmer voller Kinder erleben, haben wir gestern Abend beim Unterricht mit Erwachsenen gesehen.

Eine Lehrerin rief etwas auf Khmer, und alle Kinder liefen lächelnd und kichernd aus den drei Klassenzimmern ins Freie.

Sie stellten sich ordentlich auf, und dann begann der Frühsport.

Ravut, Mimi, Mao, Anne von ANS und Sarath vom CVD und ich stellten uns dazu.

Die Kinder sind bei diesen Übungen sehr gut koordiniert und diszipliniert.

Wir dagegen wissen nicht, wo vorn und hinten ist: Wir drehen uns in die falsche Richtung und verhaken uns mit den Armen.

Die meisten Kinder lachen. Einige sind schüchtern und beobachten uns heimlich und verstohlen. Ihre Köpfe sind gesenkt. Vielleicht verbergen sie ein Lächeln. Ich weiß es nicht.

Ihre Augen strahlen. Sie sind wohl glücklich.

Es tat gut, sie so glücklich zu sehen. Die meisten Kinderfotos aus den vergangenen Jahren zeigten sie traurig und niedergedrückt. Wir kennen sie nur weinend und hungrig und mit dem Ausdruck von Hoffnungslosigkeit in den Augen.

An diesem Vormittag spielte ich mit den Kindern, inmitten von üppig grünen Bäumen und unter einem wundervollen, blauen Himmel vor einer Schule, errichtet von Menschen, denen sie am Herzen liegen. Es war traumhaft.

Das Haar eines kleinen Jungen weht im Wind. Er blinzelt. Die Sonne blendet ihn. Er fängt meinen Blick auf und versteckt sich hinter einem Freund. Von dort lugt er hervor. Ich kann ein Lächeln nicht unterdrücken.

Jetzt müssen wir Kreise bilden. Die Kinder stimmen ein

Lied an. Ich verstehe den Text nicht, aber es klingt wunderschön. Später erzählt man mir, was sie gesungen haben: »Das Land ist schön. Du musst es pflegen. Es ist gut zu uns. Aber es ist nicht sicher. Achte auf gefährliche Minen. Wenn du eine siehst, fass' sie nicht an.«

Von einer anderen Stelle klingt Musik zu uns herüber. Wir gehen dorthin. Eine Tanzklasse übt im Freien.

Die Kinder tragen alle Flip-Flops. Manche sind knapp zehn Zentimeter lang.

Nachdem wir eine Weile mit den Kindern gespielt hatten, kamen sie näher. Sie verloren ihre Scheu. Offenbar fühlten sie sich sicher.

In der zweiten Schule sitzen die Kinder in den Klassenräumen. Als wir näher kommen, hören wir, wie sie laut wiederholen, was der Lehrer ihnen vorspricht. Der Lehrer ist amputiert. Er hat nur ein Bein und benutzt Krücken, wenn er zur Tafel geht, um etwas anzuschreiben.

Man sagt mir, 29 der 69 Lehrer seien behindert. Trotzdem sind alle froh, dass nach allem, was passiert ist, Unterricht gegeben werden kann.

Jemand berichtet, in Samlot lägen immer noch 100 Minen im Boden.

Eine Lehrerin kommt langsam auf uns zu. Sie lächelt. Sie reicht Anne ein Blatt Papier. An einem Fuß trägt sie eine Sandale. Ihr zweiter Fuß ist aus Holz. Es gibt hier so viele amputierte Menschen und so viele Minenopfer, dass es geradezu normal erscheint. Es gehört hier einfach zum Alltag.

Auf das Blatt Papier hat die Lehrerin einen Antrag auf eine kleine Bibliothek geschrieben. Es gibt nur so wenige Lehrbücher und keine Büchereien.

In einem Raum lernen die Kinder das Zählen mithilfe von Pflanzenbündeln.

Ich beobachte, wie einer der Lehrer in sein Klassenzimmer zurückgeht. Offenbar bereitet seine Beinprothese ihm Beschwerden. Könnt ihr euch vorstellen, wie man den ganzen Tag lang und manchmal auch noch abends steht, und das immer auf einer Beinprothese?

Mir ist heiß, ich fühle mich unwohl und bin doch erst seit wenigen Stunden unterwegs. Diese Lehrer gehen täglich viele Kilometer bis zur Schule. Die Straßen sind sehr schlecht.

Auch die Gesundheitsversorgung ist dürftig. Besonders schwierig und teuer ist es, Prothesen für Gliedmaßen zu bekommen. Außerdem müssen sie alle paar Jahre ausgewechselt werden. Selbst wenn sie schlecht angepasst und nur grob aus Holz gefertigt sind, stellen sie einen Luxus dar.

In anderen Gebieten, zum Beispiel in Phnom Penh, ist die Versorgung besser, aber leicht oder angenehm ist es nie, so zu leben. Und diese Menschen leiden schon so lange.

Die Rückfahrt nach Battambang dauert acht Stunden.

Battambang, Dienstagabend

Mimi und ich trafen mit Bischof Enrique Figaredo S. J., einem Jesuitenpater, zusammen. Alle nennen ihn »Vater Kike«. Er ist Bischof von Battambang.

Er war 1984 in den Lagern in Thailand und half den kambodschanischen Flüchtlingen. Nach Kambodscha kam er 1988.

Er arbeitet überwiegend mit Landminenopfern, unterstützt aber auch Poliopatienten.

Er ist sehr liebenswürdig und charmant.

Vater Kike trägt ein blau kariertes, kurzärmeliges Hemd. Auf die Brusttasche ist die Friedenstaube genäht. Stolz deutet er auf den kleinen Vogel:

»Das hat ein kleines Mädchen für mich gemacht.«

In den Lagern hatte er die Aufgabe, Programme für die Behinderten zu organisieren. Unermüdlich brachte er ihnen nützliche Fertigkeit für die Zeit ihrer Rückkehr bei. Er scherzt darüber, wie die Jahre verstrichen. »Zehn Jahre später hatten sie endlich das eine oder andere gelernt.«

Wir gingen in ein kleines Restaurant. Es gab Eiscreme. Das war aufregend.

Vater Kike und ich bestellten und Chocolate Chip-Eiscreme. Bald wird er nach Nicaragua fliegen und an einer Konferenz der Unterzeichner eines Abkommens zur Ächtung der Landminen teilnehmen. Er meint, ich könnte Emergency aufsuchen und mir ansehen, was da gemacht wird.

Sie kümmern sich schwerpunktmäßig um die Opfer von Landminen. Er sagte: »Inmitten der schrecklichsten Orte geschieht Gutes.«

Er erzählte mir von einem kleinen Mädchen, das ein Bein verlor, während es dem Vater bei der Landarbeit half.

Als Vater Kike von diesem Mädchen erzählt, in seinem Spanischen gefärbten Englisch, setzt er hinzu: »Ist schrecklich. Macht weinen.«

Vater Kike, Mimi und ich unterhalten uns darüber, wie er von seiner Ernennung zum Bischof erfuhr. Er sagte: »Ich bekam einen Anruf aus Rom und dachte schon, ich hätte einen Fehler gemacht.«

Dann fuhr er fort: »Ich glaube, das Leben spielt sich nicht nur in der Kirche ab. Gott ist überall und in allen Geschöpfen.«

Er setzte hinzu: »Ich tanze gern, sehr gern sogar. Ich lasse die traditionellen kambodschanischen Tänze in der Kirche tanzen.«

Vater Kike ist ein wunderbarer Priester. Wenn man ihn nach seinem Leben fragt, antwortet er sehr bescheiden.

Er erzählt von einem Mann, den wir kennen lernen sollten. »Er spricht kein Englisch, aber Sie werden sehen, was er tut. Sie sehen seine Familie, sein Leben. Er fühlt mit dem Herzen, und so ist es am besten. Man sollte alles mit dem Herzen tun.«

Er missioniert nicht. Seiner Meinung nach haben die Kambodschaner einen wunderbaren Glauben.

1984 wurde ein anderer Erzbischof getötet. Vater Kike hatte Angst, als er ernannt wurde. Er glaubte, ihm stünde dasselbe Schicksal bevor.

Vater Kike erzählt von einem Lehrer, dem die Arme ab den Ellenbogen fehlen. Er kreuzt die Oberarme und klemmt ein Kreidestück dazwischen, und so kann er schreiben.

Vater Kike lächelt stolz, wenn er von diesem Mann erzählt: »Einfach großartig. Die Menschen hier sind so sanftmütig. Es ist leicht, sie zu lieben.«

Ich verstehe sehr gut, weshalb die Menschen hier Vater Kike lieben. Sie wissen auch, dass sie keine Katholiken sein müssen. Sie können auch so in seiner Kirche um Hilfe bitten.

Mimi und ich übernachten heute in einem Hotel. Wir gehen auf unsere Zimmer. Im Hotel hängen Schilder mit der Aufschrift:

Keine Waffen
Kein Durian

(Durian ist eine stark nach Käse riechende Frucht).

Am Vormittag hatten wir auf dem Markt Durian eingekauft. Mao, Ravut, Marie-Noelle und ich saßen auf kleinen Plastikhockern und aßen sie. Mao probierte. Sie schmeckten ihm großartig, wie den meisten Kambodschanern. Er fand sie cremig. Ich frage mich, woher er wusste, ob die Frucht reif war.

Als wir abends ins Hotel zurückkamen und die Treppe zu unseren Zimmern hinaufgingen, roch es im Treppenhaus nach Durian. Irgendjemand hatte Früchte ins Haus geschmuggelt. Wir mussten lachen.

Mittwoch, 25. Juli, 7 Uhr morgens

Im Hotel gibt es kein Telefon, aber die Mobiltelefone funktionieren. Endlich bekommen wir Nachrichten. Wir tranken schnell einen Kaffee. Die Milch ist stark konzentriert und schmeckt wie süßer Sirup.

Ich glaube. Inzwischen mag ich das.

Wir fuhren zum Flughafen. Unser Flugzeug nach Phnom Penh sollte um 8:30 Uhr starten.

Als erstes sollten wir uns dort mit Scott und Joanne von Carere treffen.

Sie hatten die Planung zum Bau neuer Schulen vorbereitet.

Dann lernte ich den Erziehungsminister und den stellvertretenden Premierminister kennen. Er ist den Vereinten Nationen und allen NGOs dankbar, aber er betont, wie wichtig es ist, dass alle zusammenarbeiten. Er ist der festen Überzeugung, der Schwerpunkt müsse auf gleichen Bildungschancen für Arm und Reich, für Mädchen und Jungen liegen.

Es gibt noch so viel zu tun. Sie brauchen von der internationalen Gemeinschaft so viel Unterstützung wie möglich.

Wir besuchten das Veterans International Rehabilitation Center (Internationales Rehabilitationszentrum für Kriegsveteranen), das 1991 eröffnet worden ist.

Luong ist Sprecherin der Kampagne für eine Welt ohne Landminen, die zur Stiftung Amerikanischer Vietnam-Veteranen gehört. Sie empfing uns an der Tür und machte uns mit Larry bekannt. Er ist Amerikaner, lebt aber hier und leitet dieses Zentrum. Er hat zwei kambodschanische Kinder adoptiert. Sie sind zauberhaft. Ein Mädchen und ein kleiner Junge. Sie nahmen an unserer Sitzung teil.

Fakten

Laut Schätzungen des US-Außenministeriums liegen weltweit 60 bis 70 Millionen Landminen im Boden. Ein Drittel der Völker der Welt ist davon betroffen.

Um der Zivilbevölkerung Schaden zuzufügen, platzieren die Kämpfer die Landminen oft an Straßenrändern, in der Nähe von Schulen und in landwirtschaftlich genutzten Flächen.
Das übergeordnete Ziel des Rehabilitationszentrums:

»Den Überlebenden des Krieges – eine Chance, den Frieden zu überleben.«

Heute Nachmittag stieß Kent Wiedemann, US-Botschafter in Kambodscha, im Rehabilitationszentrum zu uns. Er erzählt mir, das US-Militär werde jetzt dazu ausgebildet, Traumaopfern zu helfen.

In Gruppen von sechs oder sieben Ärzten und Pflegekräften sind sie zum Lernen hier. Sie sprechen in Abkürzungen:

»UK« heißt: unterhalb des Knies.

»OK« heißt: oberhalb des Knies.

UK-Prothesen sind einfacher anzufertigen.

Larry sagt: »Mein Sohn ist ein UK.« Erst da fällt mir auf, dass in den Turnschuhen, die der kleine Junge trägt, ein hölzerner Fuß steckt.

Im Zentrum der Klinik liegt eine kleine Werkstatt, in der Prothesen angefertigt werden. UKs kosten 150 US-Dollar, OKs ungefähr 200.

Für Armamputierte gibt es Haken als Handersatz oder hölzerne Hände.

Ich beobachtete Männer, denen kürzlich eine Beinprothese angepasst worden war, wie sie versuchten, einen Fußball zu treten.

Eine Dreijährige hatte ihr Bein durch eine Infektion verloren. Solange ihre Knochen wachsen, muss sie in regelmäßigen Abständen untersucht werden, damit ihr eine dem Wachstum angemessene Prothese angepasst werden kann.

Ich traf zwei durch Landminen Erblindete, die im Zentrum helfen, Prothesen zu fertigen und Speichen in die Räder von Rollstühlen einzupassen.

Die Rollstühle werden kostenlos abgegeben.

Es gibt sogar Gehwagen für kleine Amputierte.

Das Welternährungsprogramm (World Food Program – WFP) hilft durch Nahrungsmittelspenden. Sie unterhalten ein tägliches Verteilungsprogramm im Außendienst.

Immer müssen Straßen repariert und Rampen gebaut werden.

Mit 3 Millionen US-Dollar im Jahr finanzieren die USA Minensuch-Organisationen wie HALO, MAG (Mines Advisory Group – Beratergruppe für Minen) und CMAC (Cambodian Mine Action Center – Kambodschanisches Aktionszentrum für Minen). Eine Million Dollar pro Jahr geben sie für Rehabilitationsprojekte aus.

Kambodscha gehört zu den zehn ärmsten Ländern der Welt. In Asien hat es die höchste Kindersterblichkeit durch AIDS.

Ich glaube, dem US-Botschafter geht es wirklich um alle die Menschen hier. Aus ganzem Herzen möchte er die Unterstützung fortsetzen, um die Armut zu überwinden.

Später am Nachmittag besuchten Ravut, Mao, Mimi und ich Tuul Sleng, die Gedenkstätte für den Völkermord. Früher einmal war es eine Schule. Pol Pot machte daraus ein Gefängnis und nannte es »5-21«.

Es ist das ehemalige Gefängnis 5-21 der Roten Khmer.

Mehrere tausend Opfer waren hier.

Ich sah ein Foto von Pol Pot (neben dem Foto von Mönchen vor einer Wand aus Schädeln).

Es war ein Schwarzweißfoto. Ich erkannte, dass er gerade Befehle erteilte. Da ich weiß, welche Art Befehle das waren, drehte sich mir der Magen um.

Mit uns ging ein Mönch durch die Gedenkstätte.

Man zeigte mir die Gräber von 14 Menschen, die unmittelbar vor dem Abzug der Roten Khmer getötet worden waren. Nur wenige Stunden, und sie hätten überlebt.

Die Zellentüren stehen offen, man kann hineingehen. Nichts wurde verändert. In jeder Zelle hängt ein Foto eines gefolterten Insassen. Das Foto zeigt den Raum genau so, wie die Soldaten ihn vorfanden. So sieht es auch seit diesem Tag aus. Im ganzen Gefängnis gibt es viele Fotos, und man kann viele Berichte lesen. Es ist entsetzlich, was sich hier abgespielt hat.

Während ich weiterschreibe, geht mir durch den Kopf, was ich da eigentlich tue. Wie kann ich hier stehen? Ich bekomme keine Luft. Ich will nicht mehr schreiben. Ich glaube nicht an Geister – aber ich kann die Fotos und die Zellen nicht beschreiben. Mir fehlen die Worte.

Plötzlich, inmitten von all dem Entsetzen, nehme ich den Duft von Weihrauch wahr. Man sagt mir, die Mönche beten.

Wir gingen weiter durch die Zellen. Ich sah, wie die Menschen an die Bettgestelle gekettet waren. Die Haken hängen noch an den Metallrahmen. Ich fragte: »Wie konnten sie auf die Toilette gehen?« Die Antwort war: »Sie verrichteten ihre Notdurft hier.«

Jetzt weiß ich, was ich spüre – es ist Angst. Dieser Ort macht mir Angst.

Ein anderer Raum ist voller Fotos von Personalausweisen, die man den Menschen abgenommen hatte, bevor sie gefoltert und getötet wurden. Ravut sagte: »Viel mehr will ich nicht sehen. Ich habe Angst, ich finde das Foto meines Vaters. Ich weiß nicht, wohin sie ihn gebracht haben, um ihn zu töten, aber ich glaube, es war hier in der Nähe.«

Die Gesichter auf den Fotos drücken Angst und große Müdigkeit aus. Ich sah Fotos, die von der Seite aufgenommen worden waren. Ich fragte: »Was ist da an ihrem Kopf?«

Ravut sagt: »Das ist ein Bohrer. Sie haben den Kopf ganz langsam angebohrt, bis sie den Menschen damit umgebracht hatten.«

Es gibt so viele Gesichter von Jungen und Alten, Männern und Frauen und von so vielen Kindern, sogar von Babys.

Es gibt Bilder von den Instrumenten und der Art und Weise, wie Menschen gefoltert wurden, und es hängen Wände voll mit Fotos von Menschen, die man mit diesen Geräten getötet hat. Diese Fotos zeigen eindeutig, wie sie starben.

Man sagt mir, 15 Minuten entfernt liegen die »Killing Fields«.

Da steht eine Büste von Pol Pot mit einem schwarzen X. Es überdeckt ein kambodschanisches Wort. Ravut erklärt mir, es bedeutet »bravo«. Diese Büste hat Pol Pot offensichtlich für sich selbst aufstellen lassen.

Der Balkon des Gefängnisses ist mit Stacheldraht gesichert. Man wollte wohl verhindern, dass verzweifelte Menschen Selbstmord begingen.

Die Zellenwände sind aus Ziegeln und Zement. Diese Mauern unterteilen einen ehemals größeren Raum in Verließe von 90 Zentimetern mal 2 Metern. Die Wände sind unverputzt und verstaubt. Man erkennt noch Blutflecken daran.

Immer wieder denke ich: Ich will hier raus.

Man brachte mich in einen anderen Raum mit vielen Fotos von Pol Pot, seiner Familie, seinen Truppen. Ich will sie nicht ansehen. Ich will weg.

Ravut zeigte mir auf der Landkarte, wo Pol Pot den Völkermord begann und wie es Jahr um Jahr weiterging. Er zeigte mir ein Foto des berühmten kambodschanischen Sängers, der wie Elvis war, wie er erzählt hatte. Pol Pot hat ihn umbringen lassen.

Da steht auch eine Vitrine voll mit Fotos von den Folterinstrumenten und mit Erklärungen dazu. Wir standen sehr lange davor.

Ich sah auf Fotos, wie Babys ihren Müttern entrissen wurden. Ich sah Fotos von Müttern, die getötet wurden, ihre Babys auf dem Schoß. Ein Foto zeigte eine Mutter mit ihrem Baby, der noch ein Bohrer im Kopf steckte.

An einer Wand hängt eine Karte von Kambodscha, aus menschlichen Schädeln gemacht. Ich lese Seiten um Seiten der Vernichtung.

Auf einem Foto an der Wand ist zu sehen, wie Babys in die Luft geschleudert werden und auf die Spitzen von Bajonetten fallen.

Ich sah Fotos von Männern, die Babys an den Füßen hielten und ihre kleinen Köpfe an Bäumen zerschmetterten.

Ich muss hier raus. Ich muss ins Freie. Ich bekomme keine Luft mehr.

Mittwochabend

Marie-Noelle und ich hatten Ravut und Mao gesagt, wir würden sehr gern ihre Familien kennen lernen. Heute Abend waren wir zum Essen zu Ravut eingeladen. Er hat eine wundervolle Familie: Eine zauberhafte Frau und zwei Töchter im Alter von sechs und zwölf Jahren. Mao begleitete uns. Er kam mit seiner liebenswürdigen Frau und den drei Kindern. Sie sind drei und eineinhalb Jahre alt, und dann ist da noch dieser wonnige siebenmonatige Junge.

Ich empfinde es als Ehre, dass ich diese Menschen kennen darf. Ich hoffe, dass wir eines Tages, nach vielen Besuchen, Freunde werden. Ich glaube, ich übertreibe nicht. Wir sind schon Freunde, tauschen uns aus, lachen miteinander.

Ravut hat viele Bücher zu Hause: Rechtswissenschaft, Geschichte, Wörterbücher für Französisch und Englisch und so weiter. Viele davon hat er gelesen, während er als Flüchtling in den Lagern lebte. Auch die Frauen sind berufstätig. Anscheinend arbeiten alle am Tisch in einer Nichtregierungsorganisation oder in einer staatlichen Behörde. Sie sind alle faszinierende Frauen und wissen über vieles mehr Bescheid als ich. Ich frage mich, was aus ihnen geworden wäre, hätten sie die Bildungschancen und andere Möglichkeiten gehabt, die mir offen standen. Sie hätten nicht einen Augenblick vergeudet.

Sie erzählten, Klimaanlagen seien sehr teuer. Deshalb läuft ein Ventilator. Kurzzeitig blieb der Strom weg, also zündeten wir Kerzen an.

Es war ein wunderbarer Abend.

Anfangs waren wir alle sehr still, aber das dauerte nicht lange, dann gab es so viel zu lachen, dass wir fast vom Stuhl fielen.

Die Kinder waren glücklich und zufrieden und spielten miteinander. Ich bin so dankbar, dass ich hier sein darf.

Donnerstag, 26. Juli

Vergangene Nacht hatte ich endlose Albträume. Ich habe kaum geschlafen.

Heute besuchten wir JRS (Jesuit Refugee Service – Flüchtlingsdienst der Jesuiten).

Als wir aus dem Auto stiegen, begrüßte uns ein junges Mädchen mit Namen Song Kosal. Sie hat nur ein Bein. Sie schenkte mir ein Päckchen. Es enthielt eine hölzerne Friedenstaube als Schlüsselanhänger.

Sie hatte mit sieben Jahren ihr Bein verloren. Damals suchte sie zusammen mit ihrer Mutter Feuerholz.

Auch Tun Channareth begrüßte uns mit einem strahlenden Lächeln. Er sitzt im Rollstuhl. Sein Freund, der ihn fast überall hin begleitet, geht an Krücken. Er hat nur ein Bein. Sie witzeln: »Wir teilen uns ein Bein und kommen überall hin.«

Die meisten Behinderten arbeiten mit jemandem zusammen, der auch behindert ist. Das hilft und gibt Impulse. Die Priester und Nonnen beim JRS tun, was sie können, sei es, dass sie Kinder ins Krankenhaus bringen oder Moskitonetze herstellen. Außerdem analysieren sie die Daten, um zu verfolgen, welche Fortschritte das Abkommen zur Ächtung von Landminen macht.

An den Wänden hängen so viele schöne Bilder. Sie zeigen Mitmenschlichkeit, Mitleid und Meditation im Gebet.

Die meisten Freiwilligen hier gehören keiner Religionsgemeinschaft an. Alle Mitarbeiter am JRS sind freundlich, warmherzig und sehr bescheiden.

Wir fuhren weiter zum Rehabilitationszentrum Banteay Prieb, einem der Hauptaufgabenbereiche des JRS.

Wir besuchten das Zentrum der Friedenstaube, einen Lernort für Männer und Frauen, die durch Landminen, Krieg und Polio versehrt wurden. Früher war es ein Informationsstützpunkt der Armee.

Hier gibt es viele Werkstätten. Im Monat werden 80 Rollstühle hergestellt. Ein Mann ohne Beine sitzt auf dem Tisch und fertigt Teile. Es werden so viele Rollstühle gebraucht: Es sind nie genug.

Die nächste Werkstatt ist eine Schneiderei. Ich lernte zwei Frauen kennen, die an großen hölzernen Rahmen Tücher webten. Zwei andere Frauen sitzen an Nähmaschinen und stellen Rückenlehnen für Rollstühle her. Ein spanischer Priester begleitete uns und erzählte lustige Geschichten – unter anderem über einen der Lernenden hier, der in Mathematik geradezu erschütternd schlecht war. Er schätzte die durchschnittliche Größe eines Fensters auf 125 Meter. Er ist einer der besten Sozialarbeiter geworden. Oft ist er derjenige, der in rasender Eile ein weiteres Opfer von Landminen ins Krankenhaus bringt.

Die Klasse für Holzschnitzer hat 17 Schüler. Sie machen so schöne Dinge! Sie erlernen ein Handwerk, um sich damit künftig den Lebensunterhalt zu verdienen.

Eine der Frauen fertigt für Bischof Kike einen hölzernen Kelch an, in dem die Oblaten für die Heilige Kommunion aufbewahrt werden sollen.

Neben ihr sitzen ein Mann und eine Frau und schnitzen Buddhastatuen aus Holz. Sie haben sehr einfache Werkzeuge für ihre Arbeit, aber ihre handwerkliche Fähigkeit ist bewundernswert.

Alle Werkstätten sind über Rampen für die Behinderten zu erreichen.

Außerdem gibt es noch eine Klasse für Elektronik, für Landwirtschaft und für Schweißtechniken, wo man lernt, die Metallgestelle für Krankenhausbetten herzustellen. Außerdem gibt es Klassen für die Grundfächer wie Lesen, Schreiben, Mathematik.

Das Zentrum der Friedenstaube ist ein wirklich erstaunlicher Ort. Ich frage mich, was alle diese Menschen ohne diese Einrichtung täten. Alle Programme haben zum Ziel, behinderten Menschen eine Zukunft zu eröffnen.

Eben habe ich erfahren, dass Grund und Boden der Regierung gehört. Das Zentrum der Friedenstaube darf eine bestimmte Zeit lang hier arbeiten. Im kommenden Jahr kann die Regierung viel Geld für das Gelände verlangen, und dann kommen die Programme in Schwierigkeiten.

Abendessen mit UNHCR-Mitarbeitern

Während dieser Reise wurde ich gebeten, »Botschafterin des Guten Willens« für das UNHCR zu sein. Ich kann nicht ausdrücken, wie glücklich und geehrt ich bin. Die Außendienstmitarbeiter des UNHCR sagten: »Wir freuen uns, dass wir die ersten sind, die dir zur Ernennung zur Botschafterin des Guten Willens gratulieren können. Denke daran: Wir sind in 120 Ländern vertreten. Wohin immer du gehst, du findest dort deine Familie.« Was für ein wunderbarer Gedanke. Wäre es nicht herrlich, wenn das für alle Welt zuträfe?

Es wird mir nicht leicht fallen, Kambodscha zu verlassen und Abschied zu nehmen. Diese Menschen hier sind so gut, warmherzig und fleißig. Ich werde jeden Einzelnen vermissen, den ich kennen gelernt habe.

Ich bin jetzt auf dem Weg nach Bangkok, wo ich in einem Flughafenhotel übernachten soll. Früh am kommenden Morgen werde ich dann nach Los Angeles zurückkehren.

Freitag, 27. Juli

Am ganzen Leibe zitternd und mit einem Schweißausbruch bin ich aufgewacht. Ich hatte wieder einen Albtraum – denselben wie schon in Phnom Penh. Jetzt weiß ich, was das ist: Ich erinnere mich an das, was ich in der Gedenkstätte für den Völkermord gesehen habe. Ich fürchtete mich so sehr und war so beklommen, dass ich kaum atmen konnte. Genauso war mir in diesen Zellen die Luft weggeblieben. Marie-Noelle sagte, ihr sei es damals genauso gegangen. Dieser eine Nachmittag in jenem Gefängnis verfolgt uns.

Es gibt so viele Kambodschaner ab einem bestimmten Alter, die sich an alles erinnern. Ich weiß nicht, wie sie weiterleben, aber sie tun es. Sie zeigen so viel Willensstärke, Kraft und Mut. Sie sind uns allen ein Beispiel.

Das letzte Foto in diesem Buch wurde zwei Jahre nachdem ich meine Reisenotizen aus Kambodscha abgeschlossen hatte aufgenommen. Mein Leben hat sich geändert. Dieses Land, Kambodscha, hat einen tiefen Eindruck in mir hinterlassen. Das Foto zeigt mich und meinen Sohn Maddox, wie wir nach Kambodscha zurückkehren. Wir leben jetzt in Samlot. Sarath vom CVD und ich haben ein Schutzgebiet für Tiere eröffnet. Die Minenopfer, mit denen er mich bekannt gemacht hatte, sind enge Freunde geworden. Wir sind jetzt Nachbarn. Unsere Kinder spielen miteinander. Wir arbeiten auch in Hausbau- und Landwirtschaftsprojekten zusammen.

Vor einem Jahr wurde mir eine große Ehre zuteil. Moon und seine Frau, die in einem thailändischen Flüchtlingslager geheiratet hatten, wollten die kambodschanische Zeremonie vollziehen. Sie hatten ihre Eltern im Krieg verloren, deshalb bat Moon mich, bei der Zeremonie seine Mutter zu vertreten. Ich war unbeschreiblich stolz und geehrt. Es war ein wunderbarer Tag. Kambodschanische Hochzeiten sind traditionell laut und dauern lange. Selbst in den ärmsten Dörfern werden sie mit großem Aufwand gefeiert.

Zu der Zeremonie gehört es, dass ein Band um die Arme von Braut und Bräutigam geschlungen wird. Moon hat durch eine Mine beide Arme unterhalb der Ellenbogen und das Augenlicht verloren. Er trug während der Hochzeit eine dunkle Plastikbrille. Als man versuchte, ein Band um die Handgelenke der Braut und seinen Oberarm zu legen, kicherten die Kinder.

Jenseits von Trauer und Selbstmitleid akzeptieren diese Menschen ihre Lebenswirklichkeit und sind für alles dankbar, was sie haben. Ich bin stolz, dass ich diese Menschen meine Freunde nennen und meinen Sohn hier aufziehen darf – stolz auf sein Volk, stolz Kambodschaner zu sein.

Auf Mission in Pakistan

Vom 17. bis 26. August 2001 besuchte ich im Auftrag des UNHCR afghanische Flüchtlinge in Pakistan.

Freitag, 17. August

Morgen reise ich nach Pakistan. Absichtlich habe ich erst jetzt angefangen, mich eingehend damit zu beschäftigen, was sich dort und im Nachbarland Afghanistan abspielt, von wo die Menschen fliehen, um ihr Leben zu retten.

Eigentlich ist es unerträglich, wie ich eine Zeit lang die Probleme der Welt so einfach ausblenden kann, wenn ich in Sicherheit und zu Hause lebe.

In der Zeitung stehen immer mal wieder Artikel, aber darin geht es normalerweise um aktuelle Notsituationen. Über den ganzen, viele Jahre alten Hergang wird nichts gesagt. Vielleicht halten die Journalisten die Sache für hoffnungslos, oder – was schlimmer wäre – einfach nicht für dringlich. Jedenfalls hat die Sache keinen Informationswert. Alte Geschichten werden eben zu Fakten. Sie werden hingenommen. Es ist so einfach: Die Menschen in diesen Ländern leben unter entsetzlichen Umständen und kommen darin um. Ich lese, dass annähernd zwei Millionen Menschen in Pakistan ein Flüchtlingsdasein fristen. Sie haben sich entlang der Grenze niedergelassen. Sie leben mit nichts.

Ich lese über eine Organisation mit Sitz in Deutschland. Vierundzwanzig ihrer Mitarbeiter wurden von den Taliban festgenommen. Das Büro wurde geschlossen. Sie hatten Flüchtlingen helfen wollen, aber man beschuldigte sie, für das Christentum zu missionieren.

Man weiß noch immer nicht, was aus den 24 Menschen, darunter acht Ausländer, geworden ist. Ich hoffe, sie sind noch am Leben, wenn jemand diese Zeilen liest.

Auf diese Reise darf ich zum ersten Mal eine Videokamera mitnehmen. Mir ist damit nicht recht wohl. Andererseits weiß ich, was ich auf den vorangegangenen Missionen gesehen habe, und dafür fehlen mir oft die Worte. Ich kann niemandem erzählen, wie es ist, neben verletzten Männern und verlassenen Frauen und Kindern zu sitzen, die alle hungern und verzweifelt um ihr Überleben kämpfen, die sich an einen Rest ihrer Würde klammern, ihres Selbstwertgefühls und ihrer Hoffnung. Es sind Menschen, um die du weinst und die dir gleichzeitig Kraft geben.

Sie haben etwas vom Leben verstanden, was viele von uns (Gott sei Dank) niemals begreifen werden. Sie konzentrieren sich auf vieles, was wir längst vergessen haben. Sie wissen, wofür sie dankbar sind. Sie wissen, was ihnen Familie und Gemeinschaft gibt. Sie verstehen die Macht von Glaube und Liebe.

Ich habe gerade erst angefangen, mich eingehender zu informieren. Ich weiß nicht, was ich schreiben soll oder was ich empfinde. Ich kann nicht glauben, was ich lese, so viel ist klar. Ich verstehe nicht, wie so etwas heutzutage passieren kann.

Sonnabend, 18. August

Um 20:40 Uhr startet mein Flugzeug nach London (10 Stunden).

Dort habe ich zwei Stunden Aufenthalt. Dann geht es in achteinhalb Stunden nach Islamabad.

Montag, 20. August

Beim Anflug auf Islamabad tönt es aus dem Lautsprecher: »Nehmen Sie Ihre Tabletten gegen Malaria ein. Luftaufnahmen von Pakistan sind nicht erlaubt. Die Einfuhr von Alkohol ist verboten.«

Um 4:32 Uhr landen wir in Islamabad, Pakistan.

Am Gate erwartet mich Yusuf Hassan, ein hauptamtlicher Mitarbeiter des UNHCR. Er stammt aus Kenia.

Ich erhalte Verhaltensanweisungen: »Ein Mann schüttelt einer Frau nicht die Hand. Am besten vermeidest du Augenkontakt mit Männern. Leg dir einen Schal über den Kopf. Wir werden angemessene Kleidung für dich kaufen. Ein bewaffneter Offizieller in Zivil wird uns immer begleiten.«

Ich höre zu und frage mich, weshalb ich hier bin. Ich kenne die Antwort: um besser zu verstehen, um zu helfen, damit vielen Menschen die Situation ins Bewusstsein rückt.

Man sagt mir, das UNHCR in Afghanistan dürfe keine Frauen beschäftigen, und Männer dürften nur sehr wenig Kontakt zu Frauen unterhalten. Alle Hilfsleistungen sind daher mühsam. Ich werde jetzt bewacht und verhüllt, bin stets begleitet. Man behandelt mich sehr höflich. Schon jetzt fühle ich mich ausgesprochen unwohl – wie eine Prinzessin inmitten ihrer Hofschranzen. Ich bin Unabhängigkeit und Freizügigkeit gewöhnt.

Büro des UNHCR – Islamabad

Jedermann im Büro des UNHCR ist freundlich und heißt mich willkommen.

Dieses Büro war einmal ein Warenhaus. Jetzt füllen Akten der Flüchtlinge die Regale.

Zurzeit beherbergt Pakistan mehr als zwei Millionen afghanische Flüchtlinge. Man erinnert mich an etwas, was nicht vergessen werden darf: Es ist kein Friede absehbar.

Viele dieser Flüchtlinge leben schon seit 22 Jahren hier, seit Russland 1979 in Afghanistan einmarschierte. Die Rückseite des Büros/Warenhauses ist mit Zäunen aus Stacheldraht gesichert.

Nur sehr wenige Personen dürfen eintreten. Ich sehe schweigende Frauen in langen Reihen warten. Die Männer schreien. Ich fing den Blick eines Mannes auf. Er war zornig. Man erzählt mir, die wütenden, frustrierten Flüchtlinge hätten durchaus schon versucht, das Haus zu stürmen.

Die UNHCR-Mitarbeiter können pro Tag nur 20 Erstinterviews führen. Das ist so wenig, wenn man die 2,3 Millionen Flüchtlinge in diesem Land bedenkt. Andererseits ist es eine großartige Leistung, jeden Tag 20 Familien zu retten.

Die Registrierung ist der erste Schritt, damit ihnen jemand zuhört und damit sie eine Chance auf ein besseres Leben bekommen.

10 Uhr vormittags

Ich werde zum Markt gefahren, damit ich mir die noch fehlende, angemessene Kleidung kaufen kann, die ich während meines Aufenthaltes in diesem Land tragen muss.

Zu den Tätigkeiten der Flüchtlingskinder hier wie überall auf der Welt gehört es, den Müll nach brauchbaren Dingen zu durchsuchen.

Wir halten an einer roten Ampel. Ein ungefähr sechsjähriger Junge klopft an die Scheibe und zeigt mir seinen Armstumpf. Man hat mir geraten, Bettlern kein Geld zu geben. Wenn möglich soll man etwas zu essen schenken. Viele Kinder werden von ihren Eltern zum Betteln geschickt.

Ungefähr die Hälfte der Bevölkerung in Pakistan geht jeden Abend hungrig schlafen.

Dieses Kind sieht mir in die Augen. Er ist einfach ein kleiner Junge. Ich reiche ihm eine Kleinigkeit durch das Autofenster. An der nächsten Ampel nähert sich ein älterer Mann auf Krücken unserem Auto.

Es ist so heiß und voller Menschen. Ich begreife nicht, wie die Leute den ganzen Tag lang draußen arbeiten können. Und alle scheinen schwer zu arbeiten.

Ich kann mir kaum vorstellen, wie man bei dieser Hitze ohne Wasser auskommt. Seit vier Jahren werden diese und angrenzende Gebiete von einer Dürre heimgesucht. Viele Menschen haben kaum oder gar keinen Zugang zu Trinkwasser.

Pakistan hat eine sehr dekorative Kultur. An den Bussen finden sich verblüffende, farbenfroh gearbeitete Details. Es gibt Malereien und Metallarbeiten. Die Kleidung ist farbenfroher als ich sie mir vorgestellt hatte. Sie ist aber züchtig und verhüllt den Körper weitgehend.

Zuerst hielten wir an einem Schuhgeschäft. Die Schuhe sind von Hand gearbeitet. Ich weiß immer noch nicht, ob sich rechts und links unterscheiden. Einige sehen aus, als wären sie »Aladdin und die Zauberlampe« entsprungen. Die Spitzen sind hochgebogen und leuchten in Gold und Silber.

Nach der Rückkehr nehme ich eine Dusche und lege mich aufs Bett, aber ich kann nicht schlafen. Ich versuche, zu Hause anzurufen. Es ist niemand da.

Ich habe erfahren, dass kein Land der Welt Afghanistan wegen der Taliban helfen will, und dass es kaum möglich ist, Güter an den Taliban vorbei zu den unschuldigen Menschen zu bringen, die sie so verzweifelt brauchen. Abgesehen vom Mangel an Nahrungsmitteln und Wasser sind da noch die Landminen, die unschädlich gemacht werden müssen. So viele unschuldige Menschen leiden.

Ich lernte Abbas Sarfraz Khan kennen, den Minister für Flüchtlingsfragen.

Muss ich meinen Kopf bedecken oder nicht? Man hatte mir erzählt, er sei westlich beeinflusst. Er hat ein College in Boston besucht. Außerdem hat er in London gelebt. Er bot mir einen Drink an. Ich sagte: »Nein, vielen Dank.«

Montserrat, eine UNHCR-Mitarbeiterin, flüsterte mir zu: »Bitte ihn um irgendetwas zu trinken, zum Beispiel grünen Tee.«

Der Minister sprach folgende Themen an:

- ganze Generationen ohne Schulbildung
- mangelndes Problembewusstsein in der westlichen Welt
- abnehmende Spendenbereitschaft

Als ich ihn verließ, war ich erleichtert, weil er mir die Hand schüttelte. Ich war mir aber nicht sicher, ob das in Ordnung war.

Ich als Amerikanerin habe nicht gelernt, über den Tellerrand meines eigenen Landes hinauszusehen. Es fällt mir schwer, andere Kulturen wertzuschätzen und kennen zu lernen. Amerika ist dabei kein Einzelfall. In vielen Ländern wird der Blick der Schüler oder der Bevölkerung insgesamt nicht auf andere Kulturen gelenkt.

12:30 Uhr

Wir wollen eine Einrichtung für pakistanische und afghanische Frauen besuchen. Hierher können sie sich auch wenden, wenn sie Beratung wegen häuslicher Gewalt brauchen.

Die Zelte sind nichts als mit Planen überspannte Pfähle. (Den Armen, nicht nur den Flüchtlingen, werden immer irgendwelche Randgebiete zugewiesen.)

In der Einrichtung führte man mich in einen Raum voller Frauen. Alle hatten den Kopf bedeckt und die Schuhe ausgezogen.

Wir besuchen SACH, eine Frauengruppe, die sich für Veränderung stark macht. »Sach« bedeutet auf Urdu »Wahrheit«. Bislang wurden 100 Frauen von SACH ausgebildet. Alle haben sie in den Sonntagsmärkten ein kleines Gewerbe aufgebaut.

Ich frage die afghanischen Frauen: »Möchtet ihr nach Afghanistan zurückkehren?« Eine Frau antwortete: »Wir möchten leben, wo wir sicher und frei sind. Sag uns, wo.«

Eine andere Frau reicht mir ein Foto: »Das ist mein Sohn. Die Taliban haben ihn getötet.«

Eine Frau trat vor. Ihre Stimme schwankte. Ihre Augen schwammen in Tränen. Ich nenne ihren Namen nicht, wie versprochen. Sie fürchtet für ihre Sicherheit. Ihr Bruder ist behindert und kann deshalb nicht mehr für seine Familie sorgen. Die Taliban haben ihn so schwer geprügelt.

Eine andere Frau zeigt mir ein Stück Papier. Man erklärt mir, das sei eine Rechnung über vier Gewehre. Das war die Steuer, die sie entrichten musste, um den Krieg zu unterstützen. Sie hat ihren gesamten Besitz verkauft und das Geld den Taliban gegeben, aber es reichte nicht für die vier Gewehre.

Eine andere Frau, eine Ärztin, erzählte, wie die Taliban eines Nachts in ihr Haus eindrangen. Sie entkam zu Nachbarn, aber ihre Familie wurde ins Gefängnis geworfen. Sie ist allein. Sie weiß nicht, ob ihr Vater noch lebt. Überdies ist sie zum Christentum übergetreten, und deshalb hat sie noch mehr Grund, die Taliban zu fürchten. Wenn die von ihrer Konversion erführen, würden sie sie zum Tode verurteilen. Sie wird immer noch verfolgt. Sie muss ständig den Wohnort wechseln, damit man sie nicht aufspürt. Auch hier in Pakistan ist sie in Lebensgefahr. Ein UNHCR-Mitarbeiter fragt, weshalb sie nicht ins Büro gekommen ist. Die Kollegen dort möchten unbedingt Kontakt zu ihr aufnehmen.

Ein Mann wird hereingebeten. Er möchte sich mitteilen. Er

hat seine Frau und seine Kinder in dies Zentrum gebracht, weil sie unterernährt sind. Auch seine Stimme schwankt, während er spricht. Er hat sanfte Augen. Es ist schlimm: Seine Augäpfel sind gelb verfärbt. Die Taliban haben ihn schwer geschlagen. Seine Beine sind zum Teil gefühllos und seine Nieren stark geschädigt.

Flüchtlinge im Stadtgebiet

Wir fahren in ein Slumgebiet, das an eine Busstation und an einen Obstmarkt grenzt. Die Armen leben hier, weil sie essen können, was weggeworfen wird – meist sind es verdorbene Lebensmittel.

Es ist eine traurige Gegend, wo zudem viele Kinder sexuell ausgebeutet werden. Man hat mir erzählt, die Kinder verkaufen ihren Körper für umgerechnet 5 Cents.

SACH versucht, den Kindern zu helfen. Viele sind erst sechs Jahre alt. Sie werden in den Sexbetrieb geschleust oder anderweitig missbraucht.

Es gibt hier noch andere Programme, die über die Rechte der Kinder aufklären wollen.

Eine Frau erzählt, viele Mütter hätten sechs bis zwölf Kinder, die als Sexarbeiter ihr Geld verdienen. Diese Eltern sind verzweifelt. Die Kinder gehen nicht zur Schule, sie haben keine Kindheit, keinen Schutz.

Ich ging ein bisschen spazieren. Schmale Pfade führen zwischen den winzigen Lehmhütten hindurch.

Ich beobachtete ein kleines, etwa vierjähriges Mädchen, das einen großen Stapel Holz auf dem Kopf transportierte. Viele andere kleine Mädchen schleppen ihre jüngeren Brüder oder Schwestern auf den Hüften herum. Einige dieser Kinder leiden offensichtlich an einer Hautkrankheit. Ich komme an einem Schulraum ohne Licht vorbei. In diesem Lehmdorf gibt es überhaupt keine Elektrizität.

Über AIDS darf man hier nicht einmal reden. AIDS ist ein Tabuthema. Verschiedene Organisationen versuchen, auf die Gefahr durch AIDS aufmerksam zu machen und sexuell aufzuklären.

Rehabilitations- und Ausbildungszentrum von SACH

Hierher kommen Frauen, die irgendwo angesiedelt werden sollen. Jemand sagt, die haben Glück. Diese Frauen wurden ausgewählt, weil sie sexuell schwer missbraucht worden waren und keine Ehemänner haben. Sie werden rund um die Uhr medizinisch versorgt. Das Zentrum wird von Brinks Security bewacht.

Die Leiterinnen dieses Programms sind sehr starke Frauen. Man hat sie mit Steinen beworfen, als sie den Bau einer Schule vorschlugen. Die Zimmer sind sehr klein. In einem schmalen Bett schlafen unter Umständen zwei oder drei kleine Kinder mit ihrer Mutter. Eine der Frauen, die ich hier kennen lernte, wird psychiatrisch behandelt. Sie wurde von den Taliban vergewaltigt und blutig geschlagen. Sie kann sich an kaum noch etwas erinnern. Sie hat drei Kinder.

Ich bemerke ein Poster an der Wand. Es geht um den Handel mit Frauen und Kindern, die nie wieder auftauchen.

74 Millionen Frauen in Südasien
verschollen
Indien – Pakistan – Philippinen

Auf einem anderen Poster einer kambodschanischen Schwesterorganisation heißt es:

Frauen gehören nicht in Käfige
Achtzig Prozent der inhaftierten Frauen
sitzen wegen Armutsdelikten ein.

Neunzig Prozent der einheimischen und 82 Prozent
aller Frauen in Gefängnissen haben Inzest, Vergewaltigung
oder physische Übergriffe überlebt.

Auf einer Wandtafel steht:

Wenn wir alle ein bisschen tun,
können wir viel erreichen.

Einige wenige dieser Familien sollen in den USA angesiedelt werden. Wir müssen ihre Erwartungen dämpfen, bevor sie ihr neues Leben beginnen können. Ich sehe den kleinen Kindern ins Gesicht. Wird man sie willkommen heißen? Wird man ihnen Schimpfworte nachrufen? Wenn Sie oder ich ihnen demnächst auf einer Straße in den USA begegnen, werden wir auch nur einen Gedanken darauf verschwenden, was diese Menschen vielleicht durchgemacht haben?

19 Uhr

Wir trafen uns zum Abendessen in Montserrats Wohnung. Wir waren ungefähr 15 Personen vom UNHCR, der amerikanischen Botschaft, dem pakistanischen Ministerium und eine Frau von der BBC. Ich bin immer wieder fasziniert, wenn ich an so einem Essen teilnehme. Es ist inspirierend. Den ganzen Abend lang sprechen alle über wichtige, die ganze Welt betreffende Fragen, über humanitäre Aufgaben und so weiter. Man teilt sich Neuigkeiten mit, diskutiert Problemlösungen und Pläne für Zusammenarbeit. Diese Leute kommen aus allen Teilen der Welt – zusammengeführt durch den gemeinsamen Wunsch, Menschen in Not zu helfen, zum Ende des Leidens beizutragen. Es gab Augenblicke bedrückten Schweigens und Augenblicke voll von hellem Gelächter.

Manchmal macht es mir Angst, wenn alle über Politik reden. Diesmal war das anders. Heute Abend habe ich gelernt, dass die Beobachtungen und Empfindungen des Einzelnen, der zu verstehen versucht, nicht unwichtig sind. Während ich zum Gespräch beitrug, begriff ich zudem, dass ich inzwischen mehr gelernt habe, als mit klar gewesen war. Aber sich auf all das einen Reim zu machen – das kann niemand:

Manche Menschen gelten nicht als gleichwertig.

Menschen gehen hungrig schlafen.

Millionen von Menschen erleben Verfolgung, Verletzung der Menschenrechte und Konflikte.

Niemand kann sich darauf einen Reim machen, denn es gibt keinen Reim darauf.

Dienstag, 21. August, 6 Uhr morgens. Auf dem Weg ins Lager Jalozai

Man sagt mir, ich würde vielleicht mit einer amerikanischen Delegation zusammentreffen. Ich frage, weshalb die im Land seien? Es hieß, sie wollten mit eigenen Augen sehen, damit sie entscheiden könnten, was getan oder was fortgesetzt werden muss.

Man sagt mir, es gehe wahrscheinlich auch darum, ob mehr Menschen in die Vereinigten Staaten übersiedeln können. Derzeit erlaubt man 1000 Personen im Jahr die Einwanderung. Die Anzahl könnte verdoppelt werden – zumindest hofft man das.

Ich weiß, wahrscheinlich meinen viele Menschen in meinem Land, 1000 Menschen seien zu viel, selbst wenn das im Vergleich mit den Millionen gefährdeter Menschen verschwindend wenig ist.

Wie lautet die Antwort?

Wohin gehören diese Menschen?

Die Antwort lautet immer: Es muss zu Hause Frieden eintreten, in ihren Heimatländern. Manchmal scheint das unmöglich zu sein. Pakistan und Iran sind sehr arme Länder, in denen seit 20 Jahren Millionen von Flüchtlingen leben.

Man erklärt mir, zweierlei sei notwendig, um mehr Menschen zu helfen.

Die Gastländer müssen mehr Menschen aufnehmen.

Die Organisationen brauchen mehr Geld, Unterstützung und Mitarbeiter, um mit den doppelten Fallzahlen fertig zu werden.

Vom Autofenster aus sehe ich Moscheen. Sie überragen die Ruinen, die behelfsmäßigen Zelte und die Gebäude aus Lehm.

Die Büffel und Kühe am Straßenrand sind wohlgenährt, jedenfalls im Vergleich mit Tieren, die ich in anderen Ländern gesehen habe.

Bunt bemalte Busse bahnen sich einen Weg durch die Straße. Die Alltagskleidung der Männer und Frauen ist anders, als ich sie mir vorgestellt hatte. Irgendwie sind sie elegant. Manche sind farbenfroh und mit kleinen Spiegeln und Stickereien geschmückt. Andere wiederum wirken wie Uniformen.

Der Straßenbelag ist gut. Man sagt mir, die Infrastruktur hier sei in Ordnung. Wir überholen Pferdekarren. Die Pferde sind klein und dürr. Bei dem Anblick frage ich mich, ob Tierschützer sich darüber aufregen würden? Wahrscheinlich wären sie nur traurig. Es ist merkwürdig, aber manchmal scheinen sich die Leute mehr um ihre Tiere als um die arme Familie in der Nachbarschaft zu sorgen.

Während ich dies schreibe, sitze ich allein im Auto. Meine Begleiter sind hinten im Lastwagen des UNHCR. Die Polizei hat uns an den Straßenrand gewinkt, angeblich, weil wir zu schnell gefahren sind. Es gibt allerdings keine Geschwindigkeitsbegrenzung, und alle vorbeifahrenden Autos sind deutlich schneller.

Hier fährt die Polizei nicht heran und hält jemanden an. Die Polizisten stehen am Straßenrand und heben ein »Stop«-Zeichen hoch. Ich wollte nicht schreiben, während sie mit dem Fahrer neben dem Auto standen und verhandelten. Die anderen Polizisten beobachteten uns. Ich bin mir nicht sicher, worum es geht. Wollen sie uns Angst machen? Wollen sie Geld? Das Gespräch war erregt, und anscheinend führte es zu nichts. Zwanzig Minuten später durften wir weiterfahren.

Während wir uns dem Flüchtlingslager Shamshatoo nähern, sehen wir viele afghanische Frauen, die von Kopf bis Fuß verhüllt sind. Nur ein Sichtschlitz ist frei.

Wir halten bei einem kleinen Markt in »Kleinkabul« (ein Stückchen Afghanistan). Unternehmerische Menschen treiben hier seit 20 Jahren Handel.

Diese Menschen umgibt ein gewisser Zauber. Ich fühle mich in die Vergangenheit zurückversetzt. Ich komme mir vor wie in biblischen Zeiten, allerdings mit Bergen von verstaubten Glasflaschen, mit Lastkraftwagen und Hupen.

Lager Jalozai – Kurzinformation zur Lage

Das UNHCR hat dieses Lager eingerichtet.

Ärzte ohne Grenzen leistet medizinische Versorgung.

Auch Catholic Relief Services (CRS – Katholischer Hilfsdienst), eine NGO, bemüht sich vor Ort um Gesundheitsdienste und sanitäre Einrichtungen (mehr als 1000 Trockenlatrinen). Außerdem verteilen sie Decken, Steppdecken und Matratzen an die Flüchtlinge.

Afghanen fliehen vor allem aus zwei Gründen:

- In Nordafghanistan wird zwischen den Taliban und der Nord-Allianz gekämpft.
- Seit drei Jahren herrscht Dürre.

Wir fahren durch das Lager bis zu einer Stelle, wo wir hoffentlich mit den Bewohnern ins Gespräch kommen können.

Wir fahren an einigen kleinen Jungen vorbei. Sie lächeln und winken uns zu. Sie alle kennen die UN mittlerweile (die sind seit mehr als 20 Jahren vor Ort).

Viele Frauen sind vollständig verschleiert. Sie können sehen, aber selbst sind sie unkenntlich. Selbst kleine Mädchen sind bis auf die Augen verhüllt. Meine ganze Aufmerksamkeit richtet sich sofort auf ihren Blick. Die meisten wirken neugierig, andere starren uns einfach nur an. Diese Menschen schüchtern mich ein, selbst die Kinder. Sie sind Überlebende mit einem starken Willen und einem starken Glauben.

Wir kommen an Lehmhütten vorbei, die 10–15 Jahre alt sein müssen.

Plötzlich liegt ein Meer aus Zelten vor uns (sie bestehen aus unterschiedlichem Material, auch aus Plastik).

Ich denke an ein Zigeunerlager.

Die ganze Gegend ist extrem heiß und sehr staubig. Es gibt kaum Sonnenschutz. Das Wasser muss mit Lastwagen herangeschafft werden. Die Weltgesundheitsorganisation (WHO) versucht zu helfen. Am 18. Juli kam es wegen Hitze (mehr als 50 °C) und Austrocknung zu vielen Todesfällen.

Ein kleiner Junge in einer Menschenschlange hatte purpurrote Flecken und Schorf auf dem Gesicht. Heute wird gegen Kinderlähmung geimpft. Viele Kinder warten in Zelten. Am Rand eines der großen Zelte stehen alte Armeepritschen. Schwärme von Fliegen haben sich dort niedergelassen. In dieser Gegend sind die örtlichen Kliniken nicht gerade gut ausgestattet. Größeren medizinischen Anforderungen sind sie nicht gewachsen. Aber dafür ist das Gesundheitszentrum 24 Stunden am Tag geöffnet.

»Die Wasserversorgung ist besser geworden. Wir haben weniger Durchfälle und Magen-Darmerkrankungen. Es gibt auch eine Tuberkulosekontrolle. Aber selbst wenn es scheint, als hätten wir irgendetwas im Griff – es kommen ständig neue Fälle hinzu.«

Eine zu Missbildungen führende parasitäre Krankheit, die durch Sandmücken übertragen wird, mit Namen Leishmaniose ist aufgetreten. Aus Genf wurden Arzneimittel angeliefert.

Das Gesundheitszentrum existiert bereits seit neun Monaten in diesem Lager, aber erst im vergangenen Monat erhielt es einen Generator.

Man hat Formen der Geburtenkontrolle (Familienplanung) eingeführt. In Stadtgebieten ist Geburtenkontrolle annähernd unmöglich. Deshalb ist es besonders erstaunlich, dass man die Menschen hier im Lager darauf ansprechen kann.

Ich lernte ein Kind kennen. Die Mutter sagte, es sei vier Jahre alt, aber es wirkte auf mich wie ein Kleinkind. Ich sehe ihm ins Gesicht: Es ist ein kleiner Junge, kein Kleinkind. Er wirkt so jung, weil er seit Jahren unterernährt ist. Die Klinik hat ihn in ein Sonderprogramm aufgenommen. Ich sehe mich um und entdecke so viele Kinder, die heute untersucht werden müssen.

Eine Stunde später sitze ich wieder im Auto. Dieselben Menschen, die uns umringten, als wir durch das Lager gingen, beobachten nun unsere Abfahrt. Es gibt so viele kranke Kinder. Als wir losfahren, sehe ich einen ungefähr fünfjährigen Jungen mit einem Abszess im Gesicht – genau gesagt vier davon. Sie sind groß wie Golfbälle. Ein Arzt, der mit uns zusammen weiterfahren wollte, bleibt hier, um das Kind sofort zu operieren.

Die pakistanische Regierung erlaubt hier keine dauerhaften Gebäude. Es heißt, man hat genug davon, die Lasten der Flüchtlingsmisere zu tragen.

Ich besuche eine Schule. Kinder buchstabieren laut. Es sind nur Jungen. Mädchen sitzen getrennt auf anderen Matten. Sie zählen laut.

Viele der kleinen Kinder husten. Ich bemerke bei vielen einen Hitzeausschlag. Ich sah ein kleines Mädchen in einem alten, zerlumpten Kleid, das einmal rosa gewesen war. Man übersetze mir, was sie sagte. Sie sprach wie eine Vierzigjährige.

»Sie haben mein Haus bombardiert. Sie haben mein Haus mit Gewehren und Bomben angegriffen. Sie haben meinem Onkel das Bein zerschmettert und zwei meiner Cousins getötet.«

Ich vermute, sie meint die Taliban, aber ich frage nicht nach. Stattdessen frage ich, was sie braucht.

»Ich will Frieden. Ich will zurück nach Afghanistan. Ich möchte nach Hause.«

Ich frage, wie lange sie schon hier ist?

»Seit neun Monaten lebe ich unter Plastik.«

Man brachte mich zur Meldestelle, die der Registrierung vorgeschaltet ist. Viele Kinder lagen am Boden. Sie suchten Schatten. Männer mit Baretten auf dem Kopf und mit Gewehren mit langem Lauf bewachten das Gebiet. Wir befinden uns nahe der afghanisch-pakistanischen Grenze. Ich lernte eine sehr liebenswürdige Dame aus Irland kennen, eine Rechtsanwältin, die mit dem UNHCR zusammenarbeitet.

Während einer knappen Lagebesprechung bringt man eine Frau herein. Sie hat ihren provisorischen Personalausweis verloren. Jetzt kann sie sich nur noch durch eine Lebensmittelkarte ausweisen. Sie hat keine Familie. Man sagte mir, das UNHCR werde versuchen, Informationen über sie zu bekommen, damit sie einen neuen Personalausweis erhalten kann. Die Registrierung geht jetzt in die dritte Woche. Alles ist gut organisiert. Man hat bereits die Daten von mehr als 7000 Familien aufgenommen, insgesamt von rund 42000 Menschen. Alle Flüchtlinge werden gefragt, ob sie nach Hause zurückkehren wollen. Ist das der Fall, wird man ihnen bei der Rückkehr nach Afghanistan helfen. Man wird sie mit 150 Kilogramm Weizen und Geld im Gegenwert von 90 US-Dollar ausstatten.

Ich begreife trotzdem nicht, wie die Repatriierung eine Wahl sein kann, wenn sie doch die Taliban fürchten müssen, die im Norden kämpfen, und wenn der Boden mit Landminen verseucht ist. Afghanistan gehört zu den beiden am stärksten mit Landminen belasteten Ländern der Welt.

Ich befinde mich jetzt in einem Raum, wo gerade eine Frau interviewt wird. Sie möchte unbedingt wieder nach Afghanistan, wohin ihre Angehörigen zurückgekehrt sind. Sie weiß, es ist Kriegsgebiet. Trotzdem sagt sie: »Was soll ich hier allein?«

Sie hat ihren Schleier abgelegt. Ich glaube, das hat sie getan, weil wir nur unter Frauen sind. Von den 7000 Familien, deren Daten in den vergangenen drei Wochen aufgenommen wurden, wollten nur sechs nach Afghanistan zurückkehren. Jeden Tag melden sich neue Ankömmlinge. Wenn sie als Flüchtlinge anerkannt werden, schickt man sie ins nächste Lager. Dieses Camp, Shamshatoo, wurde 1998 eingerichtet. Zunächst lebten dort 300 Familien – inzwischen sind es 3000.

Als wir abfuhren, näherte sich ein unbegleitetes Kind den Offiziellen. Der Junge war ungefähr zehn Jahre alt. Er sagte, er habe zwei jüngere Geschwister, einen Bruder und eine Schwester. In Neu Jalozai lebt eine extrem große Anzahl von Witwen und Waisen.

Es ist sehr heiß. Ich möchte diese Kleidung ablegen. Man reicht mir einen Pappbecher mit Wasser. Ich bitte nicht um mehr. Wir fahren durch eine Gruppe von ungefähr 80 Menschen, die zusammengeströmt sind und uns beobachten. Ihre Gesichter sind von der Hitze gerötet.

Shelter Now International (SNI)

Über diese NGO habe ich schon berichtet: Vierundzwanzig ihrer Mitarbeiter waren gefangen genommen und beschuldigt worden, sie würden das Christentum predigen. Es handelte sich um 16 im Land lebende Afghanen und acht internationale Helfer.

SNI leitet hier die Küche.

Ich besuchte das medizinische, das Berufsbildungszentrum und die Verteilungsstelle für Lebensmittel. Sie haben auch eine Kinder-für-Kinder-Gruppe, wo Kinder andere Kinder unterrichten.

Ich wurde Peter vorgestellt, einem der Offiziellen in diesem Lager. Er ist Australier. Er macht mich mit seinen Jungen und Mädchen bekannt.

Ich lernte Ahaifullah kennen, einen zehnjährigen Jungen mit einem wunderschönen Gesicht mit klaren Zügen und einem liebenswürdigen Ausdruck. Ich stellte ihm einige Fragen:

»Unterrichtest du deine Brüder und Schwestern?«

»Ja – die Familie zuerst.«

»Möchtest du der Welt etwas sagen?«

Bevor er antwortet, kichert er und versteckt sein Gesicht unter einem Tuch. Er ist schüchtern. Dann blickt er auf und sagt: »Frieden in Afghanistan.«

Das Welternährungsprogramm (World Food Program – WFP) ist heute ins Lager gekommen und verteilt Mehl, Linsen und Speiseöl. Die Flüchtlinge erhalten solche Rationen einmal im Monat.

Ich bin jetzt im Ärztezentrum, dem Zentrum für medizinische Grundversorgung im Lager.

Für alle Kinder unter fünf Jahren ist vom 21. bis 23. des Monats Polio-Impftag. Diesmal sind drei Teams gekommen.

Es gibt hier fünf gesundheitliche Basisstationen, alle vom UNHCR unterhalten. Impfstoffe und Ausrüstung kommen von UNICEF.

Berufsbildungszentrum

Hier wird vor allem den Behinderten eine Berufsausbildung angeboten. Über den betreffenden Zelten hängen Schilder: Maurer, Schreiner, Schuhmacher, Schmied.

Zwei Kinder lernen, Schuhe zu fertigen. Ihr Vater verlor bei einem Unfall mit einer Landmine einen Arm, deshalb müssen die Kinder lernen, den Unterhalt für ihre Familie zu verdienen.

Ich will ein Paar Schuhe kaufen, aber sie bestehen darauf, es mir zu schenken. Dann frage ich: »Und wie viel kostet ein Paar für meinen Mann?« Ich möchte ihnen unbedingt etwas abkaufen. Sie antworten: »Wir nehmen kein Geld. Uns geht es um guten Willen und menschliche Taten. Das ist die Bezahlung.«

Die Programme werden durch das UNHCR durch Jamalludin Afghan (eine berühmte afghanische NGO) finanziert. Die Kurse dauern für alle Teilnehmer sechs Monate.

Anschließend treffen wir im Gemeindezentrum Frauen und Kinder. Die mit uns reisenden Männer dürfen nicht eintreten.

Jugendclub und Ausschuss für Frauenfragen

»Asalaamu alaykum.« Sie waren überglücklich. Lächeln.

Die Frauen nannten mich »Angelina bibi« (bibi ist eine respektvolle Anrede für eine Frau).

Man spricht über Gewalt in der Familie und wie damit umzugehen sei. Sie erfahren, welche Menschenrechte sie als Frauen und Kinder haben.

Noch vor einem Jahr lebten sie in Plastikzelten und hatten sehr viel mehr Probleme als heute. Heute geht es ihnen viel besser. Sie haben sich Lehmhütten gebaut. Sie scherzen. Sie sind besorgt, weil die Lebensmittel manchmal zu spät geliefert werden. »Wir sind verzweifelt, denn unsere Familien sind groß.«

Ich lernte zwei junge Mütter mit ihren Babys kennen. Ein Kind war geistig beeinträchtigt, das andere war krank. Wie die meisten Mütter auf der Welt, gingen sie liebevoll und zärtlich mit ihren Babys um. Bei all dem, was hier passiert, machen sie sich um ihre Familien große Sorgen. Sie haben Angst.

Das kranke Baby litt unter einem juckenden Ausschlag. Das Kind hat große, braune Augen. Es starrt mich unverwandt an. Die Mutter stellt es auf und zeigt mir die Hitzeblasen auf seinem Rücken.

Man erzählte mir von einem sechsjährigen Mädchen. Man hatte es vergewaltigt, erstickt und dann in eine Latrine geworfen. Die Mutter wollte das Verbrechen der Polizei nicht melden, weil sie zusätzliche Schwierigkeiten befürchtete. Ich fragte diese Frau, ob sie mir etwas mitgeben wolle, das ich den Amerikanern sagen sollte. »Wir wollen Frieden in Afghanistan.«

Eine andere Frau erzählte mir, ihr Mann sei an einem Herzinfarkt gestorben. Sie sprach mit sehr viel Nachdruck und sah mich dabei unverwandt an. Man übersetzte: »Was würdest du tun, wenn dir so etwas passierte? Was würdest du tun? Unser Leben ist zu Ende. Es ist vorbei. Unsere Kinder haben keine Zukunft – unsere Kinder brauchen aber eine Zukunft.«

Als ich das hörte, konnte ich mir nicht helfen. Ich weinte. Sie flehte: »Bitte, vergiss uns und unsere Familien nicht.«

Ich gehe zu einer Gruppe junger Mädchen weiter. Vier von ihnen geben mir eine mit Perlen besetzte Nadel, ein Haarband und Stickerei. Das ist so Brauch, wenn man einen Gast begrüßt. So will es die afghanische Kultur.

Hier wie in den anderen Lagern auch ist es sehr heiß. Es gibt keinen elektrischen Strom. Das Lager ist nicht sehr gut gesichert.

Die Mädchen erhalten keine Berufsausbildung, sie erwerben nur Grundkenntnisse. Die Frauen vermitteln sie sich untereinander.

Sie möchten mehr lernen. Sie sind wirklich lernwillig, aber sie sitzen überwiegend herum, sticken, nähen und stellen Schmuck her (ohne Bezahlung). Sie möchten arbeiten und Geld verdienen, damit sie mehr Nahrungsmittel für ihre Familien kaufen können. Sie möchten spüren, dass sie mit ihrer Arbeit die Lage verbessern.

Aber vor Lebensmittelausteilung, Wohnungsprogrammen, Berufsbildung und Versorgung muss die Sicherheit stehen. Das UNHCR gibt ihnen den Schutz, den sie brauchen. Es ist mehr Geld nötig, und die Probleme müssen stärker ins Bewusstsein der Weltöffentlichkeit treten.

15 Uhr

Wir suchen ein Hotel am Ort auf. Mr. Ahmad, mein Sicherheitsoffizier (bewaffnet) bestand darauf, als Erster mein Zimmer zu betreten und zu inspizieren. Er sah sich gründlich um und blickte auch aus dem Fenster. »Alles in Ordnung.«

Mr. Ahmad begleitet mich seit meiner Ankunft. Meist hält er einen höflichen Abstand, sofern ich nicht seinen Schutz brauche. Ich erkenne oder verstehe nicht, was er bemerkt, wenn er sich irgendwo umsieht. Gestern, mitten auf dem Markt, rief er mich plötzlich eilig zum Auto zurück. Ich frage nie nach dem Grund. Ich frage ihn nichts. Ich weiß, ich verstehe hier so vieles nicht, als Außenstehende bin ich förmlich blind.

»Wenn jemand an Ihre Tür klopft, antworten Sie nicht. Rufen Sie mich. Ich bin im Zimmer direkt gegenüber.«

Wir nahmen das Abendessen zusammen mit den hiesigen UNHCR-Mitarbeitern ein. Ein Uniformierter mit Gewehr im Anschlag öffnete die Tür. Alle zogen die Schuhe aus, bevor sie den Raum betraten. Wir nahmen auf Kissen Platz.

Der Raum hatte eine kleine Klimaanlage, und es lief zusätzlich ein Ventilator, trotzdem war es brütend heiß. Man sagte mir, es sei nicht einer der heißeren Tage. Wie schon so oft zuvor dachte ich, ich würde gleich ohnmächtig. Man kann sich leicht vorstellen, wie diese Hitze Menschenleben kostet.

Im Winter – in den Plastikzelten – erfrieren viele Menschen, insbesondere Kinder, während der Nacht. Während der heißen Tage werden die Zelte dagegen wie Backöfen. Man darf nicht darüber nachdenken, es ist zu schrecklich.

Mittwoch, 22. August

Heute bin ich um 6:30 Uhr aufgestanden.

Erster Halt: Das UNHCR-Büro in Peshawar, wo ich einen kurzen Lagebericht erhalten soll. Ich erfahre, dass die ersten Flüchtlinge vor 20 Jahren eingetroffen sind.

Vielen Flüchtlingen in einem der großen Lager in diesem Gebiet drohte zum 30. Juni die Ausweisung.

Nach langen Verhandlungen mit dem UNHCR hat die pakistanische Regierung nun die Frist bis zum 30. September verlängert. Nach 20 Jahren und Millionen von Flüchtlingen innerhalb ihrer Grenzen wollen die Pakistani sie jetzt loswerden, selbst wenn – wie alle wissen – das bedeutet, sie den Landminen der Taliban auszuliefern.

Die Zeit muss reichen, um die Daten aufzunehmen. Die Zeit muss reichen, so viele Flüchtlinge wie möglich vor der Abschiebung zu bewahren und einen neuen Aufenthaltsort für sie zu finden.

Ich bemerke Papierstapel. Jeder trägt ein schwarzweißes Passfoto.

Roy Herrmann führt mich herum. Ich betrete verschiedene Räume. Es ist noch früh am Tag, aber alle Anwesenden wirken sehr beschäftigt. Ich möchte keinen Moment ihrer Zeit beanspruchen. Wir sollen um 16 Uhr nach Quetta fliegen, aber man rät uns, auf das Wetter zu achten. Falls es regnet, werden wir vermutlich nicht starten.

Das Büro ist bescheiden eingerichtet. Die Räume sind voller Regale und Bücher. Es gibt Ventilatoren, trotzdem ist es hier drinnen sehr warm. Pro Tag werden rund 100 Anträge eingereicht, aber nur vier oder fünf können bearbeitet werden. Sie brauchen mehr Unterstützung. Das UNHCR hat Einsparungen und Finanzknappheit hinnehmen müssen.

Zentrum für Straßenkinder und Bettlerinnen

In diesem Zentrum leben mehr Flüchtlinge aus städtischen Gebieten.

Das UNHCR kann sich nur um die Flüchtlinge in Lagern kümmern. In den städtischen Gebieten gibt es also keine Unterstützung durch die Regierung. Städtische Gebiete werden nur durch NGOs und Nachbarschaftshilfe betreut. Das UNHCR unterstützt allerdings einige der NGOs.

Auf dem Boden sitzen 20 Kinder, Jungen und Mädchen, getrennt in unterschiedlichen Reihen. Dies ist keine Regelschule.

In einem anderen Raum lernen Kinder Dari. Mein Übersetzer erklärt mir: »Sie möchten ein Begrüßungslied für dich singen.«

Diese Kinder sind so arm, und doch lächeln sie und singen. Ihre Mienen sind ernst. Sie konzentrieren sich auf ihr Lied.

Einige der Kinder tragen sehr schwere, sichtbare Narben. Sie alle vermissen Afghanistan und möchten zurückkehren.

Als die Kinder eintrafen, waren sie unterernährt und litten unter erheblichem Vitaminmangel. Sie waren vierzehnjährige Jungen, sahen aber viel jünger aus. Jetzt lernen sie tischlern und schweißen. Einige wollen Arzt oder Kupferstecher werden.

Ein Lehrer sagt: »Sie sind voller Hoffnung.«

Lager Nasir Bagh

Diese Menschen werden bald wieder gehen müssen. Das UNHCR hat Zeit ausgehandelt, um die Bedürftigsten auszugliedern, bevor die anderen ausgewiesen werden.

Diese Gemeinde wird vollständig aufgelöst. Vor dem Zelt der Meldestelle stehen die Flüchtlinge und warten – es sind mehr als 100 Personen. Sie wissen über ihre Lage Bescheid, und sie werden unruhig.

Ich halte den Blick gesenkt, als wir eintreten. Ich tue das nicht, weil ich mich bedroht oder als Frau an diesem Ort deplaziert fühle, sondern weil ich so hilflos bin und weil ich mich schäme. Viele Frauen wollen beim Interview nur mit einer anderen Frau sprechen. Verzweifelt versuchen sie, zusammen in dieselbe Gruppe und denselben Konvoi zu kommen. Wenn sie schon einen weiteren Versuch in einem anderen Gebiet wagen müssen, dann wollen sie wenigstens zusammenbleiben.

Niemand möchte allein gelassen werden.

Schule im Lager

Die Kinder sind heute nicht hier. Ich lernte vier Lehrer kennen – einen Mann und drei Frauen. Eine dieser Frauen hielt ein Baby im Arm. Sie unterrichtet hier seit acht Jahren. So viel Arbeit wurde hier investiert, um im Laufe der Jahre aus einem Lager eine Gemeinschaft zu machen – wie bescheiden auch immer.

An den Wänden hängen Landkarten für die Kinder. Insgesamt unterrichten 20 Lehrer an dieser Schule. Sie haben 3000 Schüler (1000 Jungen, 2000 Mädchen). Es ist eine der größten Schulen für afghanische Flüchtlingsmädchen.

Ich frage, wie es mit ihnen mit dem September geht, denn in diesem Monat soll ein großer Teil des Lagers eingeebnet werden. Sie meinen, es sei das Beste, bis zum letzten Tag zur Schule zu gehen. Sie werden bleiben, so lange es geht. Sie hoffen, irgendwann »Behelfsschulen« einzurichten, wohin der Großteil dieser Flüchtlinge gehen kann, wenn das Lager evakuiert ist. Der Raum, in dem wir jetzt sitzen, gehört zu dem Bereich, der eingeebnet werden soll.

Anschließend besuche ich eine kleine Tagesstätte im Lager.

Die Frauen dort wollen nicht nach Afghanistan zurück. Dort dürften sie nicht lernen. Auch bezahlte Arbeit für Frauen ist verboten. Vor allem aber fürchten sie die Taliban: Sie fürchten sie für ihre Familien.

Ich trete zur Seite und beobachte. Wie soll ich für diese Menschen sprechen? Ich kenne weder Hunger noch Krieg.

In der Ecke sehe ich zwei kleine Kinder beim Teppichknüpfen. Eine Mutter erläutert, dass sie zu Hause einen Kindergarten besuchen würden. Wie fühlen sich Eltern, die ihre kleinen Kinder zur Arbeit zwingen müssen? Es ist unvorstellbar.

Sie müssen zusehen, wie die Kinder in diesem Lager durch den vielen Staub krank werden. Sie leiden an Allergien und an schweren Atemwegserkrankungen.

Sie sagen uns, wir sollen wissen, wie dankbar sie der pakistanischen Regierung für ihre Gastfreundschaft sind.

Ich lernte eine weitere Frau mit vier kleinen Kindern kennen. Sie arbeitet für 40 US-Dollar im Monat im medizinischen Zentrum. Sie will nicht nach Afghanistan zurück. Dort dürfte sie nicht mehr arbeiten.

Die Frauen luden uns ein, zum Mittagessen zu bleiben. Wenn wir diese Einladung angenommen hätte, wären die ohnehin kleinen Rationen noch weiter geschmälert worden. Wir lehnen höflich ab: »Vielen Dank, aber wir haben einen Terminplan, und uns bleibt für das Mittagessen leider keine Zeit.«

Als wir langsam fortfuhren, umringten uns kleine Kinder. Sie winkten und riefen: »Bye, bye!«

Ein Kleines wischt den Staub vom Autofenster, damit es hineinsehen kann. Das Mädchen lächelt mich an. Ich lege meine Hände gegen die Scheibe. Sie tut dasselbe von außen.

Ich möchte ihr so gern irgendetwas geben, aber ich habe nichts bei mir, was ich allen schenken könnte. Ich habe drei kleine Armbänder und ein Tuch bei mir. Wenn ich darüber nachdenke, wird mir klar, dass sie von mir gar keine Geschenke erhoffen oder erwarten. Ich glaube, sie sind einfach glücklich über einen neuen Besucher, über jemanden, der sie anlächelt und bereit ist, einige Worte mit ihnen zu wechseln.

Die Kinder rannten neben dem Auto her, als wir abfuhren. Sie liefen barfuß über Lehm und Steine. Ein Mädchen stürzte. Ich sehe zurück. Es ist nichts passiert. Ein kleiner Junge hilft ihr auf. Sie lächelt.

Wir fahren in einen Lagerbereich, der bereits aufgelöst wird. Alle Fenster, Türen und hölzerne Gebäudeteile wurden abgebaut. Bisher wurden 1042 Familien aus diesem Lager nach Afghanistan zurückgebracht.

Es wurde enormer Druck ausgeübt. Einige Menschen mussten zur Rückkehr gezwungen werden. In dieser Gegend werden die armen Pakistani davon profitieren, wenn sie das Land zurückerhalten, das sie mit den Afghanen hatten teilen müssen. Mehr als 20 Jahre lang haben sie dies Gebiet – ihre Heimat – mit Flüchtlingen teilen müssen. Die internationale Gemeinschaft darf nicht verlangen, dass sie so viel von dieser Last tragen. Die Situation ist außerordentlich kompliziert, aber, einfach gesagt, der Krieg betrifft sowohl die Flüchtlinge als auch die Gastländer. Die Flüchtlinge sind den Gastländern sehr dankbar. Ich glaube, wir sollten den Gastländern nicht nur helfen, die Flüchtlingsprogramme gut abzuwickeln. Wir sollten ihnen auch danken. Wir sollten anerkennen, wie viele Menschen in den Gastländern leben. Wir sollten den Einheimischen und den Regierungen danken.

Was Pakistan betrifft, ist die Sache kompliziert. Viele Pakistani fühlen sich verantwortlich, denn die Taliban stammen von hier. Ein Mann sagt mir: »Das ist, als wenn du einen Alligator aufgezogen hast, und nun wird er immer größer und will dich fressen.«

Wir halten am Friedhof eines Flüchtlingslagers. Er erstreckt sich über viele Quadratmeilen. Da sind auch frische Gräber. Vor allem die Kinder sterben, sagt man mir. Viele Familien flohen nach Pakistan und brachten ihre Toten mit, die sie hier beerdigten.

Im Gespräch mit den Familien möchte ich fragen, wie sie mit der bevorstehenden erzwungenen Rückkehr zurechtkommen. Diese Menschen haben sich ein neues Leben aufgebaut. Nun müssen sie alles einreißen, packen, fortgehen und neu anfangen. Mir fehlen die Worte. Eine Frau beginnt zu weinen.

Man sagt, es ist auch für die UNHCR-Mitarbeiter sehr schwer. Sie werden oft versetzt und dürfen nicht zu lange an einem Ort bleiben. Es ist oft nicht leicht, gefühlsmäßig Abstand zu halten und professionell und objektiv zu bleiben.

Sayyed Jamalludin

Das ist ein Wohlfahrtszentrum für Afghanen. Das UNHCR finanziert es als Berufsbildungszentrum. Hier werden im Jahr rund 400 Flüchtlinge ausgebildet. Als erstes begegneten wir einem Mann, der alle vier Gliedmaßen benutzten musste, um sich fortzubewegen. Er trug Schuhe an den Händen. Er leidet an schwerer Kinderlähmung. Den Behinderten geht es am schlechtesten.

Ich begreife nicht, wie sie in dieser extremen Hitze arbeiten können. Die meisten dieser Menschen sind entweder amputiert oder gelähmt, Männer wie Frauen. Sie arbeiten sehr hart. Was sie schaffen, ist unglaublich. Abgesehen von der fahrbaren Bücherei stellen sie Schuhe her, Fensterrahmen, und sie bearbeiten Steine.

Nachdem wir uns eine Weile umgesehen hatten, bat man uns in den Schatten und bot uns etwas zu trinken an – Pepsi in Glasflaschen von einem verstaubten Regal. Es war überaus großzügig. Wir trinken und wollen nicht einen einzigen Tropfen vergeuden.

Wir besuchen eine Klasse mit zwölfjährigen Jungen, die hier lesen lernen. Der nächste Raum ist mit Mädchen voll gestopft. Sie üben lesen. Es ist aufregend zu erleben, wie diese Kinder einen Zugang zur Schulbildung bekommen.

Eine Frau sprach uns an: »Gott danke euch für eure Hilfe. Ohne sie wären unsere Hände gebunden.«

Diese Frauen sind so stark. Ihre Augen lächeln durch den Schleier hindurch.

Haji, unser Begleiter an diesem Ort, sagt: »Danke, und Gott segne euch, weil ihr euer bequemes Leben hinter euch lasst, um uns zu besuchen und Zeit bei uns zu verbringen.«

Als wir abfahren, bemerke ich noch andere vollständig verschleierte Frauen. Diese Kleidung, die den ganzen Körper und den Kopf verhüllt und nur winzige Löcher für die Augen freilässt, nennt man Burka.

In Iran ist dieser Schleier schwarz, in Pakistan weiß. In Afghanistan ist er normalerweise blau. Man kann zu diesen Frauen keinen Blickkontakt aufnehmen. Die Kinder erkennen den Gesichtsausdruck ihrer Mutter nicht.

Keine Individualität – kein »das bin ich« – und es ist sehr heiß. Ich habe mir eine Burka gekauft und anprobiert. Ich fühlte mich wie im Käfig. Das ist ein schreckliches Kleidungsstück.

Donnerstag, 23. August

Heute Morgen bin ich um 6:30 Uhr aufgestanden.

Beim Kaffee unterhielt ich mich mit Yusuf über die Frustrationen, über den Mangel an Mitteln und die Einschnitte in die Programme.

Wir sprachen auch darüber, wie bedauerlich die falschen Vorstellungen der Leute von den Flüchtlingen sind, und wie unwillig sie diese in ihre Gemeinschaft aufnehmen.

Unser Bild von Flüchtlingen muss sich ändern. Sie verdienen Respekt. Wir müssen unsere Augen öffnen und die wunderbaren Unterschiede wahrnehmen, die es auf dieser Welt gibt.

Kurzer Lagebericht zu Quetta

Der Stab in Quetta besteht aus 15 Mitarbeitern, davon vier aus anderen Ländern. Veronique kommt aus Nigeria.

Wir gingen herum, stellten uns vor und erklärten, was wir hier tun.

Vor sechs Monaten bin ich zum ersten Mal mit dem UNHCR gereist und begann zu begreifen, was es heißt, Flüchtling zu sein, Mensch in »von Menschen gemachtem Elend«.

Ich erzähle, welche Länder ich besucht habe: Afghanistan, Sierra Leone, Kambodscha.

Ich blicke mich in diesem Raum voller müder Gesichter um. Eine Frau sagt: »Wir alle tun, was wir können.« Sie kommt aus Afrika und arbeitet seit fast einem Jahr hier.

Eine der Frauen in diesem Kreis, Serena, arbeitet schon seit 1983 in diesem Büro. Es ist mir eine Ehre, diese Leute vom UNHCR zu kennen und mit ihnen zusammenzuarbeiten. Es sind gute Menschen. Von ganzem Herzen möchten sie allen Flüchtlingen helfen, aber ihnen stehen so wenige Mittel zur Verfügung. Jeder Einschnitt bedeutet, dass so viele Menschen leiden. Dies ist die harte Wirklichkeit: Es hängt ein Menschenleben an jedem Dollar, den das UNHCR bekommt.

Wir fahren eine Stunde lang zum Flüchtlingslager Neu Saranan.

Während der Fahrt sehe ich Kamele, aufwändig geschmückte Busse, Zäune aus Stacheldraht und Menschen, die sich in den wenigen schattigen Flecken zusammengerollt haben. Ich erfahre, dass die Afghanen ein Volk von Bauern sind. Sie besitzen Unternehmungsgeist und arbeiten hart. Sie leben irgendwo in der Wildnis und haben praktisch nichts zur Verfügung. Und doch gelingt es ihnen, kreativ und künstlerisch zu sein. Auf ihren kleinen Kunstmärkten legen sie auf Eselkarren ihre Arbeiten und manchmal sogar Obst aus.

Als wir im Auto sitzen, wird überprüft, ob meine Tür verriegelt ist. Es ist kaum eine Frau zu sehen, das war mir schon aufgefallen. Wir fahren an dem Markt vorbei. Ich bemerke neue Zonen mit Flüchtlingen, aber ohne Unterkünfte.

Es gibt auch keinen Schatten und kein Wasser.

Ich sehe einen kleinen Jungen mit einem Stock und zwei kleinen Ziegen.

Wie überleben diese Menschen? Ich sehe, wie wenig sie besitzen. Sie nutzen alles, was sich bietet. Alles ist kostbar. Ich denke daran, wie viel ich zu Hause vergeude und wie viel mehr mir zur Verfügung steht, als ich eigentlich brauche (Wasser, Nahrung, Kleidung und so weiter).

Flüchtlingslager Neu Saranan

Die Lager in Pakistan gleichen sich. Es ist überall dasselbe:

- Eine Welt aus Staub
- Lehmpfade
- Häuser aus Lehm und Zelte.

Das Lager ist sieben bis acht Kilometer lang. Die einzige Wasserstelle liegt 17 Kilometer entfernt. Als ich aus dem Auto stieg, stand ich in einer Staubwolke. Der Staub drang in meine Augen, in meinen Hals.

Wir halten am medizinischen Zentrum. Es besteht aus sehr kleinen Räumen mit alten Tischen und verstaubten Teppichen. Hier wird Physiotherapie gegeben. Die häufigsten Krankheiten sind Kinderlähmung, Knochentuberkulose, Verbrennungen, Verletzungen durch Landminen und Gewehrkugeln sowie Traumen. Mehr als 50 Prozent der Patienten dieses Zentrums sind Kinder unter fünf Jahren.

Es gibt einen Raum für Frauen. Drei Frauen liegen bäuchlings auf alten Matten. Sie können ihre Beine nicht gebrauchen. Sie versuchen, sich hochzustemmen und ihre Rückenmuskeln zu trainieren.

Draußen traf ich einen Afghanen mit weißem Bart. Seine Frau war blind, seine beiden Söhne hatte man getötet.

Für das Lager Saranan gibt es keine Mittel, um behinderte Menschen auszubilden.

Ein anderer Mann erzählt mir seine Geschichte. Er hat einen Arm und ein Auge verloren.

Einige Leute beklagen sich. Sie sagen, das UNHCR solle mehr für die Flüchtlinge tun. Solche Worte sind für die Mitarbeiter hart. Die Menschen hier begreifen nicht, wie knapp die Mittel sind und welche Einschnitte hingenommen werden müssen.

Ein Mitarbeiter sagt dazu: »Die Menschen rund um die Welt können sich über uns beklagen, die Regierungen können unsere Programme kritisieren, aber wir setzen uns weiterhin Tag für Tag dem Anblick der Hungernden und Kranken aus, die meinen, wir müssten ihnen helfen.«

Wie kann ich deutlicher machen, was gemeint ist?

Man kann sich das vielleicht so vorstellen: Eine Gruppe

von Leuten sitzt in einem Auto. Draußen steht eine andere Gruppe von Menschen, hungrig und vom Krieg versehrt. Einige wenige Leute (vom UNHCR und andere aus der humanitären Arbeit) steigen aus und geben alles, was sie haben. Aber es reicht nicht für alle. Und dann werden die übrigen Hungernden aufsässig. Manche Leute allerdings steigen überhaupt nicht aus dem Auto aus. Sie versuchen nicht, die Probleme zu lösen. Sie können die Probleme nicht lösen, und sie wollen damit nichts zu tun haben. Wenn die Probleme überwältigend werden, tun viele Menschen einfach gar nichts mehr.

Wir gehen weiter durch das Lager ...

Zwei Frauen impfen gegen Kinderlähmung. Ein Baby schreit. Die meisten kleinen Kinder sind einsichtig und treten bereitwillig vor. Es ist so eine harmlose Impfung ... Aber sie entscheidet darüber, ob diese Kinder ihre Gliedmaßen künftig benutzen können oder nicht. Ohne solche Hilfsorganisationen würden diese Menschen wegen vermeidbarer Krankheiten noch mehr leiden.

Zehn Millionen Flüchtlingskinder unter fünf Jahren sterben jährlich, die meisten an vermeidbaren Krankheiten und an Unterernährung.

Wir betreten einen Raum, wo junge Frauen lernen. Unsere männlichen Begleiter bleiben vor der Tür. Die Mädchen stehen auf. Sie möchten uns »ein Gedicht für Bildung« aufsagen. Es ist zum Heulen: Da stehen diese jungen Frauen und sehnen sich so sehr nach einem besseren Leben und der Chance, etwas zu lernen.

An der Wandtafel stehen Mathematikaufgaben, die ich nicht lösen kann.

Man bringt uns etwas zu trinken – jede von uns bekommt etwas anderes – es ist alles, was sie haben. In einer Ecke entdecke ich einen Metallkasten auf Rädern. Er enthält Bücher.

Ich frage die Mädchen, was sie machen wollen, wenn sie erwachsen sind. Viele Mädchen antworten: Ärztin. Ein Mädchen sagt: »Wenn wir uns sehr anstrengen, schaffen wir es.«

Ich frage, was das Leben in diesem Lager am schwierigsten macht.

»Es gibt nicht genug Arbeit.«

Das klingt aus dem Mund so junger Mädchen merkwürdig.

»Wir brauchen Wasser. Trotz der Lastwagen. Es gibt nicht genug Wasser.«

Mithilfe der Übersetzerin frage ich: »Möchtet ihr nach Afghanistan zurück?« Sie antworten wie aus einem Mund: »Ja.«

Ich frage: »Warum könnt ihr jetzt nicht zurück?«

»In unserem Land wird gekämpft.« »Dort dürfen wir nicht zur Schule gehen.«

Eine ältere Frau tritt ein. Sie sagt: »Bevor die Taliban kamen, durften Frauen in den großen Städten etwas lernen.« Sie freut sich über Schulzimmer wie dieses hier, selbst wenn es in einem Flüchtlingslager ist.

Einige dieser Mädchen unterrichten die Jüngeren. Die Mädchen sehen uns lächelnd nach, als wir uns verabschieden.

Wieder treten wir in den Staub hinaus. Die Hitze schlägt über uns zusammen. Wir betreten einen kleinen Raum, wo mehrere ältere Frauen eng gedrängt sitzen und lernen.

Der Raum ist ungefähr 12 m^2 groß. Die Wände sind aus Lehm, die Decke aus Zweigen. Kleine Löcher in den Wänden dienen als Fenster. Die Frauen lernen schreiben. Eine Frau zeigt mir, dass sie ihren Namen schreiben kann. Sie ist überglücklich: »Jetzt kann ich meiner Familie einen Brief schreiben.«

Ein kleiner Junge lugt durch ein Fenster. Er hat ein zauberhaftes Gesicht. Er beobachtet uns. Vielleicht ist seine Mutter in diesem Raum. Die Frauen sagen, am wichtigsten sei ihnen an der Schulbildung, dass sie ihr Wissen jetzt mit anderen teilen können.

Wenn von Familienplanung und sicherem Sex die Rede ist, werden sie schüchtern, kichern und lachen. Das Thema ist ihnen peinlich. Eine der Frauen hat kürzlich geheiratet. Kokett bedeckt sie ihr Gesicht, als wir fragen, ob sie darüber Bescheid weiß.

Sie möchten, dass wir sie fotografieren: »Könnt ihr uns ein Foto schicken? Wir möchten, dass unsere Familien uns in der Schule sehen.« Es war ein Erlebnis, mit ihnen zu reden.

Draußen standen wir einige Minuten lang im Schatten der Wand. Ein paar Jugendliche und Soldaten mit Gewehren standen in der Nähe.

Ungefähr eine Stunde lang habe ich gar nichts schreiben können. Mir ist übel. Ich brauche Wasser, vielleicht geht es mir dann besser.

Wir fahren ins nächste Gebiet. Wir fahren an kleinen, alten Leinenzelten vorbei. Alles ist so staubig, man kann sie kaum erkennen. Es sieht aus wie das Ende der Welt – ein vergessener Ort. Wie leben die Menschen hier?

Wieder ist eine Stunde vergangen. Wir sind in den Bergen und fahren über kurvenreiche Straßen. Um uns herum nichts als Staub und Felsen. Wir überholen einen mit Passagieren völlig überladenen Bus.

Aus der Klimaanlage unseres Lastwagens kommt heiße Luft. Ich ertappe mich bei Tagträumen über meinen Kühlschrank und den kühlen Hauch, den ich spüre, wenn ich die Schiebetüren zu meiner Küche öffne. Das klingt bestimmt albern, aber es ist wahr. Bei dieser Hitze treiben die Gedanken, wie sie wollen. Ich muss mich auf etwas anderes konzentrieren, dann ist mir nicht mehr so übel.

Ich denke darüber nach, was all diesen Menschen hier geschieht – es ist so viel unbeschreiblich Bedrückendes. Ich fühle mich hilflos. Es ist die Hölle auf Erden, aber die Menschen –

diese Menschen sind wie ein Wunder. Sie sind beispielhaft. Sie arbeiten so schwer, um zu überleben.

Wir fahren an einigen Lehmhütten und Obstbäumen vorbei. Davon leben die Bewohner vermutlich. Es gibt deutliche Anzeichen für die Auswirkungen der Dürre auf diese Landstriche.

Wir überholen einen Lastwagen voller Baumstämme. Sie müssen das Holz verkaufen. Einer der Arbeiter sagt: »Es dauert sieben Jahre, bis solche Bäume nachgewachsen sind, und sie wachsen auch nur, wenn die Dürre vorbei ist.«

Wenn diese Menschen keine finanzielle Unterstützung bekommen, wird auch dies zu einem Gebiet ohne Zukunft werden.

Wir fahren an einem Flüchtlingslager vorbei, das wegen Mangel an Ressourcen geschlossen werden musste. Die Bewohner wurden in ein anderes Lager verlegt. Wir halten neben einigen eingerissenen Gebäuden an. Einige Familien sind geblieben und leben jetzt zwischen den Trümmern. Ich bemerke nur Frauen und Kinder.

Kleine, barfüßig Jungen rennen auf uns zu. Sie sind so jung, aber auf ihren Gesichtern liegt tiefe Traurigkeit. Sie sind alle spindeldürr, und die Bäuche sind leicht geschwollen. Wo sie spielen, ist die trockene Erde aufgerissen und mit scharfkantigen Steinen übersät.

Wir geben ihnen Wasserflaschen, die wir auf dieser Fahrt in einer Kühlbox mitführen. Ich hatte das für überflüssig gehalten, aber jetzt begreife ich. An Orten wie diesem hier gibt es immer viel zu bedenken.

Eine Gruppe Frauen kommt auf uns zu. Dieses verlassene Lager kommt mir vor wie die Ruinen einer uralten Zivilisation.

Ich frage eine der Frauen: »Dürfen wir hier sein? Stört es euch nicht?«

Sie antwortet: »Warum? Gott sollte uns mehr Gäste schicken.«

Eine der Frauen ist schwanger. Im Gesicht trägt sie blaue Stammestattoos. Sie trägt farbenfrohen Schmuck.

Diese Frauen erzählen uns, sie seien 1979 aus Afghanistan gekommen. Warum, frage ich.

»Weil es Krieg mit Russland gab. Wir verließen unsere Häuser und das bewässerte Land. Jetzt sind da die Taliban. Wir können nicht zurück.« Sie bitten uns in einen kleinen Raum und breiten eine alte, verstaubte Steppdecke auf dem Boden aus.

Ich frage, ob es in der Nähe eine Krankenstation gibt. Ihre Blicke sagen sehr deutlich: Wie kommst du darauf?

Ich bemerke einen kleinen, sehr bedrückt aussehenden Jungen. Er trägt nur Lumpen und hat große, tränende Augen. Es gibt sich solche Mühe zu lächeln.

Ich frage, ob sie etwas von Amerika wissen?

»Ja. Unsere Männer sagen, Amerika hilft uns.«

Ich frage, ob sie Amerika etwas sagen wollen?

»Warum müssen wir leiden?« »Warum ist unser Leben so verzweifelt?« »Wir sind Amerika für seine Hilfe dankbar – aber bitte, wir brauchen mehr Nahrung und Wasser und wir wollen nicht mehr so viele Tote.«

Wir fragen, ob wir sie fotografieren dürfen?

»Nein, unsere Männer würden schimpfen.« Wir verstehen. Aber sie bitten uns, ihre Kinder zu fotografieren.

Der kleine Junge hat Angst. »Er hat noch nie eine Kamera gesehen.«

Wir sprechen über die Lebensmittelknappheit. »Meine Familie kann sich nur einen Sack im Monat leisten. Wir bringen unseren Kindern bei, mit weniger auszukommen.«

Eine Frau berichtet, dass ihr elfjähriger Sohn einen Monat lang irgendwo arbeitet. Harte Arbeit. Harte Arbeit bedeutet einen Monatslohn von 8 US-Dollar. Ein anderer Junge ist unterwegs, um Feuerholz zum Kochen zu sammeln.

»Wir wissen nicht, ob unsere Söhne tot oder am Leben sind.«

»Wir leben wie im Gefängnis.«

»Wir sind dankbar für euren Besuch.«

»Es ist, als hätten uns unsere Mütter und Schwestern besucht.«

»Wir danken euch für euren Besuch. Wir werden für euch beten.«

Ich hatte ungefähr 3000 Rupien bei mir. Ungefähr 60 Rupien sind ein Dollar. Ich fragte die UNHCR-Mitarbeiter, ob ich den Frauen dies Geld geben dürfe? Ja, sagten sie. »Solange klar ist, dass es kein Geld vom UNHCR ist. Sonst denken sie, dass sie auch in Zukunft Bargeld bekommen. Einverstanden?«

»Ja.«

Sie waren so dankbar. Diese Menschen leben von einem Tag zum nächsten.

Sie schenken mir ein paar Perlen. Sie wünschen sich, dass ich wiederkomme.

Ich kann nur staunen. Falls ich wiederkomme – vielleicht in einem Jahr – werden sie dann noch am Leben sein?

16:30 Uhr, Außendienstbüro des UNHCR

Wir haben zu Mittag gegessen. Wir waren alle sehr hungrig. Ich weiß nicht mehr, was ich gegessen habe, aber ich war froh, dass es überhaupt etwas gab.

Flüchtlingslager Surkhab

Wir werden von drei bewaffneten und uniformierten Offizieren begleitet. Zwei von ihnen folgen uns, einer steht auf dem Bett, hinten in unserem Lastwagen.

Ich will nicht fragen, weshalb das erforderlich ist, aber ich vermute, das hier ist auch für die Flüchtlinge gefährliches Gebiet. Die Lager liegen unmittelbar hinter der Grenze mit Afghanistan. Auch für sie ist das Sicherheitsrisiko größer.

Im Lager traf ich eine Gruppe Frauen, die schon seit 20 Jahren hier leben.

»Wir kamen während des ersten Krieges.«

»Wir werden hier alt.«

Sie legten Matten für uns aus, ließen uns Platz nehmen und servierten Tee. Ihre kleinen Töchter kamen und setzten sich neben sie.

Ihre Stickereien scheinen den Frauen Freude zu machen. Es ist alles wunderschön, was sie herstellen. Für ein einzelnes Stück dieser Stickarbeit brauchen sie drei Monate. In Amerika könnte man jedes einzelne Stück wahrscheinlich für ein paar hundert Dollars verkaufen. Hier bekommen sie dafür nur wenig, nur den Gegenwert einiger Dollars – vorausgesetzt, sie können ihre Arbeiten überhaupt auf einen Markt bringen und verkaufen.

Die Frauen in diesem Lager haben nicht die Möglichkeit, andere berufliche Fertigkeiten zu erwerben. Sie hoffen und bangen für die Zukunft ihrer Kinder. Eine Frau erzählt: »Ich bin die dritte Frau meines Mannes.«

In meiner Ahnungslosigkeit hatte ich mir nicht klar gemacht, dass ein Mann in diesem Teil der Welt mehrere Frauen haben kann.

Sie zeigen uns einen kleinen Wasserlauf im Lager. Sie sind froh, dass sie daraus trinken können, wenn die Trinkwasserversorgung einmal nicht klappt. Man sagt mir, das Wasser in diesem Bach sei kein Trinkwasser, aber wegen der Dürre und aus dem Versorgungsmangel heraus trinken sie es trotzdem.

Die Schule ist vorbei. Jungen rennen zu uns herüber. Sie sehen, wie wir fotografieren und wollen auch mit aufs Bild.

Die Jungen waren stolz auf ihre paar Brocken Englisch. Sie wiederholten »Danke«, »Willkommen«, und sie lächelten viel. Sie lachten, als eine von uns versehentlich ins Wasser trat.

Bei Sonnenuntergang fahren wir wieder ab. Der Himmel ist wolkenlos, die Sonne ein orangefarbener Ball. Sie kam mir größer vor als ich sie je zuvor bei einem Sonnenuntergang erlebt habe. Ich bemerke ein Schild an der Wand des kleinen, aus Lehm erbauten Schulhauses. Das Schild ist sehr groß und bunt. Dort steht:

Einheit
Disziplin
Glaube

Freitag, 24. August

Jedermann betet hier fünfmal am Tag.

Ich habe auch viele Friedhöfe gesehen. Auf die Gräber sind Zweige mit Stoffstreifen gesteckt, die im Wind flattern. Ich habe einige wenige hohe, weiße Grabsteine gesehen. Vor einem Grab in einer Ecke des Friedhofs haben sich Frauen versammelt. Ich denke an Verlust. Ich denke an meine Familie.

Ich bemerke einige Ziegenhirten. Sie haben Stöcke. Einer der Jungen ist ungefähr zehn Jahre alt. Er hütet zwölf Ziegen. Ihr Fell ist schwarz und schütter. Einige Leute liegen unter Decken und schlafen. Zwischen 12 und 14 Uhr versuchen viele Menschen hier, die heißeste Zeit zu verschlafen.

Flüchtlingsansiedlung Loralai

Heute Vormittag besuchen wir Loralai. Wir halten vor einer Schule, die von »Save the Children« geleitet wird.

An den Wänden steht:

Willkommen
Wissen ist Macht
Wir wollen Frieden: Überall auf der Welt

An eine Wand ist eine farbenfrohe Landkarte von Afghanistan gemalt. Wir besuchen zuerst die Mädchenklasse. Die Kinder sitzen im Schneidersitz am Boden. Der Raum ist staubig. Das stört sie nicht. Sie sind froh, dass sie zur Schule gehen dürfen.

Die Lehrerin fragt: »Wer von euch ist in diesem Lager zur Welt gekommen?«

Alle heben die Hand.

»Wir wollen in unsere Heimat zurückkehren. Hier sind wir nicht zuhause.«

Sie lernen Pashto, ihre Muttersprache.

In der sechsten Klasse sind nur ungefähr ein Viertel der Schüler Mädchen. Die Dorfgemeinschaft übt Druck aus, damit sie sich verloben.

Nur die Söhne machen Lohnarbeit. Ein Mädchen lächelt mich an, und es wärmt mir das Herz. Ein anderes Mädchen liest etwas vor, wieder andere singen. Man übersetzt mir den Text. Es geht um den Wiederaufbau von Afghanistan, um die Einheit der verschiedenen Stämme. Ich notiere einen Teil des Textes, wie er mir übersetzt wurde: »In diesem entscheidenden Augenblick, wie kann unser Freund unser Feind sein? Du bist auf Besuch gekommen. Du bist unser Freund. Wir wollen unser Land wieder grün und glücklich machen.«

Diese jungen Menschen brauchen Stärke für den Wiederaufbau. Sie müssen eine bildende Kraft werden.

Die Leiter der Schule sagten: »Wir freuen uns, dass ihr uns besucht. Wir arbeiten hart, und die Schüler tun es auch. Wir möchten unser Programm fortführen.«

Sie befürchten, das Programm könne wegen fehlender Gelder beendet werden. Ein zauberhaftes, barfüßiges kleines Mädchen kommt nach vorn. Um den Kopf trägt sie ein staubiges Tuch. Es ist weiß und mit kleinen braunen Blumen bestickt. Sie hält ein altes, dünnes Notizbuch in der Hand.

Sie liest ein Gedicht vor:

Wir versprechen,
wir bemühen uns zu lernen.
Lernen ist spannend.
Wir wollen keinen Kampf.
Wir wollen Frieden.

Eine der Frauen vom UNHCR, die uns begleitet, beginnt zu weinen, auch ein älterer Mann weint. Er muss sich abwenden. Dann fange auch ich an zu weinen. Die Frau sagte: »Wir wollen nicht, dass Afghanistan zerstückelt wird. Bitte, bitte: Frieden!«

Draußen haben sich kleine Jungen aufgestellt. An den Füßen tragen sie staubige Plastiksandalen. Ein kleiner Junge tritt ein und geht zur Wandtafel. Er will zeigen, dass er schreiben kann. Er schreibt von rechts nach links.

Ich frage ihn, was er sein will, wenn er erwachsen ist.

»Mula«, antwortet er. (Das bedeutet so viel wie »Priester«, erklärt man mir.)

Die anderen Kinder lächeln und verraten, was sie sein wollen:

»Lehrer.«

»Ärztin.«

»Ein Anwalt für Gerechtigkeit«, sagt ein achtjähriger Junge.

»In der Regierung.«

Alle sitzen im Schneidersitz auf staubigen Matten auf dem Boden. Wer eine Antwort geben will, steht auf. Alle lächeln sie. Sie freuen sich, weil sie erzählen dürfen, was sie einmal werden wollen.

Ich frage: »Und wo wollt ihr diese Berufe ausüben?«

»Afghanistan.«

Die Lehrerin trat auf mich zu und überreichte mir eine Stickerei. Sie sagte: »Eins der Mädchen aus der fünften Klasse möchte dir dies schenken. Sie sagte: Das ist als Dank an unsere Besucherin.« Ich bedankte mich bei dem Mädchen. Die Klasse übte gerade lesen. Stolz zeigten sie mir, was sie konnten.

Die Mädchen fragen nach meinem Namen. Sie haben keine Ahnung von meinem Leben. Für sie bin ich einfach eine Frau, die gekommen ist, um sich die Dinge anzusehen und zu helfen. Sie sind so süß zu mir.

Der Schulleiter sagte: »Bitte, vergiss uns nicht. Ich spüre es, wir sind einander nahe. Nichts trennt uns.«

Wir alle sind einander nahe. Nie im Leben könnte ich diese Menschen vergessen.

Wir machen bei den »Kritischen« Halt. Das sind neu eingetroffene Flüchtlinge, aber das UNHCR muss sie als »kritische Gruppe« bezeichnen.

Dreihundert Familien wurden von Quetta hierher verlegt. Nun müssen sie es in einer noch ärmeren Umgebung aushalten. Sie werden sich nicht dauerhaft genug niederlassen können, um ihre Kinder zur Schule zu schicken. In diesem Lager gibt es nur sehr wenig, was ihnen zur Verfügung gestellt werden kann. Alle Vorräte sind aufgebraucht. Für die Mitarbeiter ist es schwer erträglich, wenn sie nicht allen Flüchtlingen etwas geben können. Das WFP versorgt sie nach besten Kräften mit Lebensmitteln.

Das UNHCR beliefert sie mit Wasser aus einem Tanklastwagen und allem Verfügbaren.

Eine ältere Frau stößt zu uns. Ganz leicht und sanft schüttelt sie mir die Hand. Die Menschen in diesem Land tun das normalerweise nicht. Händeschütteln ist für sie ein neuer Brauch. Sie eignen ihn sich ganz bewusst an.

Einige Männer bauen eifrig an kleinen Hütten aus Lehm. Die Frauen haben beim Feuerholzsammeln keine Hilfe, und meilenweit ist kein einziger Baum in Sicht.

»Wie sollen wir für unsere Familien kochen? Wir haben

nur so wenig Weizenmehl, aber wir können nicht einmal damit kochen, wenn es kein Feuerholz gibt. Erst wenden wir uns an Gott und dann an euch. Wir bitten um Hilfe.«

Diese Flüchtlinge kamen ursprünglich aus Meymaneh. Das ist eine weit im Norden gelegene afghanische Stadt. Es war ein sehr langer Weg bis hierher.

»Wie habt ihr die Strecke bewältigt?«

»Durch Wüsten und über Berge. Meistens waren wir zu Fuß. Eine kurze Strecke konnten wir auf Eseln reiten.« Sie brauchten sechs Wochen.

Ich fragte ein Kind: »Was habt ihr Kinder den Tag lang getan, als ihr in der Stadt [Quetta] gewohnt habt?«

»Wir haben jeden Tag auf dem Markt nach Arbeit gesucht, aber oft gab es nichts.«

Eine Frau erklärt: »In Quetta hat man uns viel schikaniert. Die Polizei in diesem Lager hier ist anders, deshalb können wir mehr in Ruhe leben. Wir bitten nur um ein wenig zu essen und um Unterstützung.«

Als wir das Lager verlassen, begegnet uns der Tanklastwagen mit Wasser.

Alle Leute sind froh darüber. Die Kinder sehen aus, als wäre Weihnachten.

Ein Augenblick wie dieser ändert die Sicht auf das Leben.

Wir halten den Tanklaster an, steigen aus und beobachten, wie das Wasser verteilt wird.

Die meisten Familien im Lager haben nicht die 100 Rupien pro Monat für Wasser. Also trinken sie das Wasser aus dem Bach und werden Opfer von Magen-Darmkrankheiten.

Wenn unterernährte Kinder Durchfall bekommen, überleben sie das häufig nicht.

Wenn sie keine finanzielle Unterstützung erhalten, werden sie die Wasserpumpe nicht mehr lange betreiben können, fürchten sie.

Man zeigt uns, wie die Pumpe funktioniert. Die Jungen stehen abseits und sehen mit ernsten Mienen zu. Sie haben unsere Gespräche verfolgt.

Plötzlich kommt das Wasser. Die Jungen rennen unter den Wasserschwall. Wir lachen und freuen uns.

Als ich wieder ins Auto stieg, wurde mir bewusst, wie sehr ich diese Menschen vermissen werde.

Ich hatte vorausgesehen, welchen Anteil ich an ihrer Lage nehmen würde, wenn ich ihnen von Angesicht zu Angesicht begegnete. Was denn sonst? Aber dieses Gefühl, dass wir enge Freunde werden könnten, wenn wir mehr Zeiten hätten – darauf war ich nicht vorbereitet.

Als wir uns anblickten wussten wir, dass wir auf einer Wellenlänge sind.

Wir tauschten Ansichten aus, wir lachten gemeinsam, wir sprachen über das Kunsthandwerk, wir vertrauten einander die Liebe zum Ehemann an und die Sorge und Hoffnung um die Zukunft der Kinder, denn wir wollen, dass unser Leben einen Sinn hat.

Zum Schluss halten wir noch bei den Gesundheitsstationen. Davon gibt es in diesem Lager zwei, jede für 10 000 Flüchtlinge. Für beide Stationen zusammen gibt es nur zwei Ärzte: Ein Arzt und eine Ärztin für 20 000 Menschen.

Diese Gesundheitsstationen sind sehr gut organisiert. Das UNHCR erhält monatlich einen Bericht von ihnen. Die Ärzte sind stolz darauf, dass alle Kinder geimpft wurden.

Die schwerwiegendsten Gesundheitsprobleme sind Magen-Darmerkrankungen und im Winter Atemwegsinfektionen.

Die Ärztin spricht gerade mit einer Frau. Als diese uns bemerkt, zieht sie erschrocken einen Schal über ihr Gesicht. Nur ein Auge bleibt frei. Wir wechseln einen Blick, während meine Begleiter die Ärztin begrüßen. Die Frau nimmt eine Burka vom

Boden auf und streift sie sich über. Plötzlich ist sie vollständig von einem weiten, blauen, zeltartigen Kleidungsstück verhüllt (Körper, Gestalt, Gesicht). Es sah aus wie ein blaues Betttuch mit kleinen Löchern – winzig kleine Löcher über ihren beiden Augen.

Ich möchte sie durch die Löcher hindurch ansehen, aber ich lasse es. Ich möchte ihr zulächeln, aber ich weiß nicht, ob das richtig wäre. Ich tue es trotzdem. Ich kann ihr Gesicht nicht erkennen, ich weiß nicht, wie sie darauf reagiert.

Man sagt mir, heute sei Tuberkulose-Tag.

Eine Frau und ihr Bruder sitzen draußen und warten auf das Testergebnis.

In einem kleinen weißen Kühlschrank lagern die Impfstoffe.

»Strom haben wir nicht. Wir betreiben den Kühlschrank mit Gas.«

Ein spastisch gelähmtes kleines Mädchen liegt auf einer weißen Unterlage. Ihre Mutter und eine Helferin geben physikalische Therapie. Das Kind ist ganz still und ruhig, während die Arme und Beine bewegt werden.

Wir fahren nach Quetta zurück. Es dauert drei Stunden.

Suzie hielt an und machte Fotos. Ich stieg aus und stand im Nirgendwo: Kein Schatten, keine Bleibe.

Ich denke an die Frauen und Kinder, die in dieser sengenden Hitze fast zwei Monate lang zu Fuß unterwegs gewesen waren. Ich begreife nicht, wie sie überlebten – beladen mit all ihren Habseligkeiten und fast ohne Nahrung. Wie haben sie Wasser gefunden?

Es ist unvorstellbar, was Flüchtlinge erleben, wenn sie irgendwo ankommen und man ihnen sagt: »Ihr seid in unseren Grenzen und in unseren Lagern nicht willkommen.«

In Pakistan leben bereits ungefähr 2 Millionen Flüchtlinge. Viele Schätzungen liegen sogar noch höher.

Wie gut muss es sein, wenn man eine Gruppe Menschen

wie diese Mitarbeiter des UNHCR antrifft, die dich willkommen heißen und die dir helfen wollen, die sich Zeit nehmen und dir zuhören, und die dich und deine Familie registrieren, damit du einen Hilfsantrag stellen kannst. Stellt euch vor, ihr bekommt zu essen, nachdem ihr fast verhungert wärt.

Es ist nicht erstaunlich, dass diese Flüchtlinge schon für so wenig dankbar sind.

Während unserer dreistündigen Rückfahrt durchquerten wir schweigend das ausgetrocknete Land. Es gab kein Radio. Ich hatte viel Zeit nachzudenken.

Städtische Flüchtlinge in Quetta Stadt

Hier in Pakistan gibt es drei verschiedene Kategorien afghanischer Flüchtlinge.

Die ersten kamen vor 20 Jahren während des Krieges mit Russland.

Die nächsten kamen 1995 und 1996, als die Taliban die Macht an sich rissen.

Die dritte Gruppe kam wegen der aktuellen Kämpfe und auch wegen der seit drei Jahren herrschenden Dürre.

Hier in Quetta Stadt arbeiten sogar die Flüchtlingskinder.

Das ist nicht wirklich anders als in den Flüchtlingslagern auf dem Land. Der Unterschied besteht darin, dass sie hier Geschäfte machen können, dass sie andererseits Miete und auch Schulgeld zahlen müssen (anders als in den Lagern, eben).

Hier dürfen die Kinder oft nicht zur Schule gehen, weil sie den ganzen Tag lang arbeiten müssen. Es gibt das so genannte Job-in-Zentrum, wo Kinder eine Stunde am Tag lernen können. Eine Stunde, mehr Zeit bleibt ihnen neben der Arbeit nicht. Darauf konzentrieren sie sich. Das Zentrum versucht, sie durch Anreize wie Brot und Tee zur Teilnahme zu bewegen.

Das Zentrum wird von »Oxfam« und »Save the Children« finanziert. Diese Kinder lernen die Zahlen und ein bisschen lesen und schreiben. Sie werden außerdem in Hygiene unterrichtet und erfahren wie sie sich sauber halten und auf ihren Körper achten müssen.

Der Arzt sagt: »Die Kinder müssen das lernen, denn viele verdienen sich Geld, indem sie den Müll durchsuchen.«

»Wenn sie den Grundlagenkurs absolviert haben, geben wir ihnen Tee und Brot und eine kleine Erste-Hilfe-Ausrüstung.«

Ich lernte einen kleinen Jungen kennen. Er hatte große Augen. Seine schmutzigen Hände trugen viele Schnittwunden. Er erzählte, dass er Abfälle sammelt. Dafür bekommt er 2 Rupien pro Kilo. Zwei Rupien, das ist der Gegenwert von 2 US Cents ($1 = 63,95 Rupien, und 1 Rupie = 0,0156372 US Cents).

Er lächelt und ist so unschuldig. Er ahnt nicht, wie unfair sein Schicksal ist.

Ich fragte einige andere Jungen, wer sonst noch Schrott sammelt? Fast alle Kinder hoben die Hand. Die übrigen Kinder arbeiten zusammen mit den Eltern auf dem Markt.

Ich fragte ein Kind: »Möchtest du nach Afghanistan zurückkehren?«

»Ja, aber dort wird es nie Freiheit geben.«

»Wer möchte das ABC aufsagen?«

Alle hoben die Hand wollten als erste an die Reihe.

Ein kleiner Junge wird ausgewählt. Er steht auf und verschränkt die Hände artig auf dem Rücken. Mit süßer, heller Stimme beginnt er:

»A, B, C, D ...«

Ich weine. Ich halte das nicht aus. Es ist noch ein Raum zu besuchen.

Ich stehe direkt am Eingang. Ich darf noch nicht eintreten. Ich sehe einen Stapel Schuhe. Dann darf ich hereinkommen.

Alle lächeln. Sie sind alle so freundlich zu einer Fremden.

»Asalaamu alaykum.«

Es ist dieselbe Geschichte. Ich glaube, das hier ist am schwersten durchzustehen: Diesen Kindern zuzuhören, mit ihren Prellungen und Verletzungen, ihren schmutzigen, zerlumpten Kleidern, ihren zerschnittenen Fingern, wie sie dich anlächeln. Es sind Kinder! Sie haben noch Träume. Sie sind so voller Hoffnung. Es bricht dir das Herz.

Als wir abfahren, stürmen alle Kinder heraus, stellen sich vor einer Wand auf und winken zum Abschied.

Im Auto versuchten Zaida und ich, die Programme und die Übereinkunft für die Rechte des Kindes zu diskutieren, aber wir mussten weinen.

In den Straßen sahen wir noch mehr Kinder, die im Müll wühlten. Mir fehlen die Worte.

Sonnabend, 25. August

Wir fliegen nach Islamabad zurück. Ich habe das Gefühl, seit meiner Ankunft ist ein Monat vergangen. Ich bin sehr müde.

Im örtlichen UNHCR-Büro treffe ich Bernadette. Sie bringt uns zu unserem ersten Bestimmungsort. Bernadette hatte vorher in Pnom Penh, Kambodscha, gearbeitet, und sie bringt mir eine Nachricht von Marie-Noelle (mit der zusammen ich in Kambodscha gereist war). Wir unterhielten uns über unsere Freundin und über Kambodscha.

(Kurz nachdem wir uns in Bangkok verabschiedet hatten, wurde Marie-Noelle mitgeteilt, dass sie andernorts eingesetzt werden sollte. Wenige Wochen später arbeitete sie bereits beim UNHCR in Sri Lanka. Ich frage mich, wie sie dort zurechtkommt. Plötzliche Versetzungen sind beim UNHCR üblich. Darin besteht eine der Schwierigkeiten dieser Arbeit.)

Es ist tröstlich, dass man weltweit miteinander verbunden bleibt.

Es prägt den Geist des UNHCR und seiner Mitarbeiter, dass man andere Orte und Kulturen achtet und wertschätzt. Darin liegt der Wesenskern der Vereinten Nationen.

Gesundheitseinrichtungen Aga Khan

Dr. Javeed Akhtar Khan ist hier der Verantwortliche.

Der Mitarbeiterstab besteht zur Hälfte aus Professionellen, zur anderen Hälfte aus Freiwilligen. Die Freiwilligen arbeiten hier für »Gottes Lohn«.

Alle hier verbindet ein gemeinsames Ziel. Sie helfen und versuchen, die vielen afghanischen Flüchtlinge in den städtischen Gebieten zu heilen.

Das UNHCR hat bei weitem nicht genügend Mittel, um den mehr als eine Million Menschen in den Lagern zu helfen. Sie können nicht auch noch den Flüchtlingen in den städtischen Gebieten zur Seite stehen – das sind irgendwo zwischen 700 000 und zwei Millionen Menschen. Genaue Zahlen gibt es nicht.

Zudem gibt es noch eine kleine Gruppe nicht-afghanischer Flüchtlinge. Das sind ungefähr 1700 Menschen. Sie kommen aus Somalia, Irak und Iran. Sie leben in den größeren Städten und werden in beschränktem Umfang vom UNHCR betreut. Das UNHCR stellt ihnen eine minimale Summe zur Verfügung, damit sie Grundnahrungsmittel, Wohnung, Gesundheitsversorgung und das Schulgeld bezahlen können. Daneben gibt es auch Rechtshilfe und Beratung im Hinblick auf den Flüchtlingsstatus und andere Probleme. Das UNHCR bemüht sich auch um dauerhafte Lösungen für sie.

Wir betreten einen Raum, in dem sich ungefähr 25 Frauen drängen.

»Unsere Kinder können nicht zur Schule gehen.«

»Viele unserer Ehemänner und Brüder bekommen keine bezahlte Arbeit.«

»Es ist schwierig, Miete und Schulgeld aufzubringen.«

Wie kommen sie überhaupt zurecht?

Einige Väter verkaufen Obst. Viele Mütter arbeiten in pakistanischen Haushalten.

»Wir wissen nicht, wie unsere Zukunft aussieht.« »Unsere Kinder haben keine Zukunft.« »Zehn Menschen leben in einem Raum.«

Ich frage: »Schikaniert euch die Polizei?«

»Natürlich. Normalerweise wollen sie nur Geld.«

Man erzählt mir, sie müssen immer ihren Pass oder Personalausweis vorzeigen.

Selbst wer diese Dokumente bei sich hat, muss unter Umständen zahlen. Ein Mann berichtet von einem Freund, der den Polizisten seinen Pass zeigte. Ein Polizist nahm ihn und zerriss ihn vor seinen Augen. Es war sein einziger Ausweis gewesen.

»Es ist unsere eigene Schuld – wir leben unrechtmäßig hier. Es ist ja ihr Land. Was sollen wir tun? In unserem Land können wir nicht leben. Wir würden dort sterben. Was sollen wir tun?«

Ich frage: »Wie würdet ihr die Situation in Afghanistan beschreiben?«

»Furchtbar.«

»Was möchtet ihr der Welt sagen, der internationalen Gemeinschaft, den Vereinten Nationen?«

Plötzlich reden alle gleichzeitig. Eine Frau übersetzt:

»Wir wollen Frieden. Wir möchten unsere Ausbildung fortsetzen. Wenn wir eines Tages nach Afghanistan zurückkehren, können wir unserem Volk helfen.«

Frauen und Kinder müssen für den Unterricht bezahlen. Es fällt schwer, diese Menschen um Geld zu bitten, aber anders sind die Schulen nicht zu führen.

»Auch wenn sie nur wenig zahlen, ist das in Ordnung. Wir unterrichten sie trotzdem.«

Eine Frau lächelt mich an. Sie spricht mit freundlicher, eindringlicher Stimme. Sie will mir helfen zu verstehen: »Unsere Nachbarn wollen uns nicht. Wir sind immer in Gefahr.«

Eine andere Frau ergreift das Wort: »Wir sind schon seit acht Jahren hier. Seit acht Jahren gehen meine Kinder nicht zur Schule. Sie haben keine Zukunft.«

»Die UN sollten uns helfen. Bitte, wir brauchen Hilfe, sonst können wir hier nicht leben.«

Wie soll man diesen Frauen erklären, dass es nicht genug Geld gibt?

Die Welt da draußen ist nur in einem gewissen Umfang zur Hilfe bereit.

Eine Frau lässt mich wissen, dass schon viele Leute gekommen sind und mit ihnen geredet haben, dass es aber trotzdem nicht genug Hilfe gibt.

»Aber zumindest sind wir hier in Pakistan am Leben. Wir haben zwar viele Probleme, aber wir sind dankbar, weil wir leben.«

Wir besuchen die Kinder. Ich lernte einen achtjährigen Jungen kennen. Wenn er lächelt, sieht man die Zahnlücke. Ich frage ihn: »Was möchtest du werden, wenn du groß bist?«

»Arzt.«

»Arbeitest du?«

»Ja, ich knüpfe Teppiche.«

Er zeigt mir einen breiten Schnitt am Finger.

Alle Kinder stehen auf. Mit ihren hellen Stimmen rufen sie: »Guten Tag, Miss!« Und als ich fortgehe: »Auf Wiedersehen, Miss!«

Diese Flüchtlinge müssen in Schichten zwischen 7 Uhr vormittags und 22 Uhr lernen. Die Erwachsenen gehen abends zur Schule.

Ich wurde in ein Stadtteiltheater eingeladen, wo Kinder und Jugendliche ein Stück über einen Jungen aufführten, der nicht zur Schule gehen will,

Er wanderte über die Bühne, hatte die Kopfhörer eines Walkman über den Ohren und benahm sich schlecht. Nach einer Weile überzeugten die anderen Kinder ihn davon, dass in die Schule zu gehen »cool« sein kann. Das Spiel war zugleich lustig und ernsthaft, und die Darsteller machten ihre Sache gut.

Später gaben sie ein Konzert. Sie spielten traditionelle und moderne afghanische Musik.

Diese künstlerischen Vorführungen wurden insbesondere für Flüchtlinge gegeben.

Die jungen Tänzer, Darsteller und Sänger waren zwischen 13 und 17 Jahren alt.

Mir wurde klar, wie wichtig einerseits diese Aufführungen für sie sind, und dass dergleichen in Afghanistan unmöglich wäre. Alle Theaterstücke, Kinofilme, Fernsehen, Tanz und Musik sind verboten – verbannt von den Taliban.

Ich möchte eine Aufstellung all dessen haben, was der Koran tatsächlich lehrt, verglichen mit der Interpretation der religiösen Gesetze und Lehren, wie die Taliban sie vornehmen. Ich glaube, wir alle sollten den Unterschied kennen und verstehen.

Sonntag, 26. August

Ich sitze im Flugzeug nach Genf.

Ich bin raus – so fühlt es sich an.

In manchen Augenblicken hatte ich das Gefühl, der Hölle entkommen zu sein.

Jetzt hat man mich herausgezogen und ins Freie gehoben.

Ich habe so viele gute Menschen kennen gelernt, die unter so furchtbaren Bedingungen leben.

Ich kann nicht mehr richtig denken.

Es wird eine Weile dauern, bis ich mich von dieser Reise erholt habe, und eigentlich hoffe ich natürlich, dass es nie geschieht.

Der Kopf möchte vergessen, denn es schmerzt und beschwert Herz und Seele so sehr.

Ich bin meine Tränen und meine Hilflosigkeit so leid. Ich möchte wieder atmen – nur ein Weilchen. Dann werde ich tun, was immer ich kann, um diesen Menschen zu helfen. Was bleibt mir sonst auch übrig, nachdem ich sie kennen gelernt habe, nachdem ich mit eigenen Augen gesehen habe?

Nachwort

Ungefähr zwei Wochen, nachdem ich diese Notizen abgeschlossen hatte, brach der 11. September 2001 über uns herein. Das war ein so schockierender, so tragischer Tag – ich finde dafür keine Worte. Die Welt kam den Opfern und Angehörigen in New York City zur Hilfe, und das war recht so.

Ich hatte die afghanischen Familien nicht vergessen, die ich wenige Wochen zuvor kennen gelernt hatte. Ich sprach öffentlich über ihre Bedürftigkeit, und ich selbst spendete Geld.

In den folgenden Tagen erhielt ich drei Morddrohungen, darunter eine per Telefon (wie dieser Mann an meine Nummer gekommen war, ist mir ein Rätsel). Er sagte, seiner Meinung nach sollten alle Afghanen für ihr Verbrechen in New York leiden, und er wünschte meiner ganzen Familie den Tod. Die Gefühle waren im Aufruhr, das verstehe ich wohl. Es war für alle eine schwierige Zeit.

Zwei Jahre später wird in New York an dem Ort gebaut, an dem die Twin Towers einmal gestanden hatten. Das UNHCR hat 1,9 Millionen Menschen bei der Rückkehr nach Afghanistan geholfen. Trotzdem wird es noch lange dauern und viele, anhaltende Unterstützung durch die internationale Gemeinschaft brauchen, um dieses Land wieder aufzubauen.

Auf Mission in Ecuador

Am 6. Juni 2002 reiste ich nach Ecuador. Ich wollte mich über die Lage der Flüchtlinge informieren, die dort unter dem Schutz des UN-Hochkommissars für Flüchtlinge (UNHCR) leben, und ich wollte sie unterstützen.

Kolumbien ist das bei weitem größte humanitäre Krisengebiet in der westlichen Welt mit dem weltweit schwerwiegendsten Binnenflüchtlingsproblem. In offiziellen Statistiken der Regierung ist von 720000 Binnenflüchtlingen (Internally Displaced Persons – IDP) seit 1995 die Rede. Nichtregierungsorganisationen gehen von annähernd zwei Millionen Binnenflüchtlingen aus. Laut der nationalen Vereinigung der Bankhäuser haben im vergangenen Jahr 158000 Kolumbianer ihr Land verlassen. Tausende haben sich in anderen lateinamerikanischen Ländern, in Nordamerika, Europa und anderswo als Flüchtlinge registrieren lassen. Zwar hat das UNHCR den Auftrag, sich weltweit um den Schutz der Flüchtlinge zu kümmern, trotzdem betreut es seit 1999 auf Einladung der kolumbianischen Regierung dort auch IDPs.

Seit dem Scheitern der Friedensverhandlungen im Februar 2002 sind die bewaffneten Auseinandersetzungen zwischen der linksgerichteten Guerilla und den rechts orientierten paramilitärischen Gruppen schärfer geworden, was zu mehr Vertreibungen und zu namenlosem Elend in der Zivilbevölkerung führte. Am 2. Mai kam es zu einem Vorfall, der die Welt schockierte: Damals starben 119 Menschen – darunter 48 Kinder – im Bezirk Bojaya, im Nordwesten, als ein selbst gebauter Mörser in einer Kirche einschlug, in die sich Zivilbevölkerung vor den Kämpfen geflüchtet hatte.

Am 26. Mai stimmten 53 Prozent der wahlberechtigten Kolumbianer für Alvaro Uribe Velez als ihren neuen Präsidenten. Uribe wird sein Amt im August antreten. Er hat versprochen, energisch gegen die FARC (Bewaffnete Revolutionäre Streitkräfte von Kolumbien) und andere irreguläre, bewaffnete Gruppen vorzugehen und den seit 40 Jahren andauernden Konflikt zu beenden.

Donnerstag, 6. Juni,
7 Uhr morgens

Ich sitze im Flughafen von Los Angeles, und plötzlich fällt mir ein, dass meine letzte Mission acht Monate zurückliegt. Wann immer es möglich war, hatte ich hier und dort Kurzbesuche unternommen, aber mir hat etwas gefehlt.

Auch wenn es egozentrisch klingt: Es ist mir wichtig, dieser materiell ausgerichteten Welt den Rücken zu kehren, ganz und gar in unmittelbare und drängende Lebensprobleme einzutauchen, nicht zuletzt auch umgeben zu sein von Menschen, für die das eigene Überleben oder das anderer Personen im Mittelpunkt steht, denen es um Probleme des schlichten Überlebens, um den Schutz von Familie, Heimat, Freiheit geht.

Zum ersten Mal werde ich eine Nacht nicht bei meinem Sohn Maddox verbringen. Zum ersten Mal, seit wir vor drei Monaten zusammengekommen sind, fahre ich weg. Es ging mir fast übertrieben nahe, als ich ihm den Abschiedskuss gab, als ich ihn in der Obhut meiner Mutter und meines Bruders zurückließ. Mir wurde in diesem Moment so deutlich, wie wichtig Familie ist.

Und dann sind da diese Freunde, die so nahe sind, als wären sie Angehörige.

Da gibt es diese besonderen Momente, wenn Fremde wie Familienmitglieder werden, zum Beispiel diese Mitarbeiter internationaler Hilfsorganisationen, mit dem ich zusammentreffen werde oder alle die anderen, denen ich begegnen werde. Sie sind keine Angehörigen. Sie haben fremde Menschen zu ihrer Lebensaufgabe gemacht. Man versteht, weshalb in diesem Kreis Freundschaften rasch geschlossen werden.

Ecuador gehört zu den kleinsten Ländern in Südamerika. Es ist ein wenig kleiner als Nevada, hat eine Fläche von 276 840 Quadratkilometern. Es grenzt im Süden und Südosten an Peru und im Norden an Kolumbien. Mit 6267 Metern ist der Chimborazo der höchste Punkt des Landes. Der Cotopaxi in den Anden ist der höchste aktive Vulkan der Welt. Ecuador hat eine Bevölkerung von 13 184 000 Menschen, von denen 65 Prozent Mestizos sind (Menschen mit indianisch-spanischer Abstammung). Ein Viertel der Bevölkerung sind Indios, 7 Prozent Spanier und 3 Prozent Menschen afrikanischer Abstammung. Ecuador gliedert sich in 22 Provinzen. Es erlangte im Jahr 1822 seine Unabhängigkeit von Spanien.

Als ich das Flugzeug verlasse, begrüßt mich ein Vertreter von ACNUR herzlich (Alto Comisionado de las Naciones Unidas para los Refugiados: UNHCR auf Spanisch). Es stimmt, was mir ein UNHCR-Mitarbeiter einmal sagte: »Du wirst merken, dass du überall auf der Welt Angehörige hast.« Das sind Menschen, die es an ähnliche Orte zieht, die für dieselben Menschen gleiche Ziele haben und das aus denselben Gründen. Ich bin sicher, wenn man sie fragte, würden sie sagen, sie tun diese Arbeit, weil Flüchtlinge und Vertriebene wahrscheinlich die bedürftigsten Menschen auf der Welt sind. Aber wenn man ihnen begegnet, entdeckt man in ihnen die stärksten, beeindruckendsten Menschen der Welt. Erstaunliche, faszinierende Überlebenskünstler.

Das Team hier betont, wie mühsam es ist, die Weltöffentlichkeit aufmerksam zu machen. Die Kämpfe, der Krieg in Kolumbien, der nun schon 40 Jahre lang andauert, scheint immer heftiger zu werden. In den Nachrichten wird über die Gewalttaten berichtet, nicht jedoch über die Opfer. Von den Menschen, von den Familien ist nicht die Rede.

Hier gibt es keine ausgedehnten Lager. Alle leben irgendwo in irgendwelchen Unterkünften.

Man sagt auch, die Flüchtlinge seien nur schwer zum Reden zu ermuntern, überhaupt die Medien an sich heran zu lassen. Sie fürchten die Kämpfer, die gelegentlich die Grenze überqueren, und die von ihnen Stillschweigen verlangen. »Sie bilden sich das nicht ein«, versichert man mir. »Viele wurden umgebracht.«

Da ich abends ankomme, werde ich direkt ins Gästehaus und in mein Zimmer gebracht. Ich finde zusätzliche Decken und ein kleines Heizgerät vor. Ich bin erleichtert, denn es ist kälter, als ich erwartet hatte. Die Kollegen waren darauf vorbereitet, glaube ich. Die Frauen hatten schon einen Poncho für mich besorgt, falls ich nicht genügend warme Kleidung mitgebracht hätte.

Freitag, 7. Juni, 7:15 Uhr

Frühstück. Dabei soll ich eine Einführung erhalten.

Das erste UNHCR-Büro in Südamerika wurde in Buenos Aires, Argentinien, eingerichtet, um den Opfern der institutionellen Verwerfungen in der Region beizustehen. In den 1970er Jahren eröffnete das UNHCR sein Regionalbüro in Lima, Peru, in den 90er Jahren dann das neue Regionalbüro in Caracas, Venezuela. Von dort aus sollten das nördliche Südamerika und Panama im Hinblick auf die Opfer der internen Auseinandersetzungen in Kolumbien betreut werden. Da sich die Situation zunehmend verschlechterte, wurden UNHCR-Büros in Bogotá und drei weiteren kolumbianischen Provinzen eröffnet. Ein zusätzliches Büro des UNHCR entstand dann 2000 in Quito, Ecuador.

Ich erfahre, dass in Kolumbien jeden Tag Menschen vertrieben werden. Jemand setzt hinzu: »Und tagtäglich werden Menschen getötet.« Man bereitet mich darauf vor, dass ich etwas anderes erleben werde als in den Ländern, die ich bisher besucht hatte. Die hiesigen Flüchtlinge sind überwiegend Städter. Sie kommen jeweils in kleiner Anzahl, und es sind meist Handwerker und andere Berufsgruppen. Diese Menschen hatten vermutlich ähnlich gelebt wie Sie, die Sie diese Zeilen lesen.

Die UN sind bemüht, »unter einem Dach« zu arbeiten. Es wird den UN-Unterorganisationen nahe gelegt, vor Ort so weit wie möglich dasselbe Gebäude zu benutzen. In Quito befinden sich die Büros des UNHCR und anderer UN-Organisationen im gleichen Gebäude. Man sollte meinen, nichts läge näher, als dass alle Hand in Hand arbeiten, aber das trifft nicht immer zu. Man erzählt mir, der Generalsekretär dringe zunehmend nachdrücklicher auf Zusammenarbeit. Hier in Quito sind WFP, UNDP, UNICEF und UNHCR – alles UN-Unterorganisationen – vertreten.

In demokratischen Ländern sollte das nicht nötig sein, es sollte sogar sehr ungewöhnlich sein. Kolumbien ist demokratisch, aber Organisationen wie das UNHCR, das Rote Kreuz und so weiter müssen helfen, die Menschen zu schützen.

Schutz – das Wort taucht in den Gesprächen an diesem Morgen immer wieder auf. Der Schutz von ungefähr 20 Millionen entwurzelter Menschen ist Hauptaufgabe des UNHCR. Die Organisation erfüllt sie auf unterschiedliche Weise. Gestützt auf die im Jahr 1951 verabschiedete Genfer Flüchtlingskonvention als wichtigstem Instrument gewährleistet das UNHCR die grundlegenden Menschenrechte entwurzelter Personen und stellt sicher, dass Flüchtlinge nicht gegen ihren Willen in ein Land abgeschoben werden, wo ihnen Verfolgung droht. Längerfristig hilft das UNHCR dabei, Zivilpersonen in ihre Heimatländer zurückzubringen, sie in den Asyl gewährenden Länder zu integrieren oder sie in Drittländern anzusiedeln. Mithilfe eines weltweiten Netzes von Außendienststellen bemüht sich das UNHCR außerdem darum, eine Minimum an Obdach, Nahrung, Wasser und medizinischer Versorgung zu sichern, wo immer es zu Flüchtlingsbewegungen kommt.

Die Einführung ist nur kurz, aber ich bin von der Komplexität der Situation überwältigt. Ich fühle mich ein bisschen wie im Nebel. Vor allem aber wird mir klar, wie viel mehr ich hätte wissen müssen. Man sollte denken, wenn eine humanitäre Krise derart ausufert, wie es in diesem Teil der Welt offensichtlich geschieht, müssten die Medien ausführlich über die Verletzungen der Menschenrechte berichten, damit ich – wir alle – darüber Bescheid wissen.

Das Territorium von Kolumbien wird zu 74 Prozent von der Guerilla oder von paramilitärischen Gruppen beherrscht. (Die Mehrheit der 40 Millionen Einwohner des Landes lebt in den 25 Prozent der größeren Städte, die noch zum demokratischen Staatswesen gehören.) Die Rebellen beherrschen überwiegend Grenzgebiete, wo sie die Rohstoffe kontrollieren: Drogen, Öl, Kaffee, Edelsteine. Wer kauft eigentlich bei diesen Leuten? Wer nimmt die Exporte ab? Wer unterstützt die Rebellen?

In diesen 75 Prozent des Landes ist der Staat nicht vertreten, oder er ist sehr schwach. In diesen Gebieten bietet er keinen Schutz. Einer der wichtigsten Partner des UNHCR vor Ort ist die katholische Kirche. Das gilt für ganz Südamerika.

Mein Besuch führt mich diesmal ausschließlich nach Ecuador. Man erinnert mich daran, dass ich nur einen kleinen Teil einer sehr umfangreichen Operation zu Gesicht bekomme. In Venezuela und Ecuador als Nachbarländern Kolumbiens und in Kolumbien selbst bestehen UNHCR-Büros. Das UNHCR betreut außerdem auch Panama, aber diese Grenze verläuft durch einen sumpfigen Dschungel. Es ist eins der unwegsamsten Gebiete der Welt. Das UNHCR befasst sich auch mit Peru. Auch hier verläuft die Grenze durch den Dschungel, genau wie zwischen Kolumbien und Brasilien.

Weitere Informationen: Massaker und Entführungen: 3000 im Jahr, durchschnittlich neun oder zehn Personen am Tag.

Zwar fliehen in den letzten drei Jahren immer mehr Menschen aus Kolumbien, aber die Mehrheit der Bevölkerung – zivile Opfer des Konfliktes – bleibt im Land. Die Anzahl der Binnenflüchtlinge ist hoch. Es wird zunehmend schwieriger, Unterstützung und Aufmerksamkeit zu gewinnen. Vielleicht fällt es der internationalen Gemeinschaft schwer, Ernst und Dringlichkeit der Situation zu verstehen. Laut jüngsten Statistiken werden täglich zwischen 500 und 900 Menschen vertrieben. Ich frage, weshalb diese Menschen dennoch im Land bleiben? Unter anderem, weil sie in Kolumbien immer noch bessere Arbeitsmöglichkeiten haben, meint ein UNHCR-Mitarbeiter.

Die seit langem andauernden bewaffneten Auseinandersetzungen in Kolumbien haben Hunderttausende von Menschen das Leben gekostet und mehr als 1,5 Millionen zu Vertriebenen gemacht. Tausende sind in die Nachbarländer geflüchtet, nach Venezuela, Panama und nach Ecuador. 2001 wurden in Ecuador rund 2000 Asylanträge von Kolumbianern bearbeitet, im Jahr zuvor lediglich 30. In der ersten Hälfte 2002 waren es 2198 Asylanträge. Kolumbianische Asylsuchende stehen zwischen Januar und Mai 2002 in der Statistik der Asylanträge in der industrialisierten Welt an siebter Stelle.

Vor vier Jahren wurde die Präsidentschaftswahl mit dem Versprechen gewonnen, Frieden zu schaffen. Im vergangenen Februar scheiterte der Friedensprozess. Die folgende Präsidentenwahl stand im Zeichen von Krieg. Der Kandidat gelobte, er werde die Situation mit Gewalt bereinigen. Ich kann mir vorstellen, was dieser neue Ansatz für die Menschen bedeutet. Das humanitäre Hilfspersonal bereitet sich heute auf eine Verschärfung des Konfliktes vor.

Ich besuche ein Büro, das in einer Kirche untergebracht ist. Dort soll ich Asylsuchende oder Personen treffen, die bereits den Flüchtlingsstatus erhalten haben. Ich soll hören, was sie erlebt haben.

Erta Lemos ist Büroleiterin des »Flüchtlingsausschusses«. Das ist eine der Organisationen, mit denen das UNHCR in Quito zusammenarbeitet. Sie sagt, sie freut sich, Missionarin für Migranten sein zu dürfen. Sie hat ein freundliches Lächeln und trägt ein zu einem Ring umgearbeitetes Kruzifix am Finger. An den Wänden hängen UNHCR-Plakate, die Kinder aus allen Teilen der Welt zeigen. Eins dieser Kinder sieht aus wie Maddox.

Erta erläutert, wie dieses Büro arbeitet. Es öffnet um sieben Uhr morgens. Dann kommen die ersten Asylsuchenden. Am schlimmsten ist es den von den Paramilitares Verfolgten ergangen. Überwiegend kommt ein einzelnes Elternteil, oder es kommen sogar allein stehende Kinder. Viele dieser Menschen sind gefoltert worden.

»Diese Menschen brauchen auch emotionale und spirituelle Unterstützung«, sagt Erta.

Zunächst wird ein kurzes Gespräch geführt und geprüft, ob jemand begründet um Asyl nachsucht. Wenn das zutrifft, müssen Formulare ausgefüllt werden, damit der Fall dokumentiert ist. Dann folgt eine ganze Reihe von Interviews. Etwa 25 bis 30 Fälle kommen täglich in dieses Büro, und alle sind sie unterschiedlich. Manchmal kommt eine Mutter mit sieben Kindern, sodass insgesamt acht Personen betreut werden müssen. Das Büro arbeitet im Interesse der Asylsuchenden eng mit der ecuadorianischen Regierung zusammen.

Während wir uns unterhalten, sehe ich durch das Fenster einige Leute beim Erstinterview. Es ist wie in anderen Fällen, die ich miterlebt habe: Diese Menschen wirken gebrochen, wie vernichtet. Ihre Körpersprache ist immer gleich: Der Kopf ist leicht gesenkt, sie umklammern Papiere oder Pakete, die sie mitgebracht haben.

Wir treten ein und gehen durch eine Eingangshalle voller Menschen. Ein Mann wandert auf und ab und wiegt sein weinendes Baby in den Armen. An den Wänden hocken auch einige Kinder. Ich kann es nicht genau einschätzen, aber sie scheinen ohne Eltern zu sein.

Man sagt mir, ich würde einem Mann begegnen, dessen Frau und Kinder vor seinen Augen getötet wurden. Er ist schwer traumatisiert, aber er erholt sich. Erta geht hinaus, um ihn zu holen. Ich bin nervös.

Er ist ein kleiner Mann. Er trägt einen grau und schwarz gemusterten Pullover und darunter ein Arbeitshemd. Man sieht, er versucht, sich ordentlich zu kleiden – mit dem wenigen, was er besitzt. Der Pullover ist voller Löcher. Sein graues Haar hat er zurückgekämmt. Seine Augen sind traurig. Ich schätze ihn auf Ende fünfzig. Ein freundliches Gesicht. Ein schöner Mann. Gütig.

Er stammt genau aus der Gegend, wo gerade vor drei Wochen ein weiteres Massaker verübt wurde. Immer wieder wird er gebeten, langsam zu sprechen, damit man übersetzen kann, was er berichtet.

Er hatte einen kleinen Bauernhof besessen und Mais angebaut. Ich glaube, er spricht so schnell, weil die Erinnerung ihn quält. Er möchte es wohl so schnell wie möglich hinter sich bringen. »Ich hatte sogar ein Auto«, sagt er. Die Guerilla erpresste Geld von ihm.

Er wird nervös. Weil ich mitschreibe? Ich bitte, ihm zu versichern, dass ich seinen Namen nicht erwähnen werde. Wir wollen doch nur, dass die Menschen anderswo die Situation in seinem Land verstehen.

Er fährt fort. Die Paramilitares kamen ins Dorf und bekämpften die Guerilla. Diese beschuldigte ihn, die Paramilitares zu unterstützen. Es kam zum Massaker, 70 Dorfbewohner wurden getötet. »Wir wissen es nicht genau«, sagt er. Es war wohl die Guerilla. Er spricht mit unsicherer Stimme und reibt fortwährend nervös die Hände aneinander.

Jemand stellt ihm auf Spanisch eine Frage. Tränen schießen ihm in die Augen. Er kann nicht antworten. William erklärt: »Ich habe ihn gefragt, wie seine Familie umgebracht wurde.« Ich sehe den Mann an. Er erwidert meinen Blick, als ob er sagen wollte: Bitte, lass mich nicht darüber reden.

In den letzten Minuten habe ich nicht mehr geschrieben. Er versuchte, die Tränen zu unterdrücken. William sagte, es sei schon in Ordnung, er müsse nicht über alles reden. Der Mann entschuldigt sich. Stellt euch das vor! Da entschuldigt sich jemand, weil er nicht erzählen kann, wie seine Familie ermordet wurde.

Er steht auf, hebt sein Hemd an und zeigt uns zwei Schusswunden. Jetzt sind es nur noch pfenniggroße Narben. »Die Schwestern haben dafür gesorgt, dass ich zum Arzt kam. Das war vor drei Jahren.«

»Das UNHCR hat mir geholfen, damit ich eine kleine Kaffeebar aufmachen konnte. Es geht mir besser. Als ich kam, besaß ich nur, was ich am Leib trug.«

Er sagt, die illegalen bewaffneten Gruppen sind irgendwo hier in Ecuador. Er hat Morddrohungen erhalten.

»Wir haben dich in Kolumbien nicht gekriegt, aber hier kriegen wir dich.«

Ich frage ihn, weshalb jemand wie er als gefährlich gilt.

Weil er in seinem Heimatdorf eine Art örtliche Autorität gewesen war, und weil Guerilleros dort getötet worden waren, antwortet er. Er zieht eine alte, abgegriffene Brieftasche hervor und holt ein Stück Papier heraus, das ihm offensichtlich viel wert ist. Es ist ein offizielles Dokument. Es ist der Beweis, dass er sich beschwert hat und nun um seine Sicherheit fürchten muss. Er zeigt auch einen Brief, in dem er die Umsiedlung in ein anderes Land beantragt, weil er sich in Ecuador nicht sicher fühlt.

Bevor er geht, danken wir ihm, weil er mit uns gesprochen hat. Er bedankt sich für das Zuhören. Er lächelt, als er geht. William entschuldigt sich, weil er ihn an traurige Ereignisse erinnert hat. Er nahm unsere leeren Kaffeetassen mit. Gewohnheit, glaube ich. Er räumte den Bürotisch ab, als wäre es ein Tisch in seiner Bar.

Einen Augenblick später kam er zurück und reichte mir einen kleinen Teller mit etwas zu essen. William sagte: »Er hat für dich gekocht.« Er lächelte, und mir fehlten die Worte.

Als nächste kommt eine Frau. Sie bringt Kerzen und ein Blumengebinde mit. Damit verdient sie sich den Lebensunterhalt, will sie uns zeigen. Sie holt Fotos von ihrem Sohn hervor. Auf einem Foto ist er drei Jahre alt. »Das war, als wir ankamen.« Das andere Foto ist ein Schulausweis. »Jetzt ist er acht Jahre alt.« Ihr Mann war Rechtsanwalt gewesen. Sie waren eine bekannte Familie. Ihr Cousin hatte für die Präsidentschaft kandidiert. »Er wurde getötet.« Ihr Mann bearbeitete einen Fall. »Man drohte ihm mit dem Tod, wenn er diese Person verteidigte.« Wir fragen nach dem Grund.

»Drogenhändler sprachen die Drohung aus. Es muss also darum gegangen sein, ihnen das Handwerk zu legen. Mein Mann kümmerte sich nicht um die Drohung. Er setzte die Verteidigung fort. Dann töteten sie seinen Bruder. Die Regierung stellte unserer Familie Personenschutz. Es kam heraus, dass die Drogenhändler diese Leute bestachen, damit sie uns umbrachten. Da sind wir dann geflohen. Aber hier fand mein Mann keine Arbeit. Die Gesetze in den Ländern sind unterschiedlich, und wir sind nicht von hier. Ich musste den Lebensunterhalt für meine Familie verdienen, und da erinnerte ich mich, wie man so etwas macht.«

Sie deutet auf die Kerzen und das Blumenarrangement.

»Die Schwestern hier im Flüchtlingszentrum halfen mir, damit ich die Produktion aufnehmen und etwas verdienen konnte.«

Sie fährt fort: »Dann wurde mein Mann krank und starb.«

Während sie erzählt, beginnt sie zu weinen. Sie kann gar nicht aufhören. Sie spricht jetzt sehr leise. Ich frage William, was sie erzählt. Sie berichtet, wie sie versuchte, genug zu verdienen, damit sie Medikamente für ihren Mann kaufen konnte.

Er starb, und jetzt ist sie mit ihrem Sohn allein. Sie spricht weiter, dabei blickt sie aus dem Fenster. Tränen strömen über ihr Gesicht.

»Mein Mann starb am 16. September.«

Wir versuchen, mit ihr über andere Themen zu reden, sie von den schmerzlichen Erinnerungen abzulenken. Wir sprechen über ihre Blumen. Ich kaufe ihr einige Gebinde ab, mit denen ich das Gästehaus des UNHCR schmücken möchte.

Als nächstes lernen wir einen Jungen kennen, der gerade aus Kolumbien gekommen ist. Er stellt sich mit Namen vor, aber wiederum schreibe ich den zu seinem Schutz nicht auf.

Am 14. Juni wird er 16 Jahre alt. Nervös fingert er an seinem Rucksack. Er hat große, braune Augen – weit geöffnet.

»Ich habe zwei Brüder, einer ist 17, der andere 15 Jahre alt. Wir leben jetzt hier bei unserer Tante, die aus Ecuador stammt. Wir haben keinen Vater mehr. Im Januar 2000 wurde meine Mutter gezwungen, mit der Guerilla zu gehen. Sie nahmen sie mit. Wir lebten danach bei unserer Großmutter. Die Guerilla erlaubte uns, unsere Mutter alle drei Monate zu besuchen – im März und im Juni 2000. Sie zwangen sie, ihnen das Schreiben beizubringen und wie man mit Computern umgeht. Als wir zuletzt zu Besuch kamen, wollte der Kommandant mich nicht weggehen lassen. Ich sollte auch ein Kämpfer werden. Meine Mutter konnte ihn überreden, mich gehen zu lassen, aber sie sagte, ich sollte meiner Großmutter ausrichten, wir müssten umziehen. Meine Großmutter verkaufte unseren gesamten Besitz, damit wir wegkamen. Drei Monate später erfuhren wir, dass unsere Mutter entkommen war und nun vor den Guerilleros flüchtete, aber auch vor der Polizei, weil die sie als ein Mitglied der Guerilla betrachtete.«

Mir fällt auf, dass eine seiner Hände dunkelrot ist. Von Geburt an? Vielleicht auch eine Verbrennung.

»Im vergangenen April starb meine Großmutter. Wir kamen illegal nach Ecuador. Es ging nicht anders, wir hatten keine Pässe. Wir hatten große Angst. Ich kann immer noch nicht zur Schule gehen.«

Ich frage ihn, was er werden will, wenn er größer ist. Mag er Sport?

»Ja, aber ich bin ein guter Schüler, wenn ich denn zur Schule gehen darf. Ich will etwas lernen. Aber erst muss ich meinen Brüdern helfen. Danach helfe ich mir selbst.«

Die Dame, die als nächstes eintritt, ist sehr erregt. Sie entschuldigt sich: Sie hatte sich mit einer der Nonnen darüber unterhalten, weshalb sie aus Kolumbien fortgegangen ist. Sie spielt mit einem Ring an ihrer Hand. Sie musste Kolumbien verlassen, weil die Paramilitares ihren Mann getötet hatten. Sie hat neun Kinder, fünf Jungen, vier Mädchen.

»Sie schleppten meinen Mann aus dem Haus, ein paar Straßen weiter, und töteten ihn. Sie sagten, wir hätten zwei Stunden Zeit zu verschwinden. Wir liefen zu einer Bushaltestelle. Ein Mann bemerkte, dass wir alle weinten. Wir taten ihm Leid, deshalb gab er uns Geld, damit wir einen Bus bis zur Grenze nehmen konnten. Ich und meine Kinder rannten über die Grenze. Ein Mann in einem Lastwagen hielt an und ließ sich erzählen, was los war. Ich berichtete ihm alles. Er ließ uns auf die Ladefläche steigen und bedeckte uns mit einer Decke. Ich verkaufte Schmuck, den ich trug. So konnten wir ein Motel und etwas zu essen bezahlen. Einige Tage später gab der Hotelbesitzer uns Süßigkeiten. Wir sollten sie an der Busstation verkaufen. Damit verdienten wir ein bisschen Geld. Ich lernte einen anderen Kolumbianer kennen. Er erzählte mir von diesem Zentrum, wo ich Asyl beantragen kann.«

So ist sie hier hergekommen. Das war im vergangenen Dezember.

»Ich bin jetzt legal hier, deshalb kann ich als Putzfrau arbeiten. Ich habe eine kleine Wohnung gemietet. Dort leben meine Kinder und ich.«

Sie zieht ein Stück Papier hervor. Es ist der Bewilligungsbescheid über ihren Flüchtlingsstatus. »Jetzt können meine Kinder endlich regelmäßig zur Schule gehen.«
Sie ist sehr glücklich, weil die Menschen hier so freundlich sind, so warmherzig. »Ich danke den Menschen in Ecuador.«

***

Zwei der Leute, mit denen ich mich gerade unterhalten hatte, erwähnten, wie tief sie der Tod einer Nonne getroffen hatte, der sie viel verdankten. Während wir zum Auto gehen, erzählt man mir die Geschichte. Die besagte Nonne starb bei einem Autounfall. Drei andere Ordensschwestern waren mit ihr zusammen. Zwei von ihnen starben ebenfalls. Ursache war ein Bremsenversagen. Die Organisation dieser brasilianischen Nonnen arbeitet schon seit 20 Jahren hier. Einer anderen Ordensschwester, die ich eben kennen lernte, wurde ein Drohbrief zugespielt. Darin hieß es, man habe die Bremsen manipuliert, um einen Zusammenstoß und den Tod ihrer Kolleginnen zu provozieren. Sie solle sich diese Warnung zu Herzen nehmen. Die Botschaft lautet: Hört auf, den Kolumbianern zu helfen.

Beim Mittagessen diskutieren wir.

Die meisten Flüchtlinge sind wunderbare Menschen, aber sie sind eben Menschen. Es gibt Millionen von ihnen. Natürlich sind einige so stark mitgenommen, dass sie die schrecklichen

Situationen nicht mehr mit klarem Sinn bewältigen. Mitarbeiter des UNHCR wurden schon von Flüchtlingen angegriffen.

Man erzählt mir von einem Mann, der erneut einen Antrag stellte, nachdem sein erstes Asylgesuch abgelehnt worden war. (Grund könnte zum Beispiel eine kriminelle Vergangenheit gewesen sein.) Plötzlich zog er eine Dose mit Benzin hervor, übergoss sich und einen UNHCR-Mitarbeit damit und zündete es an. Glücklicherweise trug der Mitarbeiter eine Lederjacke und konnte sich aus der Umklammerung des Mannes befreien, der sich und ihn in den Tod reißen wollte. Beide Männer überlebten mit schweren Verbrennungen. Einige Zeit später erhielt der UNHCR-Mitarbeiter einen Brief von diesem Mann. Er entschuldigte sich und erklärte, wie verzweifelt er damals auf Hilfe gehofft hatte. Man darf nie vergessen, so sagt man mir, dass auf einen solchen Menschen Tausende kommen, die geduldig und freundlich bleiben, die friedfertig leben und keine Probleme verursachen.

Das Gespräch wandte sich dann der Frau mit den Blumengebinden zu, die über den Tod ihres Mannes und die Schwierigkeiten gesprochen hatte, Geld für seine Medikamente aufzutreiben. Jemand, der mit diesem Fall vertraut war, erzählt mir später die Wahrheit: Der Mann hatte begriffen, wie sehr er seine Frau belastete, und nahm sich deswegen das Leben.

Wir halten bei einem Markt – die Otavalos-Ausstellung (Güter und Kunsthandwerk) – ein in diesem Teil der Welt sehr bekannter Markt. Ich kaufe ein handgefertigtes Schachspiel – Spanier gegen Indios – und einen kleinen Pullover aus Alpakawolle für Maddox. Was für faszinierende, schöne, intensive und starke Gesichter! Die Haut ist sanft dunkelbraun und unter der Sonne wie Leder geworden. Die Hände dieser Menschen sprechen von einem Leben voll harter Arbeit. Viele Männer haben ihre Haare unter einem Filzhut zu einem langen Pferdeschwanz gebunden.

Die Frauen tragen fließende Baumwollkleider mit Blumenstickerei. Diese Leute sind erfolgreiche Händler. Man sagt, sie haben Handelsbeziehungen bis nach New York.

Kleine, einer Gitarre ähnliche Instrumente. Der Schallkörper wird aus dem Panzer des Gürteltieres gefertigt (Charango).

Auf den Straßen spielen sie ein Spiel, das sie Tennis nennen. Es gibt jedoch keine Schläger. Sie benutzen nur ihre Hände. Damit schlagen sie einen kleinen Ball. Während ich zusehe, spielt in der Nähe ein Mann für seine drei Kinder auf dem Charango.

Geschichte und Kultur dieser Menschen sind einfach und doch sehr reichhaltig. Einfach ist ihre Geschichte nur im Sinne einer aufrichtigen, gradlinigen Lebensweise. Ich fühle mich mehr als nur zu Hause, wenn ich unter ihnen bin und durch ihre Straßen gehe. Dieses Leben ist wunderbar und ganz anders als das, was ich kenne. Ich wollte, die Welt wüsste das zu schätzen.

Als wir fortgehen, sagt jemand: »Das beliebteste Gericht hier in Imbabura ist Meerschweinchen. Man mariniert das Fleisch eine Nacht lang. Dann bäckt man es mit Erdnusssauce. Es schmeckt besser als Kaninchen, und es hat wenig Fett.«

Ich weiß immer noch nicht so recht, was ich davon halten soll.

Wir werden wegen Lionellos Gepäck angerufen: Es war in Mailand und wird gegen 23 Uhr eintreffen. Also muss er nach Quito zurück. Das ist eine Fahrt von zwei Stunden. Kurz darauf ein weiterer Anruf: Das Gepäck kommt doch nicht.

Sonnabend, 8. Juni

Ich stehe um 7 Uhr auf. Es ist kalt. Gestern Abend hat Italien Fußball gespielt. Zwei Leute aus der UNHCR-Gruppe sind Italiener. Es ist schon ein bisschen komisch, wenn man sozusagen vom Rand der Welt aus versucht herauszubekommen, wie ein Fußballspiel ausgegangen ist. Erst hieß es, die Italiener haben

2:0 gewonnen, dann ist von 2:1 verloren die Rede. Genau wissen wir es immer noch nicht.

Zur Frühstückszeit schliefen einige von uns immer noch und mussten geweckt werden. Das liegt zum Teil an der Höhe, erklärt man mir. Die Höhe ist auch für den Juckreiz verantwortlich. Darüber hatte ich mich schon gewundert. Merkwürdig.

Ich vermisse Maddox. Ich begreife nicht, wie die UNHCR-Mitarbeiter damit klarkommen, wenn sie irgendwo eingesetzt werden, wohin sie ihre Familien nicht mitnehmen dürfen. Monatelang sehen sie dann ihre Kinder nicht. Wenn man sie darauf anspricht, geben sie zu, wie schwer es ihnen fällt. Alle haben Fotos bei sich. Aber im nächsten Satz sagen sie, die Menschen, für die sie arbeiten – Flüchtlinge – haben oft ihre Kinder verloren. Sie, wenigstens, wissen ihre Familien in Sicherheit.

Wir sind zu einer UNHCR-Außenstation in Ibarra unterwegs. Das Büro ist klein. Sie teilen es mit der örtlichen Kirche. Ich lerne weitere UNHCR-Mitarbeiter kennen, dazu Flüchtlinge und Asylsuchende.

Wir befinden uns nahe der kolumbianischen Grenze. Näher an die Grenze dürfen wir nicht heran, es wäre zu gefährlich. An diesen Ort kommen die Flüchtlinge als erstes, wenn sie die Grenze überquert haben. Das Büro musste im Oktober eröffnet werden, weil immer mehr Menschen Kolumbien fluchtartig verließen. Einzugsbereich des Büros ist ein 250 Kilometer langes Gebiet an der Grenze. Das Büro steht in ständigem Kontakt mit der Außenstelle in Kolumbien.

Es kommen viele junge Menschen über die Grenze, weil sie nicht in diesem Krieg kämpfen wollen. Vor allem ihretwegen werden Projekte ins Leben gerufen (Berufsausbildung), durch die sie sich eine Lebensalternative schaffen sollen.

Ich lernte eine weitere Nonne aus Brasilien kennen. Auch sie trug ein Kruzifix als Ring am Finger. 1998 machte sich der Bischof von Ibarra Sorgen um den Bevölkerungszustrom durch die Migranten. Er bat die Missionsschwestern um Hilfe. Inzwischen sind die Flüchtlingszahlen gegenüber 1998 noch gestiegen.

In diesem Büro, wie in fast allen Stationen des UNHCR, kooperieren Sozialarbeiter, Rechtsanwälte, Sicherheitsleute, Freiwillige, Verantwortliche für Registration und Programme. Sie stammen aus allen Teilen der Welt.

Sie haben eine Art konspirative Unterkunft eingerichtet, die ich später noch besuchen soll.

Zwischen Januar und Juni 2002 zählte man in Ecuador 3000 Asylanten und andere gefährdete Personen, dazu 1000 Flüchtlinge.

Die UNHCR-Mitarbeiter registrieren in steigender Zahl Minderjährige, die vor der Zwangsrekrutierung flüchten.

Als nächstes werde ich mit ihren kolumbianischen Freunden zusammentreffen, kündigen sie mir an. Es ist ein Ehepaar – eine Familie mit einem kleinen (schätzungsweise vierjährigen) Kind, und außerdem ein offenbar allein stehender Junge. Der Mann hat eine Gitarre in der Hand. Wieder verspreche ich, keine Namen zu notieren.

Sie nicken beifällig: »Ja, das ist wichtig.«

Selbst hier, an diesem Ort, fürchten sie um ihre Sicherheit.

Das Ehepaar zeigt mir auf einer Landkarte, woher in Kolumbien es stammt.

Wenn man Kolumbien verlassen will, sind die Straßen das größte Problem. Alle zehn Kilometer haben die Paramilitares Kontrollpunkte eingerichtet, jeden weiteren zehnten Kilometer kontrolliert die Guerilla. Die Paramilitares haben Listen – Todeslisten – und sie nehmen den Passanten die Dokumente weg. Manchmal zünden sie die Autos an oder töten die Leute einfach. Manchmal machen sich achtköpfige Familien auf den Weg, aber nur drei Personen erreichen ihr Ziel.

Deshalb sind viele Menschen schwer traumatisiert, wenn sie endlich ankommen.

»Wir gingen am 10. Oktober letzten Jahres weg. Die Guerilla bedrohte meinen Mann.« Sie sagen etwas auf Spanisch, und alle lächeln. Sie sind Protestanten. Sie hielten damals eine Nachtwache. Eine Nacht lang waren sie nicht zu Hause. Als sie zurückkamen, war alles niedergebrannt. Das UNHCR besitzt Fotos davon.

»Wir haben drei Söhne und eine Tochter. Alles, was nicht verbrannt war, haben wir unseren Kindern gegeben.«

Sie lächeln mir zu, während sie diese Geschichte erzählen. Der kleine Junge sitzt auf den Knien eines Mitarbeiters und futtert Bananenchips.

»Man weiß nie, was als nächstes kommt, wenn sie dir das Haus abgebrannt haben. Deshalb mussten wir weg.«

Am 22. Oktober trafen sie in Ibarra ein.

»Wir lieben unser Land«, sagt die Frau. »Aber unser Leben lieben wir noch mehr.«

Anschließend kommen der Mann mit der Gitarre und seine Frau herein. Er war Verwalter einer kleinen Farm gewesen. »Sie gehörte mir nicht, ich hatte nur die Aufsicht.«

Bewaffnete Gruppen kamen. Es waren Paramilitares und auch Guerilleros. Man weiß nie, mit wem man es zu tun hat, denn sie tragen keine Uniformen.

»Manchmal kamen sie nur vorbei und sagten, ›gebt uns dies oder das‹, zum Beispiel etwas zu essen. Ich habe immer ›Ja‹ gesagt und nicht gefragt, wer sie waren. Am 25. Oktober kamen drei Männer. Diesmal kamen sie ganz nahe an unser Haus, und sie wollten Nahrungsmittel. Ich hatte keine Ahnung, dass jemand von den anderen uns beobachtete. Ich war auf dem Weg zum Laden, da hielten mich zwei Männer an. Es war schon 19 Uhr und dämmrig, aber ich sah, dass hinter ihnen noch andere waren.«

»Sie sagten; ›Du hilfst der Guerilla‹. Da wusste ich, es waren Paramilitares. ›Mach deine Taschen leer‹, verlangten sie. Das tat ich. Ich legte alles auf den Boden. ›Gib uns deinen Ausweis.‹ Sie nahmen ihn mir ab. ›Jetzt können wir dich durch ganz Kolumbien jagen. Wir können dich umbringen.‹« (Es ist nicht ungewöhnlich, dass die Paramilitares die Ausweise an sich nehmen. Sie haben Computer und sind im ganzen Land vernetzt.)

»Sie sagten, sie geben mir 24 Stunden, um das Land zu verlassen, oder sie werden mir das Haus samt meiner Familie abbrennen, während wir schlafen. Also bin ich mit meiner Frau und unserem Sohn Fernando geflohen.«

Als er den Namen aussprach, blickte das Kind auf und lächelte. Der Junge hatte Husten.

»Glücklicherweise kannte ich ein paar Leute in Ecuador, also blieben wir acht Tage lang.«

Ich erkundige mich, ob sie denn nicht nahe der Grenze bleiben wollten. Alle lachen.

Der Junge sagt, er hat zu viel Angst, er mag nicht reden. Eine der bewaffneten Gruppierungen wollte ihn rekrutieren, und das brachte ihn in eine sehr schwierige Situation.

Der Mann möchte uns etwas auf der Gitarre vorspielen.

Seit den Wahlen kommt es häufiger zu Zwangsrekrutierungen. Ich kenne oder verstehe die Position des UNHCR in dieser Sache nicht. Meiner Meinung nach muss es jedermann einleuchten: Die verschiedenen Gruppen betreiben Kriegsvorbereitungen und stocken ihre Truppen auf.

Sie begleiten uns zum Auto, als wir wieder aufbrechen. Die Familien schütteln mir die Hand und bedanken sich. Ich habe ein schlechtes Gewissen – was habe ich denn für sie getan?

Unser nächster Halt ist eine Tischlerwerkstatt. Berufsausbildung. Das UNHCR versprach José einen Kredit, wenn er bereit wäre, andere Flüchtlinge anzulernen und zu beschäftigen.

Der Vater des Präsidentschaftskandidaten von Kolumbien wurde bei einer Entführungsaktion der FARC getötet. Der Hass des Sohnes ist verständlich. Manche Leute befürchten, dass es zu noch mehr Kämpfen kommt. Gewalt zeugt nur eins: mehr Gewalt.

Viele Männer hier heißen »José«. Man witzelt, »José« in Südamerika sei dasselbe wie »Mohammad« in den arabischen Ländern.

Ich lerne einen Mann namens »José« kennen. In Kolumbien besaß er ein Möbelgeschäft.

Er gründete diese Werkstatt im Februar, und im März nahmen sie die Arbeit auf. José ist sehr stolz: Sie haben fünf komplette Einrichtungen hergestellt. Der Verkauf ist allerdings schleppend, denn ihnen fehlen Ausstellungsräume.

»Sie nutzen uns aus, denn wir sind Flüchtlinge und wollen unbedingt verkaufen.«

An anderer Stelle haben sie ein Verkaufslager. Das ist kein schlechtes Leben, finden sie. »Wir wollen ordentliches Handwerk machen, und wir wollen Arbeitsplätze.«

Sie bemühen sich um Verbindung zu großen Geschäften in den Städten. Die Kolumbianer sind ein unternehmungsfreudiges Volk.

Wir gehen zu einigen Jungen hinüber, die in einer Ecke hocken. Einer dieser Jungen ist neu hier. Er scheut sich zu reden. Den Zwillingsbrüdern, die dort sitzen, gebe ich eine Polaroid-Kamera zum Spielen. Stolz fotografieren sie sich gegenseitig mit dem Fußball, den wir ihnen mitgebracht haben. José zeigt uns ein Stück Land im Hintergrund, wo sie rote Beete, Karotten und Salat anbauen. Er spricht darüber, wie man mehr Leuten Arbeitsplätzen verschaffen kann.

»Für Neuankömmlinge ist es schwer, Arbeit zu finden. Selbst wenn man als Flüchtling anerkannt ist, bleibt es schwierig. Wir wollen nicht, dass die Leute betteln müssen.«

Ich frage, wieso er hier ist, warum er Flüchtling wurde?

»Glücklicherweise – oder leider – bekam ich den Auftrag, für die Armee Möbel herzustellen. Der Guerilla passte das nicht.«

Es lief ab wie üblich: Er wurde bedroht. Man gab ihm 24 Stunden, um zu verschwinden.

»Ich nahm einen Koffer mit. Ich habe alles verloren. Meine Familie setzte ich in ein Flugzeug. Zum Glück hatte ich genug Geld und konnte mir das leisten.«

Am Abend fuhr er mit seinem Motorrad los.

»Männer mit einer Taschenlampe hielten mich an. Sie trugen Stiefel wie die Guerilla. Ich dachte, es seien Guerilleros. Ich zitterte. Sie verlangten meine Ausweise, und ich gab sie ihnen. Ich fragte nicht. Ich behauptete, ich müsste früh am Morgen beim Arzt sein und sei deshalb in der Nacht losgefahren. Sie überprüften ihre Listen. Da wurde mir klar, dass sie zur Armee gehörten. Sie hatten mich nicht auf ihrer Liste.«

Die Soldaten warnten ihn, in der Nähe sei ein Kontrollpunkt der Guerilla, er solle vorsichtig sein. Er hatte Angst, aber er fuhr weiter, und er kam durch.

»Gott sei Dank.«

Ich frage ihn, ob er nach Kolumbien zurückkehren möchte.

»Ich glaube, alle Kolumbianer möchten in ihr Land zurück, aber wir brauchen Frieden. Meine Kinder gehen hier zur Schule, und darüber bin ich froh.«

Ein kleiner Junge sagt, er will vielleicht zum UNHCR gehen, wenn er groß ist.

»Das wäre prima«, bestärkt William ihn.

José antwortet: »Wenn du einen festen Willen hast und hart arbeitest, dann schaffst du es.«

Als wir aufbrechen, bemerke ich den neuen Jungen, den

schweigsamen, im Türrahmen der Werkstatt lehnen. Ich winke zum Abschied. Er antwortet mit einer kleinen Geste und geht hinein.

Wir fahren jetzt zur so genannten »konspirativen Unterkunft«.

Aus Sicherheitsgründen gibt es hier keine Embleme der UN, keine Fahnen oder irgendwelche anderen Kennzeichen. Die Leute bleiben durchschnittlich zehn bis fünfzehn Tage hier, nie länger als einen Monat. Als sich die Tür öffnet, kommt uns ein kleines, vielleicht zweijähriges Mädchen in einem weißen Kleidchen entgegen. Diese Einrichtung ist für besondere Problemfälle gedacht, etwa für allein stehende Frauen mit vielen Kindern.

Alle, die hier wohnen, arbeiten zusammen. Jeder übernimmt Aufgaben, sodass sie unabhängig sind. Sie führen dies Haus in eigener Regie.

In einem Raum stehen neun Stockbetten (Männer und Frauen schlafen in getrennten Räumen). Ich gehe nicht hinein. In einem Bett liegt ein Mann. Er sieht sehr krank aus. Im Raum der Frauen schläft ein kleines Mädchen auf einem Bett. »Sie und ihre Familie sind erst letzten Donnerstag angekommen«, erklärt mir jemand.

Dann lerne ich ein Mädchen kennen, das eine Weile im Büro des UNHCR gelebt hatte. Sie sieht aus wie ein kleiner Engel. Sie ist ein Sonderfall, denn sie wurde vergewaltigt.

Plötzlich bekommt ein Mann einen Krampfanfall. Er verliert das Bewusstsein und fällt zu Boden. Die anderen Männer kommen heran. Einer hält seinen Kopf, die anderen schütteln seine Arme. Der Mann hatte sein ganzes Leben lang unter leichten epileptischen Anfällen gelitten, doch durch das Trauma sind sie schwerer geworden. Er ist 27 Jahre alt. Sie tragen ihn auf ein Bett. »Er kommt schon wieder in Ordnung.«

Ich beobachte, mit welchem Einsatz sie ihm helfen und

weiß doch, dass sie noch vor zwei Wochen Fremde waren. Jetzt gehen sie miteinander um, als wären sie eine Familie. Sie helfen einander in den schwierigsten Situationen.

Sie haben eine kleine, mit dem Nötigsten ausgestattete Küche. Ein Junge von ungefähr acht Jahren geht seiner Mutter zur Hand. Er ist ein strammer kleiner Kerl. Er streckt mir die Hand aus: »Buenos días!«

Das UNHCR hat mir bei der Beschaffung von Schulheften und Gerätschaft für das Haus geholfen. Wir laden alles aus und legen es auf den Tisch. Es ist herzerwärmend, wie begeistert die Kinder über Schulmaterial sind. Es gibt auch Bücher für die Erwachsenen. Eine Mutter greift rasch nach einem Buch von Gabriel García Marquez und lächelt. Wir haben auch ein bisschen Spielzeug mitgebracht. Als wir es übergeben, kommen die Kinder aus dem ersten Stock gestürmt. Ein herrlicher Anblick.

Eine der Frauen ist seit acht Tagen hier. Sie hatte in Kolumbien mit einer NGO namens »Reinserción« zusammengearbeitet (Neuorientierung für ehemalige Guerilleros). Sie erzählt uns ihre Geschichte. Sie war an einem Projekt beteiligt, mit dem ehemalige Guerillakämpfer in die Zivilgesellschaft eingegliedert werden sollen, damit sie wieder ein normales Leben führen können. Die Regierung finanzierte einige Farmen, damit die Männer sich wieder an ein anderes Leben gewöhnten. (Während sie erzählt, lernt nebenan ein kleines Mädchen Seil springen. Andere Kinder hocken an der Wand und lesen in den neuen Büchern.) Weil sie mit ehemaligen Guerilleros zusammenarbeitete, wurde sie von den Paramilitares verfolgt. Sie brachten die Farm in ihre Hand. Der Frau blieb nichts.

»Ich hatte nicht einmal Zeit, einen Koffer zu packen«, erzählt sie. Sie möchte gern in Ecuador mit einer NGO zusammenarbeiten. »Ich glaube, ich habe eine Menge zu bieten. Ich bin Fachkraft für Landwirtschaft. Ich habe viele Einfälle für Hilfe zur Selbsthilfe.«

Unermüdlich hatte sie versucht, Bauern dazu zu bringen auf ihrem Land statt Coca andere Feldfrüchte anzubauen.

»Das ist mühsam, denn mit Coca können sogar arme Bauern viel verdienen. Wie soll man ihnen dann raten, auf anderes umzustellen, was ihnen weniger Geld einbringt? Das ist in Kolumbien wie in jedem anderen Land, in dem Armut und Korruption herrschen. Die Menschen brauchen eine Überlebenschance.«

Sie beginnt zu weinen. »Als sie die Farm eroberten, töteten sie drei meiner Mitarbeiter. Wir hatten einen Kindergarten für die Kinder unserer Farmarbeiter eingerichtet. Sie haben auch die Erzieherin umgebracht.«

Sie trocknet ihre Augen mit einem Taschentuch, gewinnt ihre Fassung wieder und fährt fort: »Ich weiß, ich muss von vorn anfangen, und Gott wird helfen.«

Sie zeigt mir Fotos von der Farm. Das alles hatten sie in die Wege geleitet, um die Dinge zum Besseren zu wenden. Aus diesen Fotos spricht so viel Hoffnung, sie lassen so viel gute Absicht erkennen. Tapfere Menschen, die versuchen, ihrem Land zu helfen – einander zu helfen. Sie kannte eine Frau, die mit Menschenrechtsorganisationen zusammenarbeitete und die ihr vom UNHCR erzählte. So kam sie nach Ecuador und hielt nach diesen Leuten Ausschau.

»Ecuador hat seine eigenen Probleme. Die eigenen Leute brauchen so viel. Deshalb kümmere ich mich um die Kinder. Sie sind hier nicht zu Hause. Die Familien sind ohne jeden Besitz. Wir müssen Ecuador helfen. Wir müssen diesem Land helfen, damit es uns unterstützen kann.«

Sie bemerkt mein Notizheft. »Ist das in Ordnung?«, frage ich. »Ja«, antwortet sie. Sie ist froh, dass ich Aufzeichnungen mache. Sie sagt, wenn sie den Leuten erzählt, sie sei Kolumbianerin, »dann sehen sie mich an wie ein Monster. Wir sind aber nicht alle schlecht. Bei uns gibt es viele gute Menschen.«

William fragt sie, ob sie nach Kolumbien zurückkehren möchte. Sie sieht ihn an, als hätte er den Verstand verloren. Diese Menschen haben einen besonderen Sinn für Humor, das begreife ich allmählich. Trotz aller Verzweiflung sind sie voller Vitalität und Leidenschaft für das Leben.

»Kolumbien ist ein wunderschönes Land, und ich liebe meine Landsleute, aber ich kann nicht zurückkehren, zumindest nicht in den nächsten Jahren. Die Gewalt muss aufhören. Wir würden nicht überleben, wenn wir jetzt zurückkehrten.«

Gerade ist der scheue Junge aus der Tischlerwerkstatt eingetreten. Er ist zu Fuß gekommen, den ganzen weiten Weg. Er hat den Fußball bei sich, den wir ihm geschenkt hatten. Er zeigt ihn herum und reicht ihn seinen Brüdern. Er lächelt jetzt und wirkt entspannt. Ich lerne seine Mutter kennen – eine feine Frau.

Wir machen Bekanntschaft mit einer Familie: Eine allein stehende Frau mit sechs Kindern. Sie wohnen in einer Garage. Sie musste das Land verlassen, weil die Guerilla zwei ihrer Kinder rekrutieren wollte. In Südamerika ist es anders als in anderen Ländern, wo Menschenmassen in Strömen über die Grenzen kommen und dann in Lagern leben. Hier verlassen sie ihr Zuhause und kommen in einzelnen Familien in ein anderes Land, in eine andere Gemeinschaft. Sie zeigen mir, was sie alles herstellen. Einer der älteren Söhne erzählt, er sei gut in »Capoeira«, einer brasilianischen Kampfkunst. Er sollte Rebellengruppe darin unterrichten. Er war einverstanden gewesen. Doch als sie ihn zu einem ihrer Kämpfer machen wollten, verließ er die Gruppe.

»Ich wollte kein Gewehr tragen oder Coca produzieren. Sie drohten mir, aber so etwas ist gegen meine Grundsätze. Da wussten wir, wenn wir blieben, würden sie uns umbringen. Wir verließen die Stadt Richtung Grenze. Als wir ankamen, erzählt uns eine Tante, wir stünden auf der Liste. Wir haben alles verloren. Wir haben verkauft, was wir konnten. Wir kamen hier her und machten jede Arbeit, die wir bekamen. Wir eröffneten ein Restaurant, aber das Einwanderungsministerium schloss es wieder, weil wir keine Papiere hatten. Glücklicherweise haben sie uns nicht ausgewiesen. Dann erfuhren wir vom UNHCR. Jetzt sind unsere Papiere in Ordnung.«

Jetzt arbeiten sie als Kunsthandwerker. Sie zeigen uns Geschenkkästchen, Puppen, Blumengebinde. Ihr Laden ist die Garage. »Ich würde gern ein richtiges Geschäft aufmachen. Ich könnte gute Pizza backen.«

Die Nonnen laden uns in ihre Wohnung ein, damit wir uns frisch machen können. Sie sind Missionarinnen, deswegen kleiden sie sich wie alle Frauen hier, aber ganz einfach. Plötzlich überkommt mich ein sonderbares Gefühl. Vielleicht liegt es daran, dass ich katholisch erzogen wurde. Als sie mir ihren Schlafraum zeigen, mag ich kaum hinsehen. Ich weiß nicht, weshalb ich den kleinen Stepper so aufregend fand, der dort stand. Wahrscheinlich kommt uns gar nicht in den Sinn, dass Nonnen trainieren oder überhaupt so sind wie andere Menschen.

In einem Zimmer liegen Kissen auf dem Boden, und dort stehen auch kleine hölzerne Figuren. Die Schwester legt ihre Hände zusammen. »Hier beten wir«, will sie damit sagen. Eine andere Schwester erzählt mir von ihrer Zeit in Kolumbien. Achtzehn Jahre lang habe sie als Missionarin gearbeitet, sagt sie, davon acht Jahre außerhalb von Brasilien. Ihre Organisation wurde zur Unterstützung von Migranten gegründet. Sie meint, jetzt kleide sie sich wie andere Frauen auch. Dann zieht sie ihren Kruzifix-Ring vom Finger und zeigt ihn mir. Sie legt ihn mir in die Hand, damit ich ihn genau betrachten kann. Ich habe das Gefühl, ich dürfte ihn eigentlich nicht berühren.

»Wir kommen aus Brasilien. Unser Orden ist in 21 Ländern tätig. Wir arbeiten mit Migranten. Ich bin gern in verschiedenen Teilen der Welt, lerne andere Gedanken und Überzeugungen kennen. Von den Kindern lernt man immer besonders viel.«

Ich erzähle ihnen, dass meine Mutter Katholikin ist und sich bestimmt freut, wenn sie hört, dass ich bei Nonnen zu Gast war. Sie kichern. Dieses Erlebnis zeigt mir wieder einmal, dass es gut und böse in jeder Organisation, in jedem Land und in jeder religiösen Gruppierung gibt.

Eine der Schwestern sagt: »Mein Traum ist es, an der Grenze zwischen Mexiko und den USA zu arbeiten.« Ich antworte: »Du bist wahrscheinlich die Einzige auf der Welt, die von so etwas träumt.« Sie schmunzelt.

Wir verabschieden uns.

»Vielleicht sehen wir uns eines Tages an der mexikanischen Grenze wieder, man weiß ja nie«, sagt sie.

Oh, eins sagen sie noch zum Abschied. Es wird für mich übersetzt: Sie freuen sich, dass Brasilien das letzte Fußballspiel gewonnen hat.

14:45

Wir besuchen eine Flüchtlingsgemeinde in einem abgelegenen Gebiet. Dort leben 40 Menschen. Siebzehn davon sind Kinder. Es dauert eine Weile, bis wir den Ort erreichen. Man sagt mir, die Leute dort haben nur ein einziges Auto. Das Auto dient als Shuttle zum Bus. Vor zwei Jahren kamen sie aus St. Augustin, Kolumbien. Das gilt als ein »historischer Ort in Kolumbien«. Grund für ihren Weggang: »Sie nahmen uns viele unserer Kinder und zwangen sie, Waffen zu tragen. Die Guerilla übernahm das Gebiet. Wir sind eine Religionsgemeinschaft.«

Hier in diesem abgelegenen Gebiet bauten sie eine Schule und eine Kirche.

»Endlich haben wir Frieden gefunden.«

Sie leben irgendwo in der Wildnis, trotzdem wollen sie nicht, dass wir fotografieren.

»Wir haben Angst, dass sie kommen und uns fassen.«

Man führt uns in die Küche. Es ist ein hölzerner Verschlag, sehr ordentlich eingerichtet. Hölzerne Bänke und Tische sind mit Plastikfolie überzogen. Man heißt uns willkommen und bereitet ein Mittagessen mit Rindfleisch, Reis und Suppe. Sie erzählen von dem Mann, der ihre Gemeinschaft führt, dem zeitgenössischen Philosophen Samael Aun Weor. Er lehrt, wie die Menschheit besser werden kann. Er vertritt eine Kultur der menschlichen Wesen auf der Suche nach Gott. Im Kern besagt seine Philosophie, der sie sich verpflichtet haben, dass alle Religionen im Wesentlichen gleich sind. Vielleicht sind sie Reinkarnationen von einander – von Buddha bis Jesus. Er hat in Lateinamerika einige wenige tausend Gefolgsleute. Es ist kein finsterer Kult.

»Wir haben keine politischen oder wirtschaftlichen Ziele. Wir erzählen jedem unentgeltlich und ohne Verpflichtung, woran wir glauben. Wir kennen keine Trennung nach Rasse, ethnischer Zugehörigkeit oder sozialer Herkunft.«

Einige Mitglieder dieser Gemeinschaft sind keine Flüchtlinge. Eine Familie stammt aus Ecuador.

Sie erhielten Unterstützung, um eine Schule zu bauen, aber Fenster und Ausstattung fehlen immer noch.

Ich spreche kein Spanisch, deshalb muss mir die Unterhaltung übersetzt werden. Allmählich fühle ich mich wie taub und stumm. Ich möchte von niemandem angesprochen werden, weil ich ja doch nicht antworten kann. Ich frage, was sie brauchen.

»Wasser. Strom. Abwasserentsorgung. Wir haben einen Generator, aber das ist nicht genug.«

Wir fragen einen Kolumbianer nach seinem Leben. Bevor er hier herkam, hatte er auf dem Land gelebt.

»Ich verkaufte Werkzeuge und Bauholz. Ich war Händler. Die Rebellen pressen Geld aus allen Unternehmen, und da es in den Städten keine Sicherheit gibt, kann man keinen Laden führen. Das Land hier ist für Landwirtschaft nicht gut.«

Er deutet auf mich: »Du fragst viel. Du bist wissbegierig.«

Man erklärt ihm, dass ich Aufzeichnungen für ein Buch mache, das viele Leute lesen sollen. Da sagt er: »Du bist Botschafterin zwischen denen, die gar nichts haben und denen, die sehr viel besitzen. Das ist gut.«

Wir spielten ein wenig mit den Kindern. Um das Eis zu brechen (insbesondere bei kleinen Jungen), und das gilt überall auf der Welt, reicht ein Fußball.

Wir haben Geschenke mitgebracht. Das Geschenkpapier wurde sorgsam für die Schule aufgehoben.

Wir (die UNHCR-Mitarbeiter) unterhielten uns unter anderem darüber, als wir abfuhren. Wir erzählen einander Geschichten über die erstaunlichen Dinge, die Flüchtlinge aus Plastiktüten, Draht und so weiter herstellen. Alle finden, am besten seien die Autos, die sie aus Draht fertigen. Man kann sie schieben, und man kann damit Wettrennen veranstalten. Dann sind da noch die zusammengezwirbelten Streifen aus Plastiktüten. Daraus entsteht so etwas wie eine Schnur, die verwebt wird, und aus der Körbe gefertigt werden.

Man erzählt Geschichten von herzbewegenden Familien oder verrückte Dinge, zum Beispiel über ein Paar, das ein Schwein ins Boot mitnahm und so über die Grenze und in Sicherheit brachte. Das Schwein hatte wohl Angst und musste deshalb in eine Art Kopfkissen-bezug gesteckt werden.

Ich bin unter Leuten, die von den Menschen begeistert sind, die sie im Laufe der Jahre kennen gelernt haben. Sie finden, Flüchtlinge sind erstaunliche Menschen, und sie sprechen über sie wie über Freunde.

Wir hatten unsere Rückfahrt früh angetreten, deshalb blieb uns noch Zeit für einen Besuch der Pyramiden. Wir stiegen aus und trafen auf einen Mann mit einer alten, roten Baseballmütze, in Jeans, Arbeitsstiefeln und einem traditionellen Pullover. Er kaute auf einigen Grashalmen herum. Er führte uns einen mit Gras bewachsenen Hügel hinauf.

»Dies ist eine von 14 Pyramiden.«

Ich brauche eine Weile, bevor ich begreife, dass ich in einem Tal zwischen merkwürdigen Hügeln stehe, zu denen Rampen hinauf führen, und dass wir im Moment auf einer dieser Rampen stehen. Wenn man Gras und Mutterboden wegkratzt, entdeckt man darunter aus Lehmziegeln errichtete Gebäude. Symbole auf der Pyramidenspitze dienten als Kalender.

Ein örtlicher Führer erzählt uns, die Völker der Quito und Cara seien verschmolzen und zu den Quitocara geworden. Diese beiden Kulturen existierten hier schon vor Ankunft der Inka. Sie siedelten sich ungefähr um 500 v. Chr. an. Sie leisteten den Inka 25 Jahre lang Widerstand. In ihrer ursprünglichen Organisation hatten sie ein Matriarchat. Einige Gegenstände aus Keramik hat man ausgegraben.

Sie benutzten vulkanischen Feuerstein, um das Licht zu reflektieren und sich Zeichen zu geben. Auch Rauch, Licht und Geräusche gebrauchten sie zur Nachrichtenübermittlung. Es ist erstaunlich, wie weit wir uns seither entwickelt haben. Andererseits sollte man vielleicht fragen, ob unsere Lebensqualität so viel höher ist als ihre. Diese Frage stellt sich insbesondere den Menschen in dieser Gegend, die heute vom Krieg heimgesucht werden.

Auf dem Rückweg zum Auto kommen wir an einem Maisfeld vorbei. Wir sehen eine Familie mit vielen Kindern. Die älteren helfen den Eltern bei der Arbeit, die jüngeren spielen. Für heute ist die Arbeit getan. Sie warten auf den Bus. Es ist schon spät.

Der Vater borgt sich Williams Mobiltelefon aus und bittet um Hilfe. Die Kinder knabbern an den Maiskolben wie an Zuckerstangen. Ich nehme auch einen Bissen. Der Mais schmeckt süß.

Beim Abendessen unterhalten wir uns darüber, wie schwierig es ist, in dieser Region zu helfen. Hauptaufgabe des UNHCR ist es ja, sich um Flüchtlinge zu kümmern. Doch über die Jahre hinweg hat das UNHCR aus purer Notwendigkeit begonnen, auch die IDPs (Binnenflüchtlinge) zu unterstützen. Aber das Budget des UNHCR ist zu 98 Prozent von freiwilligen Beiträgen von Regierungen und anderen Spendern abhängig. Sie haben kaum genug Geld, um ihrer Hauptaufgabe nachzukommen. Wegen der finanziellen Einschnitte im vergangenen Jahr mussten viele Arbeitsplätze gestrichen werden.

Jemand am Tisch erklärt sehr einleuchtend, worin für das UNHCR das Problem der Binnenflüchtlinge besteht: Stell' dir vor, du bist ein Elternteil mit vier Kindern. Du kommst gerade so hin. Du kannst ihnen gerade genug zu essen geben. Dann findest du zwei verlassene Kinder, und du weißt, du solltest sie aufnehmen. Wenn du es nicht tust, macht es niemand. Was nun? Du musst irgendwie eine Lösung finden. Wenn niemand sonst in der internationalen Gemeinschaft sich um die mehr als 1 Million Binnenflüchtlinge kümmert – es sind schließlich Menschen –, dann musst du eine Lösung finden. Es geht um einzelne Menschenleben, es geht um ganze Familien.

Wir sprachen auch über andere Gegenden und Menschen auf der Welt. Das ist typisch für die Mitarbeiter des UNHCR, wenn sie bei Tisch zusammen sind, wie ich festgestellt habe. Es ist wunderbar. Ich wollte, die Welt könnte diesen Tischgesprächen lauschen und hören, was ich gehört habe: Es geht um die Binnenflüchtlinge in Angola, die Situation im Kongo, um die Kurden und dass sie vergessen werden, um Abidjan und warum es wichtig ist, die Situation dort zu begreifen. Wir sprechen auch über Panama – ein anderer Aspekt der Lage in dieser Region. Panama ist ein weiteres, von der Krise in Kolumbien betroffenes Land. Wir machen erste Pläne für einen Besuch im Juli.

Sonntag, 9. Juni

Frühstück um sieben Uhr morgens. Ecuador hat gestern Abend 2:1 verloren. Lionello kommt herunter. Gepäck? Nein, nichts da. Beim Frühstück kommt das Gespräch auf Venezuela. Ich bin mir über die Situation in diesem Land nicht recht klar. Die Leute dort räumen ihre Bankkonten.

Der Präsident von Venezuela, Hugo Chavez, ist eine zwiespältige Persönlichkeit. Sein Land ist über seinen Führungsstil und einige seiner politischen Entscheidungen tief entzweit. Seine Gegner haben mit Demonstrationen und Streiks seinen Rücktritt gefordert. Auch seine Befürworter sind auf die Straße gegangen, um seine Politik zu unterstützen. Am 11. April setzte die venezolanische Armee Chavez ab, nachdem einige Demonstranten erschossen worden waren. Eine nicht gewählte Übergangsregierung übernahm die Macht in Venezuela, aber die meisten Regierungen in der Region verurteilten diesen Schritt als nicht verfassungsgemäß. Am folgenden Tag sammelten sich Chavez' Anhänger in den Streitkräften und in den armen Stadtteilen von Caracas um ihn und verlangten seine Rückkehr ins Amt. Die venezolanische Gesellschaft ist nach wie vor tief zerstritten, und die anhaltende politische Instabilität schadet der Wirtschaft.

Auch in Kolumbien gab es während der Friedensverhandlungen eine entmilitarisierte Zone. Sie war voller Guerilleros. Heute wurde sie von der Armee bombardiert. Mehr als 40 Tote.

Flughafen

Wir fahren vor einen mit einer Kette verschlossenen Zaun. Grace, eine Mitarbeiterin des UNHCR, sorgt mit Unterstützung eines Militärs dafür, dass uns geöffnet wird. Gepäckkontrolle. Personenkontrolle. Endlich sind wir drinnen und treffen weitere UNHCR-Mitarbeiter. Wir fliegen 30 Minuten lang, dann breitet sich unter uns dichter Dschungel aus, so weit das Auge reicht. Der Amazonas. Atemberaubend. Im Sinkflug erkennen wir erst kleine Häuser, dann eine Kleinstadt. Wir sind in Lago Agrio – bitterer See –, auch Nueva Loja genannt. Wir sind sehr nahe an der kolumbianischen Grenze. Es war bekannt, dass die FARC diesen Teil der Grenze häufig in beiden Richtungen überquerte. Anscheinend brauchen sogar bewaffnete Einheiten gelegentlich eine Ruhepause, aber es gab wohl auch noch andere Gründe, davon bin ich überzeugt. Die Grenzgänge sind offenbar seltener geworden, wahrscheinlich weil die Paramilitares den größten Teil des Landes auf der kolumbianischen Seite im Griff halten.

Wir treffen weitere UNHCR-Mitarbeiter, Ann und Rene.

Ein feiner Nieselregen fällt. Jemand sagt, es regnet schon seit zwei Monaten.

In dieser Gegend gibt es viel Öl – rohstoffreiches Gebiet. Aber der Reichtum ist ungerecht verteilt. Sehr arme Leute sehen nichts von dem Geld. Die Bevölkerung hier lebt zu 70 Prozent in Armut, zu 21 Prozent in extremer Armut. Bis zum Mai gab es keinen Strom. Es ist wahrscheinlich der gewalttätigste Teil von Ecuador. Kürzlich gab es 68 Erschießungen. Mehr als 80 Prozent der Getöteten waren Kolumbianer.

Die Hälfte der hier eintreffenden Flüchtlinge sind Kinder.

Rene arbeitet in Putumayo, in Kolumbien. In der Gegend gibt es sehr viele illegale bewaffnete Gruppen. Viele Leute werden von der Guerilla oder von den Paramilitares verfolgt, oder sie geraten bei Kämpfen zwischen die Fronten. In diesem Teil Kolumbiens hat der Staat kaum Macht. Allein in Putumayo gibt es 10624 Binnenflüchtlinge, davon sind 60 Prozent Kleinkinder oder Jugendliche bis 17 Jahren. In Narino leben 16218 Binnenflüchtlinge. Dies sind die offiziellen Zahlen für die bis Ende Mai registrierten Personen. Alle meinen, in Wahrheit sind es viel mehr, sie sind nur nicht registriert. Für ganz Kolumbien werden annähernd zwei Millionen Binnenflüchtlinge geschätzt. Ihre Anzahl ist nach dem Abbruch der Friedensverhandlungen weiter angestiegen. Auch die Anzahl der Familien mit einer Frau als Haushaltsvorstand ist angestiegen, wahrscheinlich, weil mehr Männer zwangsrekrutiert wurden.

Die Straßen zwischen Putumayo und Narino sind sehr schlecht, und die Mitarbeiter kommen nur mit Mühe von einem Ort zum anderen. Man spricht über die Gesundheitsversorgung. Sie fällt in den Zuständigkeitsbereich des Staates (der ja demokratisch ist, usw.), aber der Staat kann nicht für die Bevölkerung in Landstrichen sorgen, in denen die illegalen Truppen die Macht ausüben. (Zur Erinnerung: Das sind 74 Prozent des Landes.) Norwegian People's Aid, eine NGO, finanziert einen Teil der kirchlichen Aktivitäten.

Rene sagt, seit Abbruch der Friedensverhandlungen hat sich die Situation verschlechtert. Vor Jahren konnte man bei Dunkelheit durchaus die Straßen benutzen. Jetzt ist das wegen der vielen Schießereien zu gefährlich.

Die Lagebesprechung dauert schon eine Weile. Es fällt mir schwer, mich zu konzentrieren. So viele Informationen. So viele wichtige Dinge, die man verstehen muss. Vielleicht macht mir auch die Höhe zu schaffen. Es geht mir, wie den meisten Menschen: Graphiken und Lesestoff bedeuten mir nicht so viel, ich ziehe den zwischenmenschlichen Kontakt vor. Aber ich weiß auch, wie privilegiert ich bin, weil ich diese Informationen erhalte, weil man mir Lageberichte gibt, denn wenn man nur die

Nachrichten in den Medien verfolgt, kann man die Lage in den Ländern der Welt leider nicht wirklich verstehen.

Marte erzählt, wie schwierig es ist, selbst 30 Kilometer von der Grenze entfernt die Leute zum Reden zu bringen.

Ein UN-Koordinator erklärt, dass der Schutz der Mitarbeiter aller Organisationen verständlicherweise Priorität besitzt. Wir zum Beispiel stehen mit dem IKRK (Internationales Komitee vom Roten Kreuz) in Kontakt. Wenn jemand eine Tour unternimmt, verständigt er das IKRK – vorsichtshalber: »Wenn ihr dann und dann nach so und so vielen Stunden nichts von mir hört ...«

Wir fahren in eine Schutzzone. Ann erzählt von einer jungen Frau, Flüchtling, 20 Jahre alt. Sie litt an Leukämie, und sie starb. Die Internationale Organisation für Migration (IOM) half, Arzneimittel zu besorgen. (Das ist keine UN-Organisation, sie ist jedoch eng mit den UN assoziiert. In der Vergangenheit haben sie viel für die Leute aus Kuwait getan.) Für die junge Frau war es zu spät. Ann sagt, es war sehr traurig. In den letzten Tagen vor ihrem Tod hatte sie starke Schmerzen. Niemand konnte Morphin oder ein anderes, gut wirksames Schmerzmittel beschaffen.

»Es tat weh, das mit anzusehen«, sagt sie.

Wir erreichen die Schutzzone. Sie wurde 2001 eingerichtet. Die IOM wird bei den sanitären Anlagen helfen.

»Wir haben immer noch Probleme«, sagt Ann. Jetzt wohnen 25 Menschen hier. Es gibt eine Art Kinderhort und einen Ort, wo die Frauen arbeiten können. Sie haben Platz für 400 Menschen und Zelte für den Fall einer Massenflucht. Es gibt Gärten, in denen die Frauen arbeiten können. Wir sehen ungefähr acht Frauen bei Gartenarbeiten. Ein Mann hilft ihnen. Sie alle sind Kolumbianer. Sie stellen sich vor und begrüßen uns sehr liebenswürdig. Sie sagen, es ist nett, wenn Besuch kommt. Sie sind den Organisationen für ihre Unterstützung sehr dankbar.

»Bitte helft uns auch in Zukunft. Wir werden hart arbeiten.«

Wir bitten eine Frau, uns ihre Geschichte zu erzählen.

»Ich habe zehn Kinder. Neun sind hier bei mir. Die Paramilitares gaben uns 15 Minuten zu verschwinden. Als wir hier eingetroffen waren, ergriffen sie meinen Sohn und prügelten ihn. Sie haben ihn mitgenommen. Wir haben nichts mehr von ihm gehört.«

Sie sagt uns seinen vollständigen Namen. Da wir seinen Kosenamen kennen, wüsste er Bescheid. Er ist ein guter Football-Spieler, sagt sie noch.

»Bitte sucht ihn!«

Eine andere Frau ist nicht nur bereit zu erzählen, sondern ganz erpicht darauf. Zuerst zeigt sie uns, wie sie Wäsche wäscht: Mit einem, Stock, einem Eimer und einer Plastikschale.

»Beide Gruppen zwingen unsere Kinder, ihnen beizutreten, deshalb sind wir geflüchtet. Aber jetzt ist mein Mann krank – ein Prostataleiden.«

Wir betreten eine Art Schulzimmer, wo sich Frauen mit ihren Kindern versammelt haben. Zauberhaft. Babys. Ein Kind wirkt krank. Es strampelt fortwährend. Ein kleines Mädchen fragt, ob wir eine Puppe haben. »Mein Vater hat kein Geld für eine Puppe.«

Wir haben Geschenke mitgebracht, darunter auch zwei Puppen, aber die Kinder müssen sich die Spielsachen teilen.

»Aber ich möchte so gern eine Puppe zum Schlafen haben.«

Ich lerne eine Zwanzigjährige mit drei Kindern kennen. Wir fragen, was sie brauchen.

»Erkennt unsere Papiere an, damit wir arbeiten können und nicht nach Kolumbien zurück müssen. Dort rauben sie uns unsere Kinder für den Kampf.«

Es sind feine Leute. Anständige Leute. Ich lerne einen Vater kennen.

»Vor 16 Jahren habe ich meine Frau kennen gelernt. Wir besaßen eine kleine Farm. Wir bauten uns ein Haus. Wir hielten Vieh. Ich war stolz, denn ich würde meinen Kindern nach meinem Tod etwas hinterlassen können. Ich habe mir wegen meiner Kinder keine Sorgen gemacht. Sie haben uns sehr gewaltsam verjagt. Man nahm mir meine Frau und die Kinder. Ich wurde verhaftet. Sie demütigten uns. Sie folterten uns. Ich durfte nichts mitnehmen, nicht einmal – und das war am schlimmsten – meine Frau und die Kinder. Ich nahm meinen ganzen Mut zusammen und fragte, was mit ihnen geschehen sei. Sie redeten viel herum: Sie seien tot. Man sagte mir: »Wir haben getan, was sein musste. Denk' nicht mehr an sie.« Ich war von Sinnen. Sieben Monate später fand ich sie. Ich konnte es nicht glauben. Sie lebten. Nie im Leben war ich glücklicher. Meine Frau weinte laut: Sie konnte nicht glauben, dass ich am Leben war. Man hatte ihr gesagt: »Mach' dir keine Gedanken um deinen Mann. Wir begraben ihn ordentlich.« Hier in Ecuador haben wir wieder zusammengefunden. Ein gemeinsamer Freund brachte uns zusammen. Sei morgen um zehn Uhr im Park, sagte er jedem von uns beiden. Dort im Park haben wir uns dann getroffen. Ich konnte es nicht fassen. Mein Leben war gerettet.«

Eine weitere Frau kommt und will mit uns sprechen. Sie ist in Begleitung einer älteren Frau. Sie sind Freundinnen und helfen sich gegenseitig. Sie trägt den Jungen auf dem Arm, den ich für krank gehalten habe.

»Ich musste weg, weil sie meinen sechzehnjährigen Sohn mitgenommen haben. Seither weiß ich nichts mehr von ihm. Ich habe meine anderen Kinder so schnell wie möglich außer Landes gebracht. Ich kam in einem Kanu über den Rio San Miguel. Ich sagte dem Schiffer, ich hätte kein Geld. Ich erzählte ihm meine Geschichte, und er half mir.«

Ich frage eine andere Frau, die ein Baby im Arm hält: »Warum haben Sie Kolumbien verlassen?«

»Weil sie meinen Mann getötet haben. Ich hatte Angst um mein Leben und um das Leben meiner Kinder. Eines Tages hatte mein Mann gesagt: ›Ich gehe und suche Arbeit.‹ Um 7 Uhr verließ er das Haus. Nachmittags um vier rief man seine Eltern an, sie sollten ihn identifizieren. Man hatte ihn tot auf der Straße gefunden. Ich versteckte mich im Haus von Freunden, und die meinten, ich sollte nach Ecuador gehen. Sie hatten ein bisschen Geld für die Fahrt. Wir – ich und das Baby und meine beiden größeren Kinder – nahmen den Bus bis zur Grenze. Gott sei Dank, wir hatten daran gedacht, unsere Ausweise aus dem Haus zu holen, bevor sie es abbrannten. Daher konnten wir legal als Besucher einreisen.«

»Wann war das?«, fragte ich.

»Vor zwei Wochen.«

Es ist schon spät, deshalb beschließen wir, das Mittagessen auszulassen. Im Auto auf dem Weg zu einer Familie unterhalte ich mich mit Rene vom UNHCR-Büro Kolumbien. Ich erinnere mich, wie schwierig es ist, in einem fahrenden Auto zu schreiben.

Wir halten vor einem kleinen, zweistöckigen Haus. Hier leben fünf Brüder und ihre Mutter. Vor einem Monat sind sie eingetroffen. Ungefähr zehn Kindern lehnen über das Geländer im ersten Stock und begrüßen uns. Man sagt mir, die Miete kostet monatlich 100 US-Dollar. Sie bewohnen nicht das ganze Haus. Anfangs gab es kein Wasser, und sie mussten sich draußen waschen und ihre Notdurft verrichten, damit das Haus bewohnbar war. Irgendwann drohten die Eigentümer, es würden zu viele Leute darinnen wohnen. Aber danach waren die Eigentümer friedlich, denn »wir sind ordentliche Leute und sorgen für das Haus«.

Seit ihrer Ankunft kam es zu einigen Zwischenfällen: Die Polizei griff sie auf und beschuldigte sie der Zusammenarbeit mit bewaffneten Gruppen »weil wir Kolumbianer sind«. Die Polizei behauptet, in der Stadt gebe es wegen der Flüchtlinge Probleme.

»Wir können beweisen, dass das Professionelle sind. Die Polizisten merkten, dass wir keine Kriminellen sind und ließen uns gehen. Wir haben immer noch Angst. Es ist nicht weit bis zur Grenze, und wir haben in der Nähe bewaffnete Gruppen aus beiden Lagern gesehen.«

Die Geschichten sind unterschiedlich, aber es gibt Gemeinsamkeiten: Die Bedrohung durch bewaffnete Gruppen.

Ein Mann hatte zwanzig Jahre lang im Statischen Amt der Regierung gearbeitet. In den letzten beiden Jahren erhielt er Drohungen. Beide bewaffnete Gruppen wollten Berichte und Dokumente von ihm.

»Sie zwingen dich, der einen Seite zu helfen, dann beschuldigen sie dich, die andere zu unterstützen«, sagt er.

Man bietet mir etwas zu trinken an. Ich bin vor dem Wasser gewarnt worden, aber ich finde, es ist besser krank zu werden als unhöflich zu sein. Auch Rene trinkt.

Wir sitzen mit einem Vater zusammen. Er war mit drei Kindern drei Tage und zwei Nächte unterwegs über die Grenze. Hatten die Kinder Angst?

»Ja. Wir mussten an vielen Kontrollpunkten vorbei. Beim letzten wurden uns unsere Papiere abgenommen. Danach war es unmöglich, legal ins Land zu kommen. Wir hatten keine Papiere mehr und waren plötzlich Illegale. Wir haben noch drei Schwestern in Kolumbien. Die eine war Krankenschwester. Wir haben gerade gehört, dass Guerilleros sie entführt haben. Wir sagen, wir sind Flüchtlinge und stehen unter dem Schutz des UNHCR, das hilft – das hilft, unsere Kinder zu schützen.«

Ein anderer Mann sagt: »Der anhaltende Konflikt zwischen den Paramilitares und der Guerilla vertreibt uns.«

Er bricht in Tränen aus. Erst nach einer Weile kann er wieder sprechen: »Ich musste meine Familie zurücklassen: Drei Kinder. Sie werden bedroht.«

Guerilleros haben ihnen gedroht, sie würden das Haus mit den Kindern in die Luft jagen. Er sucht nach jemandem, der ihm hilft, die Kinder nach Ecuador zu bringen.

»Ich will euch alles erzählen, was ihr über die Gewalttaten der Bewaffneten nicht wisst: Man hält die Busse an, die Leute werden herausgezerrt oder getötet. Die Kinder sind traumatisiert, entweder durch die Bombenangriffe oder wenn sie ins Kreuzfeuer geraten.«

Er muss abbrechen und weint.

»Ich wurde gefesselt, und sie wollten mich töten. Ich will nicht mehr daran denken. Zwei Kinder habe ich mitgenommen, weil sie rekrutiert werden sollten. Ich bin Arzt. Ich weigere mich, für die Guerilla zu arbeiten. Ich wurde bedroht. Ich könnte noch mehr erzählen, aber es ist so erniedrigend – ich will nicht mehr reden.«

Wir danken ihm. William und er umarmen sich. Sie sind beide Väter und verstehen den Schmerz des anderen.

Wir sprechen mit Ann darüber, wie das UNHCR seiner Familie in Kolumbien helfen kann – den Kindern, die er zurücklassen musste. Vielleicht lässt sich etwas machen, aber zuerst müssen sie herausfinden, wie sie überhaupt zu diesem Ort kommen.

Viele Menschen fürchteten eine Verschärfung der Lage, aber der neu gewählte Präsident Uribe hat von einer neuen Friedensinitiative gesprochen. Es ist nicht absehbar, was sich in den nächsten Monaten in Kolumbien abspielen wird. Die seit 40 Jahren andauernden Kämpfe werden erst noch heftiger werden, bevor sie endlich aufhören. Ein letzter Kampf – vielleicht Krieg? Wer wird sie unterstützen? Wie lange wird es dauern? Was passiert mit den Menschen? Was passiert mit den Familien zwischen den Linien? Was ist mit den fast zwei Millionen bereits vertriebenen Leuten?

Nachsatz: Lionello, Toby und ich hatten geplant, nach Panama zu fahren und die kolumbianische Situation von einer anderen Seite aus zu betrachten. Doch während ich diese Aufzeichnungen abschließe, erfahre ich, dass die Lage sich bereits verschlechtert hat. Es wäre zu gefährlich.

Schlusssatz: Am letzten Tag traf Lionellos Gepäck schließlich doch noch ein.

Nachwort

Die Charta der Vereinten Nationen beginnt mit den Worten: »Wir, die Völker ...« Das gehört mit zum Schönsten, was ich je gelesen habe. Darum geht es. Es geht um das gemeinsame Leben aller Völker auf dieser Erde, um den Schutz unserer Geschichte, unserer Kultur. Es geht darum, voneinander zu lernen.

Flüchtlinge, das sind Familien und Individuen. Sie sind wie du und ich, aber sie haben nicht die Freiheiten, die wir genießen. Ihre Menschenrechte wurden verletzt.

Der UN-Hochkommissar für Flüchtlinge hat Obhut über mehr als 20 Millionen Menschen. Ungefähr acht Millionen davon sind Kinder. Unter 18 Jahren.

»Wer anderen die Freiheit versagt,
verdient sie selbst nicht.«
ABRAHAM LINCOLN